学ぶは、変えてゆく人だ。

目の前にある問題はもちろん、

人生の問いや、

社会の課題を自ら見つけ、

挑み続けるために、人は学ぶ。

「学び」で、

少しずつ世界は変えてゆける。

いつでも、どこでも、誰でも、

学ぶことができる世の中へ。

旺文社

文部科学省後援

英検® 1級

でる順パス単
書き覚えノート

英検®は、公益財団法人 日本英語検定協会の登録商標です。

改訂版

旺文社

はじめに

「単語がなかなか覚えられない」「単語集を何度見てもすぐに忘れてしまう」という声をよく聞きます。英検の対策をする上で，単語学習はとても重要です。しかし，どうやって単語学習を進めればいいのかわからない，自分のやり方が正しいのか自信がない，という悩みを抱えている人も多くいると思います。『英検1級 でる順パス単 書き覚えノート[改訂版]』は，そういった学習の悩みから生まれた「書いて覚える」単語学習のサポート教材です。

本書の特長は，以下の3つです。

❶「書いて，聞いて，発音して覚える」方法で効果的に記憶できる

❷ 日本語（意味）から英語に発想する力を養うことができる

❸「復習テスト」で単熟語を覚えたかどうか自分で確認することができる

単熟語を実際に書き込んで手を動かすことは，記憶に残すためにとても効果的な方法です。ただ単語集を覚えてそのままにしておくのではなく，本書に沿って継続的に単語学習を進めていきましょう。「書いて」→「復習する」というステップを通して確実に記憶の定着につなげることができるでしょう。本書での学習が皆さんの英検合格につながることを心より願っています。

本書とセットで使うと効果的な書籍のご紹介

本書に収録されている内容は，単語集『英検1級 でる順パス単[5訂版]』に基づいています。単語集には，単語の意味のほかに同意語・類義語・反意語・派生語・語源・用例なども含まれており，単語のイメージや使われ方を確認しながら覚えることができます。

もくじ

単語編

熟語編

編集協力：斉藤敦, 株式会社 鷗来堂　　　　　　　　組版協力：幸和印刷株式会社

装丁デザイン：及川真咲デザイン事務所（浅海新菜）　本文デザイン：伊藤幸恵

イラスト：三木謙次（装丁，本文）

本書の構成と利用法

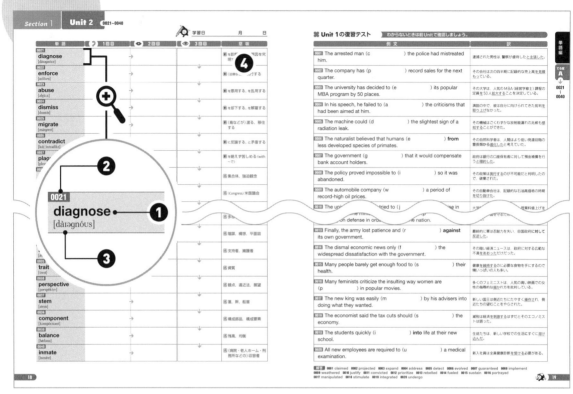

1 📝 書いて記憶 ··········➤

まず、左欄の「単語」と右欄の「意味」を確認します。1回目は「音声を聞きながら」、2回目は「発音しながら」、3回目は「意味を見て」単語を書く流れになっています。

2 📝 復習テスト

1つ前のUnitで学習した単語を使った例文です。訳文の下線＋赤字の意味の単語を思い出して空欄に書きます。解き終わったらページ下の解答を見て、答え合わせをします。できなかったものは、再度前のUnitで単語と意味を確認しておきましょう。

※別解がある場合も、原則として解答は1つのみ掲載しています。

❶ 見出し語	『英検1級 でる順パス単 [5訂版]』に掲載されている単語です。
❷ 見出し語番号	見出し語には単語編・熟語編を通して0001〜2400の番号が振られています。『英検1級 でる順パス単 [5訂版]』の見出し語番号に対応しています。
❸ 発音記号	見出し語の読み方を表す記号です。主にアメリカ発音を採用しています。（詳細はp.7参照）
❹ 意味	見出し語の意味は原則として『英検1級 でる順パス単 [5訂版]』に準じて掲載しています。ただし、同意語・類義語や用例などは掲載しないなど、一部変更しています。

単語編，熟語編ともに 1 Unit が 20 語ずつ区切られており，これが 1 回分の学習の目安となります。
1 日 1 Unit を目安に進めましょう。

熟語編

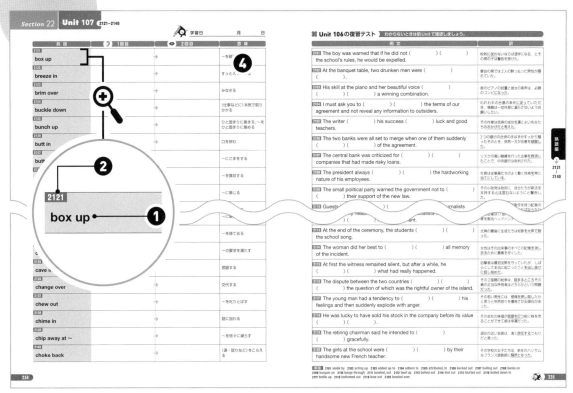

学習日　　月　　日

熟　語	1回目	2回目	意　味
2121 box up	→	→	～を詰め
2122 breeze in	→		すっと入
2123 brim over	→		みなぎる
2124 buckle down	→		(仕事などに)本気で取りかかる
2125 bunch up	→		ひと固まりに集まる，～をひと固まりに集める
2126 butt in	→		口を挟む
2127 butt			～にごまをする
2121	2		～を買収する
box up	1		～に屈じる
			～に
			～を捨て去る
			～の要求を満たす
2135 cave i			屈服する
2136 change over	→		交代する
2137 chew out	→		～を叱りとばす
2138 chime in	→		話に加わる
2139 chip away at ～	→		～を徐々に減らす
2140 choke back	→		(涙・怒りなど)をこらえる

234

Unit 106の復習テスト　わからないときは前Unitで確認しましょう。

例　文	訳
2101 The boy was warned that if he did not (　) (　) the school's rules, he would be expelled.	校則に従わないならば退学になる，とその男の子は警告を受けた。
2102 At the banquet table, two drunken men were (　) (　).	宴会の席では2人の酔っ払った男性が暴れていた。
2103 His skill at the piano and her beautiful voice (　) (　) a winning combination.	彼のピアノの技量と彼女の美声は，必勝のコンビになった。
2104 I must ask you to (　) (　) the terms of our agreement and not reveal any information to outsiders.	われわれの合意の条件に従っていただき，情報は一切外部に漏らさないようお願いしたい。
2105 The writer (　) his success (　) luck and good teachers.	その作家は自身の成功を運とよい先生たちのおかげだと考えた。
2106 The two banks were all set to merge when one of them suddenly (　) (　) of the agreement.	2つの銀行の合併の手はずがすっかり整ったそのとき，突然一方が合意を破棄した。
2107 The central bank was criticized for (　) companies that had made risky loans.	リスクの高い融資を行った企業を救済したことで，中央銀行は批判された。
2108 The president always (　) (　) the hardworking nature of his employees.	社長はいつも従業員たちのよく働く性格を常に当てにしている。
2109 The small political party warned the government not to (　) (　) their support of the new law.	その小政党は政府に，自分たちが新法を支持するとは思わないようにと警告した。

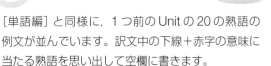

2112 At the end of the ceremony, the students (　) (　) the school song.	式典の最後に生徒たちは校歌を大声で歌った。
2113 The woman did her best to (　) (　) all memory of the incident.	女性はその出来事のすべての記憶を消し去るために最善を尽くした。
2114 At first the witness remained silent, but after a while, he (　) (　) what had really happened.	目撃者は最初沈黙を守っていたが，しばらくしてに実に起こったことを話し始めた。
2115 The dispute between the two countries (　) (　) the question of which was the rightful owner of the island.	その2国間の紛争は，結局のところその島の正当な所有者はどちらかという問題だった。
2116 The young man had a tendency to (　) (　) his feelings and then suddenly explode with anger.	その若い男性には，感情を押し殺したかと思うと突然怒りを爆発させる傾向があった。
2117 He was lucky to have sold his stock in the company before its value (　) (　).	その会社の株価が暴落を打つ前に株を売ることができて彼は幸運だった。
2118 The retiring chairman said he intended to (　) (　) gracefully.	退任の近い会長は，潔く辞任するつもりだと言った。
2120 The girls at the school were (　) (　) by their handsome new French teacher.	その学校の女子たちは，新任のハンサムなフランス語教師に夢中になった。

解答 2101 abide by 2102 acting up 2103 added up to 2104 adhere to 2105 attributed, to 2106 backed out 2107 bailing out 2108 banks on 2109 bargain on 2110 barge through 2111 bawled out 2112 beef up 2113 belted out 2114 blot out 2115 blurted out 2116 boiled down to 2117 bottle up 2118 bottomed out 2119 bow out 2120 bowled over

235

1 📝 書いて記憶 ·········>

[単語編] と同様に，左欄の「熟語」と右欄の「意味」を確認します。[熟語編] では 1 回目は「音声を聞きながら」，2 回目は「発音しながら」書きます。

2 📝 復習テスト

[単語編] と同様に，1 つ前の Unit の 20 の熟語の例文が並んでいます。訳文中の下線＋赤字の意味に当たる熟語を思い出して空欄に書きます。

※ 別解がある場合も，原則として解答は 1 つのみ掲載しています。

表記について

働 動詞	名 名詞	形 形容詞	副 副詞	接 接続詞
～ ……… ～の部分に語句が入る			（　）… 省略可能／補足説明	
［　］… 直前の語句と言い換え可能			〈　〉… コロケーション	
A, B …… A, Bに異なる語句が入る			one's, oneself … 人を表す語句が入る	
doing … 動名詞，現在分詞が入る			to do … 不定詞が入る	

5

音声について

本書に掲載されている見出し語の音声（英語）を，公式アプリ「英語の友」（iOS/Android）を使ってスマートフォンやタブレットでお聞きいただけます。

● ご利用方法

1 「英語の友」公式サイトより，アプリをインストール

🔍 英語の友   URL : **https://eigonotomo.com/**

左記のQRコードから読み込めます。

---

2 アプリ内のライブラリより『**英検1級でる順パス単 5訂版**』の「追加」ボタンをタップ

⚠️ 『英検1級でる順パス単書き覚えノート 改訂版』はライブラリにはありません。『**英検1級でる順パス単 5訂版**』を選択してください。

3 画面下の「**単語**」をタップして「単語モード」を再生

⚠️ 「書籍音源モード」には対応していません。「**単語モード**」を選んで再生してください。

※デザイン，仕様等は予告なく変更される場合があります。
※本アプリの機能の一部は有料ですが，本書の音声は無料でお聞きいただけます。
※詳しいご利用方法は「英語の友」公式サイト，あるいはアプリ内のヘルプをご参照ください。
※本サービスは予告なく終了することがあります。

発音記号について

本書で使用している発音記号をまとめました。

※斜体および[(:)]は省略可能であることを示す。

● 母音

発音記号	例		発音記号	例	
[i:]	eat	[i:t]	[u]	casual	[kǽʒuəl]
[i]	happy	[hǽpi]	[u:]	school	[sku:l]
[ɪ]	sit	[sɪt]	[eɪ]	cake	[keɪk]
[e]	bed	[bed]	[aɪ]	eye	[aɪ]
[æ]	cat	[kæt]	[ɔɪ]	boy	[bɔɪ]
[ɑ:]	palm	[pɑ:lm]	[aʊ]	house	[haʊs]
[ʌ]	cut	[kʌt]	[oʊ]	go	[goʊ]
[ə:r]	bird	[bə:rd]	[ɪər]	ear	[ɪər]
[ə]	above	[əbʌ́v]	[eər]	air	[eər]
[ər]	doctor	[dá(:)ktər]	[ɑ:r]	heart	[hɑ:rt]
[ɔ:]	law	[lɔ:]	[ɔ:r]	morning	[mɔ́:rnɪŋ]
[ʊ]	pull	[pʊl]	[ʊər]	poor	[pʊər]

※母音の後の[r]は，アメリカ英語では直前の母音がrの音色を持つことを示し，イギリス英語では省略されることを示す。

● 子音

発音記号	例		発音記号	例	
[p]	pen	[pen]	[v]	very	[véri]
[b]	book	[bʊk]	[θ]	three	[θri:]
[m]	man	[mæn]	[ð]	this	[ðɪs]
[t]	top	[tɑ(:)p]	[s]	sea	[si:]
[ţ]	water	[wɔ́:ţər]	[z]	zoo	[zu:]
[d]	dog	[dɔ(:)g]	[ʃ]	ship	[ʃɪp]
[n]	name	[neɪm]	[ʒ]	vision	[víʒən]
[k]	cake	[keɪk]	[h]	hot	[hɑ(:)t]
[g]	good	[gʊd]	[l]	lion	[láɪən]
[ŋ]	ink	[ɪŋk]	[r]	rain	[reɪn]
[tʃ]	chair	[tʃeər]	[w]	wet	[wet]
[dʒ]	June	[dʒu:n]	[hw]	white	[hwaɪt]
[f]	five	[faɪv]	[j]	young	[jʌŋ]

※[ţ]はアメリカ英語で弾音（日本語のラ行に近い音）になることを示す。

単語の効果的な学習法

長年にわたり英検1級，準1級のご指導をされている田中亜由美先生に単語学習についてお話を伺いました。

　英検1級合格までの道のりにおいて，残念なことに語彙で挫折してしまう方が少なくありません。単語集を買ってしばらくは毎日せっせと暗記に取り組むのですが，どこかの時点で続かなくなってしまうことがよくあります。本書を手に取ってくださった皆さんも，もしかするとそのような経験をされているかもしれません。

　英語に限らず，語学学習に継続は欠かすことができません。ここでは書いて覚える作業に入る前に，なぜ続かなくなってしまうのかを解き明かしていきたいと思います。また今後，英検1級の単語とどのように付き合っていくべきなのか，そしてその過程で，書いて覚えるとどのような効果が期待できるのかについて考えてみることにしましょう。

間違った単語学習をしていませんか？

　単語学習でつまずいてしまう大きな原因として，そもそもの誤解から生じた悩みがあります。よく耳にする「症状」を示し，それぞれにおいて簡単な「処方箋」をお出しすることにしましょう。

症状 1 まず単語から覚えようと思うが，実際にはなかなか覚えられず，学習が進まない。

処方箋 ⇒ 「単語を覚えてから」という完璧主義は捨てましょう。単語も覚えながら同時に多くの読解やリスニング問題に触れるべきです。少々わからない単語があっても過度に気にせず，そのうちわかるようになると考えるべきです。

症状 2 単語を覚えては忘れ，覚えては忘れの繰り返しで，モチベーションが下がってしまう。

処方箋 ⇒ 忘れるのは自然なことです。人間すべてのことを覚えていたらとても辛いことになります。何度か出会っているうちに「どうもこれは重要な情報らしい」と脳が認識し，やがて必ず長期記憶として定着しますので，繰り返しを続けましょう。

症状 3 英検1級の単語を覚えても文章で見かけることがなく，覚える意義に疑問を持つ。

処方箋 ⇒ 生きた英語に触れる機会が不足しているかもしれません。英字新聞や雑誌，ニュースの英語でも『でる順パス単』の単語は頻繁に登場します。まずは「見たことがある，聞いたことがある」単語を増やしつつ，できる限り多読多聴を心がけましょう。

効果的単語学習のための基本 3R

　例えば，明日単語テストがあるとしましょう。テスト範囲の単語を懸命に覚えます。テスト用紙が配られる直前まで最終確認。するとおそらく満点，あるいはそれに近い点数が取れるでしょう。でも，1週間後にはほとんど忘れてしまっている，という経験は多くの方がお持ちではないでしょうか。これは，単語テスト用に記憶されたものが**「短期記憶（Short-Term Memory）」**だったことが要因です。記憶されたものはまず脳内で短期記憶として一時的に保存されます。しかし，短期記憶はその後何もせずに放置しておくと自然に消えてしまいます。脳が「忘れても構わない情報なのだ」と自動的に処理するのです。多くの方が悩む「単語をすぐに忘れてしまう」というのはまさにこの状態で，人間として当然の姿です。では，どうしたら忘れなくなるのでしょうか？　短期記憶として保存されたものを**「長期記憶（Long-Term Memory）」**へと移行させればよいのです。いったん長期記憶として保存されれば，簡単には忘れることがありません。30年前に覚えた詩を今でも覚えているのに，なぜ1週間前に覚えた単語を忘れるのか？　前者は何かのきっかけで，短期記憶から長期記憶へと移行されたからにほかなりません。

　さて，英検1級を目指す方ならもちろんできるだけ多くの英単語を「長期記憶」として保存しておきたいところです。短期記憶を長期記憶に移行するには，基本となる3Rを同時に進めていくことが最も有効な方法と言えます。

《効果的単語学習のための基本 3R》

❶ 反復（**R**epetition）　　❷ 補強（**R**einforcement）　　❸ 検索（**R**etrieval）

---

❶ 反復（Repetition）

　単語は1度覚えただけでは短期記憶として保存されるだけですが，繰り返し記憶しようと努力すると脳がそれを重要な情報だと分類し，長期記憶へと移行します。その繰り返す方法ですが，ただ単語集を眺めているだけよりも，**音声を利用しながら，声に出し，さらには手を使って書いてみる**とより効果的です。これについては後で再び触れることにします。

　ただし，ここには問題点があります。英検1級合格に必要な語彙は，10,000〜15,000語と言われています。これだけ多くの単語を何度も覚え直すのには膨大な時間を要します。これが挫折の原因になるわけですが，ここで2つ目のRの登場です。「反復」を最小限にとどめながら，覚えた単語を長期記憶に保存するヒントになることと思います。

❷ 補強 (Reinforcement)

英単語とその日本語訳を機械的に暗記するのでは，あまり印象に残らず短期記憶で終わってしまいがちです。ところが，**記憶するプロセスにちょっとした工夫を加えることで格段に記憶が強化され，忘れにくいものとなる**のです。

それでは，記憶を補強する手段を３つご紹介しましょう。

同意語・類義語

ネイティブスピーカーと英語で会話をしていて，わからない単語が出てきたときにどうしますか？前後から理解できれば問題ないのですが，それができなければ例えば，**"What does ○○ mean?"** などとたずねます。すると相手はきっと同じ意味の別の単語で置き換えてくれるでしょう。これがまさしく母語，外国語に関係なく，私たちが語彙を増やす典型的な方法の１つです。つまり初めて出会った単語をこれまで知っているものに結び付けて記憶にとどめるわけです。

ease, alleviate, soothe, quell, allay, mitigate, assuage, appease, placate

これらはいずれも「～を和らげる，静める，なだめる」などを表す動詞です。それぞれの日本語訳を覚えようとするのではなく，とりあえず同じ引き出しにしまっておきましょう。細かい意味の違いは実際に文章で出会う中で少しずつ理解していけばよいのです。まずは**既習の単語を中心にネットワークを作っていくことを優先**させましょう。

語源

漢字は意味を持つ「へん」や「つくり」から成り立っています。漢字を覚えるときにはそれらが大きなヒントになります。また，私たちは初めて出会う漢字であっても，その成り立ちから読み方や意味のおおよその見当がつきます。英単語も同様に考えましょう。もちろんすべての単語がこれによって覚えられるというわけではありませんが，多くはラテン語などの他の言語に由来しており，意味を持つ**接頭辞・語根・接尾辞**などに分類できます。**特に覚えにくい単語や紛らわしい単語を辞書で引いた際には，語源を確認する習慣をつけましょう**。このほんの数秒の手間により，記憶が強化され，長期記憶として保存されやすくなります。

次に挙げる単語の意味がすぐに思い浮かべられるでしょうか。

accede, concede, precede, proceed, recede, secede

cede / ceed は語源的に，go「行く」の意味があります。どの単語も似ていて混同しやすいですが，接頭辞の意味さえ知っていればおのずと意味がわかってきます。

accede「同意する」 = a-（～の方向へ）+ cede（行く）

concede「を認める」 = con-（共に）+ cede（行く）

precede「に先んじる」 = pre-（先に）+ cede（行く）

proceed「前進する」 = pro-（前に）+ ceed（行く）

recede「遠ざかる」 = re-（後ろに）+ cede（行く）

secede「脱退する」 = se-（離れて）+ cede（行く）

コロケーション

コロケーション（collocation）とはよく使われる語と語の自然なつながりのことで「連語」などと訳されています。例えば他動詞であれば，その動詞の単独の意味ではなく，よく使われる目的語と共にフレーズで覚えることを習慣づけるとよいでしょう。また形容詞であれば，相性のよい名詞とともに覚えると，イメージがしやすくインプット後に定着する可能性が高くなります。

では，『英検1級 でる順パス単［5訂版］』の中の単語から例を挙げてみることにしましょう。単独で日本語訳を覚えるよりも，きっと覚えやすいと感じるはずです。

1006 eradicate「を根絶する」

eradicate poverty「貧困を根絶する」

eradicate malaria「マラリアを根絶する」

eradicate weeds「雑草を一掃する」

1559 bleak「（見通しなどが）暗い，荒涼とした」

bleak prospect「暗い見通し」

bleak economic climate「暗い経済情勢」

bleak landscape「荒涼とした風景」

❸ 検索（Retrieval）

英字新聞や雑誌を読んでいて，「あ，この間覚えた単語だ！」とうれしくなる経験はどなたにもあるでしょう。これこそが3つ目のR，検索（Retrieval）なのです。前述のとおり，短期記憶のまま放置しておくと自然に忘れてしまうものですが，覚えたものを取り出して参照することによってそれが長期記憶へと移行する可能性が高くなります。日常生活でよく使うカードや印鑑の場所を決して忘れることがないのは，これと同じ理由によるものです。ただし**「検索」をするためには，それだけ多くの英語に触れ，検索の機会を意識的に増やす必要があります。**語彙力強化に多読多聴が不可欠であることが，これでご理解いただけたのではないでしょうか。

ディクテーションに挑戦しよう!

　ここまで単語を書いて覚える方法についてお話ししてきましたが，その発展版として「ディクテーション」をご紹介します。ディクテーションは，聞こえてきた英文の一部，またはすべてを書き取るという作業です。リスニング力アップに効果的であることはよく知られていますが，実はリスニングだけでなく，英語の総合力を強化するのに絶大な効果があり，もちろん語彙を習得する上でも有効です。『英検1級 でる順パス単［5訂版］』の例文音声はディクテーションをするのにちょうどよい長さです。1回聞いてすべて書き取るのが難しければ，何度も聞いて書き取ってみましょう※。よほど長いセンテンスでない限り途中で切らず，あくまでセンテンス単位で聞き，ディクテーションするのがおすすめです。

　その際の目標として，以下を挙げておきます。

目標 1　覚えた単語の音声を瞬時に聞き取り理解する。

　単語を「見て」わかるだけでなく，「聞いて」わかるようになって，初めてその単語を本当に覚えたことになります。本書で書きながら覚えた単語をリーディングだけでなく，リスニングでも理解できるようにしましょう。ディクテーションはその確認に役立ちます。

目標 2　単語だけでなく，センテンスとして意味を理解する。

　覚えた単語が前後の単語とどのようにつながり，意味を成しているのかを聞き取りましょう。文章のディクテーションをしていると，自然とこれが意識されるようになります。単語をセンテンスの中で理解できると，その意味や類語との使い分け方も定着します。

目標 3　アウトプットで使えるレベルにする。

　動詞の場合，意味を知っていても語法がわからなければ，ライティングやスピーキングで使うことができません。また，形容詞の場合は，どんな名詞を修飾できるか知っておかなければなりません。インプットした単語の用法を知りアウトプットにつなげる上でもディクテーションは有効です。ただし，p.158 で書いているとおり，アウトプットで使えるようになるのは先のステップですので，まずはインプットを確実にすることを目指しましょう。

　例文を何度か聞いてディクテーションをした後は，必ずスクリプトと比べてスペリングもしっかりと確認しましょう。聞き取れなかった部分は，再度音声を聞いて音読をします。ディクテーションは非常に手間のかかるトレーニングですが，1日15分でも効果があります。無理をして1日に何時間も取り組むより，少しずつでも継続することが何より重要です。特に本書の学習がある程度進んだ方は，ぜひディクテーションに挑戦してください。きっと効果を実感できることと思います。

※公式アプリ「英語の友」（p.6）の「書籍音源モード」を利用することで，例文音声を聞くことが可能です。ただし，書き覚えノートの Unit には対応していませんので，ご了承ください。

「書いて覚える」効果とは？

本書を手に取ってみたものの，果たしてその効果のほどはどうなのかと不安を感じている方もいらっしゃるかもしれません。最後に「書いて覚える」という行為によって，長期記憶に有効な3Rがいかに効果的に実践できるかについて考えてみましょう。

効果 1 複数の感覚を同時に刺激！

ただ単語を見て覚えるだけでなく，必ず耳で聞きながら同時にその発音をまねて声に出して覚えるようにしましょう。さらに手を使って単語を書いてみることでその効果は倍増します。同時に複数の感覚を刺激することで記憶に残りやすくなるのです。早速始めてその効果を実感してみてください。

効果 2 スペリングを意識！

書くことでこれまであまり意識していなかったスペリングを意識するようになります。接頭辞，接尾辞をはじめとする語源に気付くことも少なくないでしょう。このような単語の成り立ちを知ることによって記憶が助けられる（Reinforcement）ことは前章で述べたとおりです。また英語特有のスペリングのパターンを習得することは，英作文対策としても有効です。

効果 3 コロケーションの確認！

本書には各Unitで単語を書いて覚えた後，今度はセンテンスの中に覚えた単語を書き入れる「復習テスト」が付いています。単語を書き入れることによりセンテンスの中でのコロケーションを最終的に確認し，効果的にインプットすることができます。

さて，それではいよいよ『英検1級 でる順パス単 書き覚えノート [改訂版]』のスタートです。毎日少しずつ計画的に進め，最終ページまで「完走」を目指してがんばりましょう！ その先に見える大きな目標である「英検1級合格」を確実に手にされることをお祈りしております。

田中亜由美（たなか　あゆみ）
上智大学外国語学部卒業。ペンシルベニア州立テンプル大学大学院教育学修士課程 TESOL（教育学英語教授法）専攻。大企業や大学にて役員秘書，通訳などを経験後，語学学校および官公庁，企業，大学にて，英検，TOEIC，TOEFL，通訳案内士国家試験の指導を始める。指導歴は20年以上。英検1級取得，TOEIC 990，通訳案内士試験（英語）合格。

学習管理表

1日1Unitを目安に進めていきましょう。
その日の学習が終わったら下の表の／部分に日付を記入して記録を付けていきましょう。

Unit 1	/	Unit 2	/	Unit 3	/	Unit 4	/	Unit 5	/	Unit 6	/
Unit 7	/	Unit 8	/	Unit 9	/	Unit 10	/	Unit 11	/	Unit 12	/
Unit 13	/	Unit 14	/	Unit 15	/	Unit 16	/	Unit 17	/	Unit 18	/
Unit 19	/	Unit 20	/	Unit 21	/	Unit 22	/	Unit 23	/	Unit 24	/
Unit 25	/	Unit 26	/	Unit 27	/	Unit 28	/	Unit 29	/	Unit 30	/
Unit 31	/	Unit 32	/	Unit 33	/	Unit 34	/	Unit 35	/	Unit 36	/
Unit 37	/	Unit 38	/	Unit 39	/	Unit 40	/	Unit 41	/	Unit 42	/
Unit 43	/	Unit 44	/	Unit 45	/	Unit 46	/	Unit 47	/	Unit 48	/
Unit 49	/	Unit 50	/	Unit 51	/	Unit 52	/	Unit 53	/	Unit 54	/
Unit 55	/	Unit 56	/	Unit 57	/	Unit 58	/	Unit 59	/	Unit 60	/
Unit 61	/	Unit 62	/	Unit 63	/	Unit 64	/	Unit 65	/	Unit 66	/
Unit 67	/	Unit 68	/	Unit 69	/	Unit 70	/	Unit 71	/	Unit 72	/
Unit 73	/	Unit 74	/	Unit 75	/	Unit 76	/	Unit 77	/	Unit 78	/
Unit 79	/	Unit 80	/	Unit 81	/	Unit 82	/	Unit 83	/	Unit 84	/
Unit 85	/	Unit 86	/	Unit 87	/	Unit 88	/	Unit 89	/	Unit 90	/
Unit 91	/	Unit 92	/	Unit 93	/	Unit 94	/	Unit 95	/	Unit 96	/
Unit 97	/	Unit 98	/	Unit 99	/	Unit 100	/	Unit 101	/	Unit 102	/
Unit 103	/	Unit 104	/	Unit 105	/	Unit 106	/	Unit 107	/	Unit 108	/
Unit 109	/	Unit 110	/	Unit 111	/	Unit 112	/	Unit 113	/	Unit 114	/
Unit 115	/	Unit 116	/	Unit 117	/	Unit 118	/	Unit 119	/	Unit 120	/

単語編

でる度 **A**　よくでる重要単語　**700**

Q スペリングが似ていて紛らわしい単語がなかなか覚えられません。いい方法はないでしょうか。

A スペリングや発音が似ている単語は確かに覚えにくい印象を受けます。ただし，記憶が少々曖昧だとしても，ある程度は文脈でその意味を判断できるということを覚えておいてください。例えば，**プラスの意味かマイナスの意味なのかがわかるだけでも文脈を追う上では十分である**ことも少なくありません。

　困るのは大問1の語彙問題などで出題され，正確な意味がわからなくてはならない場合です。正解するためには紛らわしい単語はやはり少し意識して覚える必要があります。基本的には「単語の効果的な学習法」（p.8 〜）で紹介した3Rの実践となりますが，中でも「補強（Reinforcement）」を意識しましょう。次に挙げる紛らわしいペアの意味がわかりますか？

　　a）ingenious「巧妙な」とingenuous「天真らんまんな」

　　b）impudent「生意気な」とimprudent「軽率な」

　a）ingenious「巧妙な」は中に genius「才能，天才」が含まれていますので，ここから形容詞の意味も自然に連想できるでしょう。b）語源から覚えにくい場合にはコロケーションで覚えるのが効果的です。impudent behavior「生意気な態度」，imprudent investment「軽率な投資」など，形容詞は覚えやすい名詞と一緒に覚えましょう。

　紛らわしい単語は，自分なりの覚え方を見つけて**並べて覚える**ようにします。工夫（＝補強）をしながら，音声を聞き，目で見るだけでなく，声に出して，さらには手を使って書いてみる。それを続けて長期記憶として保存されたころにはきっと「紛らわしい」と感じなくなるでしょう。

単語学習の不安を
先生に相談してみよう！

単語	1回目	2回目	3回目	意味
0001 claim [kleɪm]	→			動 を主張する
0002 project [prədʒékt]	→			動 を見積もる, を提示する
0003 expand [ɪkspǽnd]	→			動 を拡大する
0004 address [ədrés]	→			動 (問題)を取り上げる, に対処する, に話しかける
0005 detect [dɪtékt]	→			動 を感知する, を発見する
0006 evolve [ɪvá(ː)lv]	→			動 進化する〈from ~から〉
0007 guarantee [gæ̀rəntíː]	→			動 を確約する, を保証する
0008 implement [ímplɪmènt]	→			動 を実行する
0009 weather [wéðər]	→			動 を切り抜ける
0010 justify [dʒʌ́stɪfàɪ]	→			動 を正当化する, の正当性を示す
0011 convict [kənvíkt]	→			動 に有罪判決を下す〈of ~で〉
0012 prioritize [praɪɔ́(ː)rɪtàɪz]	→			動 を優先する, の優先順位を決める
0013 rebel [rɪbél]	→			動 反逆する〈against ~に〉
0014 fuel [fjúːəl]	→			動 をあおる, に燃料を補給する
0015 sustain [səstéɪn]	→			動 を維持する, に耐える
0016 portray [pɔːrtréɪ]	→			動 を描写する, を描く
0017 manipulate [mənípjulèɪt]	→			動 を巧みに操る
0018 stimulate [stímjulèɪt]	→			動 を刺激する
0019 integrate [íntəɡrèɪt]	→			動 溶け込む〈into ~に〉, を統合する〈into ~に〉
0020 undergo [ʌ̀ndərɡóʊ]	→			動 (検査・治療)を受ける, (試練・変化)を経験する

単 語	1回目	2回目	3回目	意 味
0021 **diagnose** [dàɪəgnóʊs]	→			動 を診断する，の原因を究明する
0022 **enforce** [ɪnfɔ́ːrs]	→			動 (法律など)を執行する
0023 **abuse** [əbjúːz]	→			動 を悪用する，を乱用する
0024 **dismiss** [dɪsmís]	→			動 を却下する，を解雇する
0025 **migrate** [máɪgreɪt]	→			動 (鳥などが)渡る，移住する
0026 **contradict** [kὰ(:)ntrədíkt]	→			動 に反論する，と矛盾する
0027 **plague** [pleɪg]	→			動 を絶えず苦しめる〈with ～で〉
0028 **complex** [kά(:)mplèks]	→			名 集合体，強迫観念
0029 **congress** [kά(:)ŋgrəs]	→			名 (Congress) 米国議会
0030 **antibiotic** [æ̀n̯ibaɪά(:)t̬ɪk]	→			名 抗生物質
0031 **amendment** [əméndmənt]	→			名 修正，改正，修正条項
0032 **diversity** [dəvə́ːrsəti]	→			名 多様性
0033 **plot** [plɑ(:)t]	→			名 陰謀，構想，平面図
0034 **advocate** [ǽdvəkət]	→			名 支持者，擁護者
0035 **trait** [treɪt]	→			名 資質
0036 **perspective** [pərspéktɪv]	→			名 観点，遠近法，展望
0037 **stem** [stem]	→			名 茎，幹，船首
0038 **component** [kəmpóʊnənt]	→			名 構成部品，構成要素
0039 **balance** [bǽləns]	→			名 残高，均衡
0040 **inmate** [ínmèɪt]	→			名 (病院・老人ホーム・刑務所などの)収容者

例 文	訳
0001 The arrested man (c　　　　　) the police had mistreated him.	逮捕された男性は,警察が虐待した<u>と主張した</u>。
0002 The company has (p　　　　　) record sales for the next quarter.	その会社は次の四半期に記録的な売上高を<u>見積もっている</u>。
0003 The university has decided to (e　　　　　) its popular MBA program by 50 places.	その大学は,人気のMBA(経営学修士)課程の定員を50人<u>拡大する</u>ことを決定している。
0004 In his speech, he failed to (a　　　　　) the criticisms that had been aimed at him.	演説の中で,彼は自分に向けられてきた批判を<u>取り上げ</u>なかった。
0005 The machine could (d　　　　　) the slightest sign of a radiation leak.	その機械はごくわずかな放射能漏れの兆候も<u>感知する</u>ことができた。
0006 The naturalist believed that humans (e　　　　　) **from** less developed species of primates.	その自然科学者は,人間はより低い発達段階の霊長類<u>から進化した</u>と考えていた。
0007 The government (g　　　　　) that it would compensate bank account holders.	政府は銀行の口座保有者に対して預金補償を行う<u>と確約した</u>。
0008 The policy proved impossible to (i　　　　　) so it was abandoned.	その政策は<u>実行する</u>のが不可能だと判明したので,破棄された。
0009 The automobile company (w　　　　　) a period of record-high oil prices.	その自動車会社は,記録的な石油高価格の時期を<u>切り抜けた</u>。
0010 The university president tried to (j　　　　　) the rise in fees to the students.	大学学長は学生たちに対して,授業料値上げを<u>正当化し</u>ようとした。
0011 After a lengthy trial, the businessman was (c　　　　　) **of** fraud.	長期にわたる裁判の後,その実業家は詐欺罪で<u>有罪判決を下された</u>。
0012 The new prime minister said that he would (p　　　　　) spending on defense in order to protect the nation.	新首相は,国を守るために防衛費を<u>優先する</u>と述べた。
0013 Finally, the army lost patience and (r　　　　　) **against** its own government.	最終的に軍は忍耐力を失い,自国政府**に対して**<u>反逆した</u>。
0014 The dismal economic news only (f　　　　　) the widespread dissatisfaction with the government.	その暗い経済ニュースは,政府に対する広範な不満を<u>あおった</u>だけだった。
0015 Many people barely get enough food to (s　　　　　) their health.	健康を<u>維持する</u>のに必要な食物を手にするので精いっぱいの人も多い。
0016 Many feminists criticize the insulting way women are (p　　　　　) in popular movies.	多くのフェミニストは,人気の高い映画での女性の侮辱的な<u>描かれ</u>方を批判している。
0017 The new king was easily (m　　　　　) by his advisers into doing what they wanted.	新しい国王は側近たちにたやすく<u>操作され</u>,側近たちの望むことをやらされた。
0018 The economist said the tax cuts should (s　　　　　) the economy.	減税は経済を<u>刺激する</u>はずだとそのエコノミストは語った。
0019 The students quickly (i　　　　　) **into** life at their new school.	生徒たちは,新しい学校での生活にすぐに<u>溶け込んだ</u>。
0020 All new employees are required to (u　　　　　) a medical examination.	新入社員は全員健康診断を<u>受ける</u>必要がある。

解答 0001 claimed　0002 projected　0003 expand　0004 address　0005 detect　0006 evolved　0007 guaranteed　0008 implement
0009 weathered　0010 justify　0011 convicted　0012 prioritize　0013 rebelled　0014 fueled　0015 sustain　0016 portrayed
0017 manipulated　0018 stimulate　0019 integrated　0020 undergo

学習日　　　月　　　日

単語	1回目	2回目	3回目	意味
0041 **extinction** [ɪkstíŋkʃən]	→		↓	图 絶滅
0042 **proponent** [prəpóunənt]	→		↓	图 支持者，提唱者
0043 **uprising** [ʌ́pràɪzɪŋ]	→		↓	图 反乱，暴動
0044 **perception** [pərsépʃən]	→		↓	图 認識，知覚
0045 **habitat** [hǽbɪtæt]	→		↓	图 生息環境，居住地
0046 **bias** [báɪəs]	→		↓	图 えこひいき〈toward ～に対する〉，先入観，傾向
0047 **microbe** [máɪkroub]	→		↓	图 病原菌，微生物
0048 **archaeologist** [ɑ̀ːrkiá(ː)lədʒɪst]	→		↓	图 考古学者
0049 **mutation** [mjutéɪʃən]	→		↓	图 変異型
0050 **attribute** [ǽtrɪbjùːt]	→		↓	图 特質，属性
0051 **nanoparticle** [nǽnəpàːrtɪkl]	→		↓	图 ナノ粒子
0052 **regime** [rəʒíːm]	→		↓	图 政権，政体
0053 **algorithm** [ǽlgərìðm]	→		↓	图 アルゴリズム
0054 **vet** [vet]	→		↓	图 獣医
0055 **dispute** [dɪspjúːt]	→		↓	图 争議，論争
0056 **migration** [maɪgréɪʃən]	→		↓	图 移住〈from ～からの，to ～への〉
0057 **laborer** [léɪbərər]	→		↓	图 (肉体)労働者
0058 **prohibition** [pròuhəbíʃən]	→		↓	图 (Prohibition)(米国の)禁酒法時代，禁止
0059 **reservoir** [rézərvwàːr]	→		↓	图 貯水池，貯蔵所
0060 **founder** [fáundər]	→		↓	图 創設者，設立者

✖ Unit 2の復習テスト　〔 わからないときは前Unitで確認しましょう。 〕

単語編

でる度
A
↓
0041
〜
0060

例 文	訳
0021 The doctors performed a series of tests but failed to (d　　　　　　) her illness.	医師団は一連の検査を行ったが，彼女の病気を診断することはできなかった。
0022 The police rarely (e　　　　　　) the local laws against fishing.	警察は釣りを禁止する地域法を執行することはほとんどなかった。
0023 The accountant had (a　　　　　　) his position to enrich himself.	その公認会計士は，地位を悪用して私腹を肥やしていた。
0024 She was irritated when her boss casually (d　　　　　　) her proposal.	彼女は，自分の提案を上司が無頓着に却下したとき，いら立った。
0025 The geese were beginning to (m　　　　　　) south for the winter.	ガンは冬に備えて南へ渡り始めていた。
0026 He hesitated to openly (c　　　　　　) what his superior said.	彼は上司の発言にあからさまに反論するのをためらった。
0027 The department store was (p　　　　　　) **with** shoplifters, some of whom operated in gangs.	そのデパートは，集団で犯行に及ぶ者もいる万引き犯たちに絶えず苦しめられていた。
0028 The institute was housed in a (c　　　　　　) of old buildings.	その機関は古い建物の集合体の一角にあった。
0029 In 1975, an act was passed by (C　　　　　　) that increased energy production and supply in the country.	1975年に，国のエネルギーの生産と供給を増やす法令が米国議会で可決された。
0030 Doctors fear that the overuse of (a　　　　　　) will lead to increasing resistance to them.	医師たちは，抗生物質の使い過ぎが抗生物質への耐性を増す結果になることを懸念している。
0031 I agreed to support their proposal if they would make minor (a　　　　　　).	少し修正を加えるなら彼らの提案を支持する，と私は同意した。
0032 The (d　　　　　　) of the students' backgrounds added much interest to classroom discussions.	生徒の生い立ちの多様性がクラス討議をさらに興味深いものにした。
0033 Army leaders were involved in a (p　　　　　　) to depose the country's president.	国の大統領を退陣させる陰謀に軍の指導者たちが関与していた。
0034 The missionary is a well-known (a　　　　　　) of prison reform.	その宣教師は，刑務所改革の有名な支持者である。
0035 The little boy had all the (t　　　　　　) of a mathematical genius.	少年は数学の天才のあらゆる資質を備えていた。
0036 The specialist provided a sociological (p　　　　　　) on the problems of the inner city.	その専門家はスラム街の抱える問題について社会学的観点を提示した。
0037 The flowers in my garden died because parasites attacked their (s　　　　　　).	寄生植物が茎に取り付いたので，うちの庭の花が枯れた。
0038 Many of the engine's (c　　　　　　) were manufactured abroad, so the tariffs affected domestic prices too.	そのエンジンの部品の多くは外国で製造されていたので，関税は国内価格にも影響した。
0039 He checked his bank (b　　　　　　) on the Internet.	彼はインターネットで銀行預金残高を確認した。
0040 (I　　　　　　) in a local prison rioted and took several guards hostage.	地方刑務所の収容者が暴動を起こし，数人の看守を人質に取った。

解答 **0021** diagnose　**0022** enforced　**0023** abused　**0024** dismissed　**0025** migrate　**0026** contradict　**0027** plagued
0028 complex　**0029** Congress　**0030** antibiotics　**0031** amendments　**0032** diversity　**0033** plot　**0034** advocate　**0035** traits
0036 perspective　**0037** stems　**0038** components　**0039** balance　**0040** Inmates

学習日　　　月　　　日

単　語	1回目	2回目	3回目	意　味
0061 **inhabitant** [ɪnhǽbətənt]	→			图 住民
0062 **commitment** [kəmítmənt]	→	↓		图 責任，献身
0063 **rebellion** [rɪbéljən]	→	↓		图 反乱
0064 **capitalism** [kǽpətəlìzm]	→	↓		图 資本主義
0065 **crack** [kræk]	→	↓		图 割れ目〈in ～の〉，ひび，隙間
0066 **hydrogen** [háɪdrədʒən]	→	↓		图 水素
0067 **slavery** [sléɪvəri]	→	↓		图 奴隷制度，捕らわれた状態
0068 **warfare** [wɔ́:rfèər]	→	↓		图 戦争（行為），交戦状態
0069 **criterion** [kraɪtíəriən]	→	↓		图 基準，標準
0070 **asset** [ǽsèt]	→	↓		图 資産，長所
0071 **conviction** [kənvíkʃən]	→	↓		图 確信，有罪の判決
0072 **corruption** [kərʌ́pʃən]	→	↓		图（道徳的）腐敗，不正行為
0073 **legacy** [légəsi]	→	↓		图（過去からの）遺産，先人から受け継いだもの
0074 **offender** [əféndər]	→	↓		图 犯罪者
0075 **propaganda** [prà(:)pəgǽndə]	→	↓		图 プロパガンダ，（主に政治的な）宣伝（活動）
0076 **republic** [rɪpʌ́blɪk]	→	↓		图 共和国
0077 **telescope** [téləskòup]	→	↓		图 望遠鏡
0078 **humanity** [hjumǽnəti]	→	↓		图（(the) -ties）人文科学，人類，人間性
0079 **immunization** [ìmjunəzéɪʃən]	→	↓		图 予防接種，免疫を与えること
0080 **islander** [áɪləndər]	→	↓		图 島民

例　文	訳
0041 The rapid (e⎵⎵⎵) of the dinosaurs remains a scientific mystery.	恐竜の急速な<u>絶滅</u>はいまだに科学的な謎である。
0042 The pop star is known as an ardent (p⎵⎵⎵) of vegetarianism.	その人気歌手は菜食主義の熱心な<u>支持者</u>として知られている。
0043 The simultaneous outbreak of a number of (u⎵⎵⎵) spelt the end of colonial rule in the country.	いくつかの<u>反乱</u>の同時発生は，その国の植民地支配の終わりを招いた。
0044 (P⎵⎵⎵) involves more than merely the physiological aspects of the senses.	<u>認識</u>には五感の単なる生理学的側面以上のものが関与している。
0045 Destruction of their (h⎵⎵⎵) had dramatically reduced the animal's numbers.	<u>生息環境</u>が破壊されたせいで，その動物の数は著しく減っていた。
0046 The judge was accused of showing a (b⎵⎵⎵) **toward** the defendant.	判事は被告人に<u>対する</u><u>えこひいき</u>を示したことで非難された。
0047 Many diseases are caused by (m⎵⎵⎵) that are invisible to the naked eye.	多くの病気の原因は，肉眼では見えない<u>病原菌</u>である。
0048 We owe most of our knowledge of ancient civilizations to (a⎵⎵⎵).	私たちは，古代文明に関する知識の大部分を<u>考古学者</u>に負っている。
0049 The new flu was said to be a (m⎵⎵⎵) of an earlier virus.	新型インフルエンザは，以前発生したウイルスの<u>変異型</u>だと言われた。
0050 Does your pet dog have any special (a⎵⎵⎵) by which it can be recognized?	あなたの飼い犬は，ほかの犬と識別できる特別な<u>特質</u>を備えていますか。
0051 Scientists have discovered many exciting uses for (n⎵⎵⎵), such as adding them to fuels to increase their power.	燃料に加えてパワーをアップさせるなど，<u>ナノ粒子</u>の興味をそそる用途を科学者はたくさん発見している。
0052 The country was ruled by a military (r⎵⎵⎵) led by a general.	その国は将軍が率いる<u>軍事政権</u>に統治されていた。
0053 Some specialists fear that we are trusting computer (a⎵⎵⎵) much more than we should.	私たちはコンピューターの<u>アルゴリズム</u>を必要以上に信頼している，と懸念する専門家もいる。
0054 Taking a pet to a (v⎵⎵⎵) for treatment can turn out to be far more expensive than we expect.	ペットを治療のため<u>獣医</u>に連れて行くと，結果的に予想よりずっとお金がかかることがある。
0055 The government said it could not interfere in an industrial (d⎵⎵⎵).	<u>労働争議</u>に介入することはできないと政府は述べた。
0056 The (m⎵⎵⎵) of young people **to** the cities is a growing problem.	若者の都市<u>への移住</u>が大きな問題になりつつある。
0057 The wages of farm (l⎵⎵⎵) had been falling for many years, leading to great poverty.	<u>農場労働者</u>の賃金は長年下がり続けており，ひどい貧困を招いた。
0058 One of the unexpected effects of (P⎵⎵⎵) was the damage it did to the American economy.	<u>禁酒法</u>時代の予期せぬ結果の1つは，アメリカ経済に与えた打撃だった。
0059 The heavy rainfall caused the (r⎵⎵⎵) to overflow and flood the surrounding countryside.	その豪雨が原因で<u>貯水池</u>があふれ，周囲の田園が水に漬かった。
0060 The company's (f⎵⎵⎵) thanked the employees by giving everyone a bonus.	その会社の<u>創設者</u>は全員にボーナスを出して社員に感謝した。

解答 **0041** extinction　**0042** proponent　**0043** uprisings　**0044** Perception　**0045** habitat　**0046** bias　**0047** microbes
0048 archaeologists　**0049** mutation　**0050** attributes　**0051** nanoparticles　**0052** regime　**0053** algorithms　**0054** vet　**0055** dispute
0056 migration　**0057** laborers　**0058** Prohibition　**0059** reservoir　**0060** founder

単語	1回目	2回目	3回目	意 味
0081 **vent** [vent]	→			图 通気孔，穴，はけ口
0082 **incentive** [ɪnséntɪv]	→			图 刺激，動機，報奨金
0083 **prosecutor** [prá(:)sɪkjù:tər]	→			图 検察官
0084 **potential** [pəténʃəl]	→			形 潜在的な
0085 **indigenous** [ɪndídʒənəs]	→			形 土着の，（その土地に） 固有の，生まれながら の
0086 **enormous** [ɪnɔ́:rməs]	→			形 巨大な
0087 **widespread** [wáɪdsprèd]	→			形 広範な，広く知られた
0088 **inevitable** [ɪnévəṭəbl]	→			形 避けられない
0089 **extinct** [ɪkstíŋkt]	→			形 絶滅した，死に絶えた
0090 **electoral** [ɪléktərəl]	→			形 選挙の
0091 **subsequent** [sʌ́bsɪkwənt]	→			形 その後の
0092 **controversial** [kà(:)ntrəvə́:rʃəl]	→			形 物議を醸す
0093 **disruptive** [dɪsrʌ́ptɪv]	→			形 固定観念を壊す，混乱 をもたらす
0094 **robotic** [roʊbá(:)ṭɪk]	→			形 ロボットの，ロボット のような
0095 **toxic** [tá(:)ksɪk]	→			形 有毒な
0096 **domesticated** [dəméstɪkèɪtɪd]	→			形 家畜化された，飼いな らされた
0097 **left-wing** [lèftwíŋ]	→			形 左翼の，左派の
0098 **ultimately** [ʌ́ltɪmətli]	→			副 最終的には
0099 **initially** [ɪníʃəli]	→			副 最初は
0100 **genetically** [dʒənéṭɪkəli]	→			副 遺伝的に

例　文	訳
0061 The (i　　　　　) of the nearby villages were told to evacuate as the wildfire spread.	山火事が広がると，近隣の村の<u>住民</u>は避難するように指示された。
0062 Some men find marriage too big a (c　　　　　) to make.	結婚は約束するには大き過ぎる<u>責任</u>だと思う男性もいる。
0063 After losing the war, a series of (r　　　　　) broke out around the country.	敗戦後，国中で相次いで<u>反乱</u>が勃発した。
0064 The reintroduction of (c　　　　　) into the once socialist country naturally encountered some resistance.	かつての社会主義国への<u>資本主義</u>の再導入は，当然ある程度の抵抗に遭った。
0065 Examination of the building revealed several large (c　　　　　) **in** the water pipes.	その建物の点検で，水道管にいくつか大きな<u>亀裂</u>が見つかった。
0066 Many experts believe that (h　　　　　) will become the most common clean fuel for cars in the future.	将来は<u>水素</u>が自動車に使われる最も普通のクリーン燃料になる，と多くの専門家が考えている。
0067 Although Britain had benefited greatly from (s　　　　　), it nevertheless decided to abolish it in 1834.	英国は<u>奴隷制度</u>から大いに利益を得ていたが，それにもかかわらず1834年に廃止を決めた。
0068 The number of people dying in (w　　　　　) has steadily declined since the end of World War II.	第2次世界大戦の終結以来，<u>戦争</u>で死ぬ人の数は着実に減っている。
0069 We had trouble deciding on the primary (c　　　　　) for a promotion decision.	われわれは昇進決定のための第一<u>基準</u>を決めるのに苦労した。
0070 The company's most important (a　　　　　) was its loyal workforce.	その会社の一番大切な<u>資産</u>は，忠実な全従業員だった。
0071 He defended his position with absolute (c　　　　　).	彼は絶対的<u>確信</u>を持って自分の立場を擁護した。
0072 Governmental (c　　　　　) is evident in most countries, but it is much worse in some than others.	政府の<u>腐敗</u>はほとんどの国で明らかだが，他国よりはるかにひどい国もある。
0073 Perhaps the greatest (l　　　　　) of the post-war Labour government was the National Health Service established in 1948.	戦後の労働党政権の最大の<u>遺産</u>は1948年に制定された国民保健サービスだったかもしれない。
0074 The three-strikes law punishes (o　　　　　) with a life sentence after three convictions.	三振法は，3回の有罪判決の後は<u>犯罪者</u>を終身刑で罰する。
0075 During World War II, all sides used extensive (p　　　　　) to try to whip up hatred of the enemy.	第2次世界大戦中，敵への憎悪をあおろうと，すべての側が大規模な<u>プロパガンダ</u>を用いた。
0076 Today, the great majority of countries are (r　　　　　), with only about 20 percent remaining monarchies.	今日では大多数の国が<u>共和国</u>で，君主国のままの国は20%くらいしかない。
0077 With the increasing sophistication of (t　　　　　), astronomers have been able to discover many new stars and galaxies.	<u>望遠鏡</u>がどんどん精巧になり，天文学者は多くの新しい星と銀河を発見できるようになっている。
0078 Although (h　　　　　) degrees are often seen as less practical, they still offer a good chance of employment.	<u>人文科学</u>の学位はあまり実用的ではないと見られがちだが，それでも就職の見込みは十分にある。
0079 Generally speaking, (i　　　　　) rates need to be above 80 percent to prevent outbreaks of a disease.	一般的に言って，病気の発生を防ぐには80%以上の<u>予防接種</u>率が必要だ。
0080 As the fishing industry declined, most of the (i　　　　　) left to look for work on the mainland.	漁業が衰退すると，<u>島民</u>のほとんどは本土で仕事を探すために島を去った。

解答 0061 inhabitants　0062 commitment　0063 rebellions　0064 capitalism　0065 cracks　0066 hydrogen　0067 slavery
0068 warfare　0069 criterion　0070 asset　0071 conviction　0072 corruption　0073 legacy　0074 offenders　0075 propaganda
0076 republics　0077 telescopes　0078 humanities　0079 immunization　0080 islanders

学習日　　　月　　　日

単語	1回目	2回目	3回目	意　味
0101 cast [kǽst]	→			動 (疑惑など) を投げかける 〈on ~に〉, (票) を投じる
0102 supplement [sʌ́pləmènt]	→			動 を補う, に付録を付ける
0103 outweigh [àutwéɪ]	→			動 より価値がある, より重要である
0104 implant [ɪmplǽnt]	→			動 を埋め込む 〈in ~に〉, (思想など) を植えつける 〈in 人に〉
0105 enhance [ɪnhǽns]	→			動 を高める
0106 revise [rɪváɪz]	→			動 を改訂する, を改正する
0107 contend [kənténd]	→			動 競う 〈for ~を求めて〉
0108 execute [éksɪkjùːt]	→			動 を実行する, を死刑にする
0109 undermine [ʌ̀ndərmáɪn]	→			動 を徐々に弱める, の下を掘る
0110 administer [ədmínɪstər]	→			動 を運営する, を施行する
0111 suspend [səspénd]	→			動 を一時中止 [停止] する, をつるす
0112 cease [síːs]	→			動 を終える, 終わる
0113 assault [əsɔ́(ː)lt]	→			動 に暴行する, を攻撃する
0114 lobby [lá(ː)bi]	→			動 ロビー活動をする 〈for ~を求めて, against ~に反対の〉
0115 torture [tɔ́ːrtʃər]	→			動 を拷問する
0116 envision [ɪnvíʒən]	→			動 を心に思い描く, を想像する
0117 govern [gʌ́vərn]	→			動 を統治する, を左右する
0118 reconsider [rìːkənsídər]	→			動 (を)考え直す, (を)再考する
0119 enzyme [énzaɪm]	→			名 酵素
0120 faculty [fǽkəlti]	→			名 能力, 才能, 機能, 教授陣

✖ Unit 5の復習テスト　わからないときは前Unitで確認しましょう。

例　文	訳
0081 A blockage in the (v 　　　　) rendered the air-conditioning system ineffective.	通気孔がふさがって，空調システムが効かなくなった。
0082 The birth of his first child was an (i 　　　　) for him to settle down and work harder.	最初の子供が誕生したことは，彼が腰を据えてもっと熱心に働く<u>刺激</u>となった。
0083 The (p 　　　　) did his best to show the witness was lying.	<u>検察官</u>は，目撃者がうそをついていることを証明するために全力を尽くした。
0084 The businessman found that the (p 　　　　) profits from the investment would be huge.	その実業家は，その投資の<u>潜在的な</u>利益はとても大きいと気付いた。
0085 The (i 　　　　) peoples of many countries have been persecuted or killed.	多くの国の<u>先住</u>民族が迫害されたり殺されたりしてきた。
0086 The millionaire lived in an (e 　　　　) house on the edge of town.	その大富豪は町の外れの<u>とても大きな</u>家に住んでいた。
0087 The healthcare reform bill provoked (w 　　　　) opposition throughout the country.	医療制度改革法案は国中で<u>広範な</u>反対を引き起こした。
0088 We accepted the fact that our defeat was probably (i 　　　　).	敗北はたぶん<u>避けられない</u>という事実をわれわれは認めた。
0089 Though far from (e 　　　　), sea turtles are seriously endangered.	決して<u>絶滅した</u>わけではないが，ウミガメは絶滅が深刻に危惧されている。
0090 (E 　　　　) considerations led the government to delay the tax rise.	<u>選挙</u>を配慮して政府は増税を延期した。
0091 While his first novel was a bestseller, his (s 　　　　) ones sold poorly.	彼のデビュー小説はベストセラーになったが，<u>その後の</u>小説はさっぱり売れなかった。
0092 The (c 　　　　) new play was banned after three performances.	<u>物議を醸す</u>新しい芝居は，3回公演をした後で上演禁止となった。
0093 Recognizing and investing in (d 　　　　) companies can lead to very high returns on one's initial outlay.	<u>固定観念を壊す</u>企業を認めて投資すると，最初に出したお金がとても高い収益につながることがある。
0094 These days, (r 　　　　) surgery is becoming more common, although it remains much more expensive than traditional surgery.	近ごろは<u>ロボット</u>手術がより一般的になっているが，依然として従来の手術よりずっと高額だ。
0095 The government is finally pressuring industries to reduce (t 　　　　) wastes.	<u>有毒</u>廃棄物を減らすよう，政府はようやく産業界に圧力をかけている。
0096 Among (d 　　　　) animals, cows were one of the first to be adopted by human beings.	<u>家畜化された</u>動物の中で，最初に人間に迎え入れられた動物の1つは牛である。
0097 A (l 　　　　) terrorist group claimed responsibility for the explosion.	<u>左翼</u>テロリスト集団がその爆破事件の犯行声明を出した。
0098 The woman said she (u 　　　　) wanted to work as a lawyer.	<u>最終的には</u>弁護士として働きたい，と女性は言った。
0099 (I 　　　　), he enjoyed the class, but then it began to bore him.	<u>最初</u>，彼は授業が楽しかったが，次第に退屈し始めた。
0100 The ethnic group was (g 　　　　) susceptible to certain allergies.	その民族集団は，<u>遺伝的に</u>ある種のアレルギーにかかりやすかった。

解答 0081 vents　0082 incentive　0083 prosecutor　0084 potential　0085 indigenous　0086 enormous　0087 widespread
0088 inevitable　0089 extinct　0090 Electoral　0091 subsequent　0092 controversial　0093 disruptive　0094 robotic　0095 toxic
0096 domesticated　0097 left-wing　0098 ultimately　0099 Initially　0100 genetically

学習日　　　月　　　日

単語	1回目	2回目	3回目	意 味
0121 **predator** [prédəṭər]	→			图 捕食動物，略奪者
0122 **execution** [èksɪkjúːʃən]	→			图 死刑執行，処刑，実行
0123 **implication** [ìmplɪkéɪʃən]	→			图 (通例 ~s) 影響〈for ~に対する〉，結果，ほのめかし
0124 **interpretation** [ɪntɚ̀ːrprɪtéɪʃən]	→			图 解釈，通訳 (すること)
0125 **extent** [ɪkstént]	→			图 程度，規模，広さ
0126 **pyramid** [pírəmìd]	→			图 ピラミッド，ピラミッド状のもの
0127 **midwife** [mídwàɪf]	→			图 助産師
0128 **hypothesis** [haɪpá(ː)θəsɪs]	→			图 仮説
0129 **canal** [kənǽl]	→			图 運河
0130 **communism** [ká(ː)mjunìzm]	→			图 共産主義
0131 **compensation** [kà(ː)mpənséɪʃən]	→			图 補償金〈for ~に対する〉，補償
0132 **consideration** [kənsìdəréɪʃən]	→			图 考慮，検討 (事項)
0133 **corps** [kɔːr]	→			图 (しばしば Corps) 部隊，軍団
0134 **environmentalist** [ɪnvàɪərənmén̬əlɪst]	→			图 環境保護論者，環境問題専門家
0135 **nationalist** [nǽʃənəlɪst]	→			图 国家主義者，ナショナリスト
0136 **offspring** [ɔ́(ː)fsprìŋ]	→			图 (集合的に) (人・動物の) 子，子孫
0137 **variation** [vèəriéɪʃən]	→			图 変動〈in ~の〉，変化，変種
0138 **veteran** [véṭərən]	→			图 🇺🇸 退役軍人，ベテラン
0139 **eyewitness** [áɪwìtnəs]	→			图 目撃者
0140 **tactic** [tǽktɪk]	→			图 (~s) 戦術，作戦

例　文	訳
0101 The defense lawyer did his best to (c　　　　　) doubt **on** the witness's testimony, but without much luck.	被告側弁護人は証人の証言に疑いを投げかけるべく全力を尽くしたが，あまりうまくいかなかった。
0102 The university professor (s　　　　　) his main income by publishing articles online.	その大学教授はネットで論文を発表して主な収入を補った。
0103 The school concluded that the advantages of going co-educational (o　　　　　) any possible disadvantages.	共学化のメリットは考え得るいかなるデメリットをも上回るという結論をその学校は下した。
0104 A tiny chip was (i　　　　　) **in** the animal so that they could track it.	追跡できるように，その動物の体内に小さなチップが埋め込まれた。
0105 His recent novel will certainly (e　　　　　) his literary reputation.	最近出た彼の小説は，彼の文学的名声をきっと高めるだろう。
0106 The science textbook had to be (r　　　　　) every few years.	科学の教科書は数年ごとに改訂されなければならなかった。
0107 A number of professors were (c　　　　　) **for** the post of dean.	数人の教授が学部長の座を競っていた。
0108 As soon as they were given funding, they began to (e　　　　　) the plan.	彼らは資金を受け取ると，すぐに計画を実行し始めた。
0109 The numerous contradictions in her argument (u　　　　　) her main point.	彼女の論拠には多くの矛盾があったので，要点が曖昧になった。
0110 The new literacy program will be (a　　　　　) by a group of NGOs.	読み書きを教える新たな講座は一団のNGO（非政府組織）によって運営される。
0111 Before an agreement could be reached, the parties (s　　　　　) negotiations.	合意に至る前に当事者たちは交渉を一時中止した。
0112 The moment he (c　　　　　) speaking, the audience burst into applause.	彼が話し終えた瞬間に観客からどっと拍手が湧いた。
0113 The prisoner was punished for (a　　　　　) one of the guards.	その囚人は看守の1人に暴行したことで罰せられた。
0114 The tobacco companies (l　　　　　) **against** the new regulations.	タバコ会社は新しい規制に反対するロビー活動をした。
0115 The soldiers were convicted of (t　　　　　) the terrorist suspects.	兵士たちはテロの容疑者を拷問したことで有罪判決を受けた。
0116 He (e　　　　　) a future where all the world's nations were at peace.	世界のすべての国が平和な未来を彼は思い描いた。
0117 As the independence movement grew, the colonial power found it more and more difficult to (g　　　　　) the colony.	独立運動が高まると，植民地政権は植民地を統治するのがどんどん困難になった。
0118 The university begged the professor to (r　　　　　) his resignation, but he absolutely refused.	辞任を考え直すよう大学は教授に懇願したが，彼は頑として拒んだ。
0119 (E　　　　　) are catalysts for many significant biochemical reactions.	酵素は多くの重要な生化学反応の触媒である。
0120 His intellectual (f　　　　　) are still acute despite his advanced age.	彼は年を取ったが，知的能力は依然として優れている。

解答 0101 cast　0102 supplemented　0103 outweighed　0104 implanted　0105 enhance　0106 revised　0107 contending
0108 execute　0109 undermined　0110 administered　0111 suspended　0112 ceased　0113 assaulting　0114 lobbied　0115 torturing
0116 envisioned　0117 govern　0118 reconsider　0119 Enzymes　0120 faculties

単 語	1回目	2回目	3回目	意 味
0141 **altruism** [ǽltruɪzm]	→			图利他主義，利他心
0142 **pesticide** [péstɪsàɪd]	→			图殺虫剤
0143 **commodity** [kəmá(:)dəṭi]	→			图商品，生活用品
0144 **accusation** [ækjuzéɪʃən]	→			图告訴，非難
0145 **density** [dénsəṭi]	→			图密度，濃さ，濃度
0146 **mantle** [mǽnṭəl]	→			图(地球の)マントル
0147 **homeopathy** [hòumiá(:)pəθi]	→			图ホメオパシー，同種療法
0148 **obstetrician** [à(:)bstətríʃən]	→			图産科医
0149 **detection** [dɪtékʃən]	→			图探知，検出
0150 **parasite** [pǽrəsàɪt]	→			图寄生生物
0151 **thesis** [θíːsɪs]	→			图論文，論題
0152 **coverage** [kʌ́vərɪdʒ]	→			图報道，取材，取材範囲，(補償などの)範囲
0153 **resurrection** [rèzərékʃən]	→			图復活
0154 **molecule** [má(:)lɪkjùːl]	→			图分子
0155 **sway** [sweɪ]	→			图支配，統治
0156 **activist** [ǽktɪvɪst]	→			图(政治的)活動家
0157 **certification** [sə̀ːrṭɪfɪkéɪʃən]	→			图証明書，証明
0158 **complication** [kà(:)mpləkéɪʃən]	→			图(通例 ~s)合併症，病気の併発，複雑にする要因
0159 **consensus** [kənsénsəs]	→			图総意，大多数の意見，合意
0160 **hostage** [há(:)stɪdʒ]	→			图人質

例　文	訳
0121 The introduced species had few natural (p　　　　　) so it spread rapidly.	その外来種には天敵がほとんどいなかったので，急速に広がった。
0122 Prisoners awaiting (e　　　　　) were kept in a separate part of the prison and given certain privileges.	死刑執行を待つ囚人は刑務所の別の場所に留置され，一定の特典を与えられた。
0123 The discovery of the remains had significant (i　　　　　) **for** the history of human evolution.	その遺跡の発見は，人間の進化の歴史に大きな影響を与えた。
0124 The higher court disagreed with the lower court's (i　　　　　) of the law and consequently overturned its decision.	上級審は下級審の法解釈と意見が食い違い，その結果下級審の判決を覆した。
0125 Although the political advertisements attracted attention, it is hard to say to what (e　　　　　) they contributed to his victory.	その政治的広告は注目を集めたが，彼の勝利にどの程度貢献したかは何とも言えない。
0126 The (p　　　　　) of ancient Egypt are the most famous, but similar structures are found in other civilizations.	古代エジプトのピラミッドが最も有名だが，同様の構造物はほかの文明にも見られる。
0127 In the past, babies were usually born at home, often with the help of (m　　　　　).	昔は，赤ん坊はしばしば助産師の助けを借りて自宅で生まれるのが普通だった。
0128 For years, the scientist's theory was dismissed as nothing more than a (h　　　　　).	長年，その科学者の理論は仮説でしかないと退けられた。
0129 Britain has an extensive network of (c　　　　　), but nowadays they are mostly used for leisure purposes.	イギリスには広く運河が張り巡らされているが，近ごろではほとんどレジャー用に使われている。
0130 The political and economic weaknesses of (c　　　　　) were evident long before the collapse of the Soviet Union.	ソビエト連邦が崩壊するずっと前から，共産主義の政治的・経済的弱点は明らかだった。
0131 Only a small amount of (c　　　　　) was paid to those who were displaced by the expressway.	高速道路建設で立ち退かされた人たちには少額の補償金しか支払われなかった。
0132 Opponents of the plan for a new airport said that not enough (c　　　　　) had been given to its negative effects.	新空港計画反対派は，空港のマイナスの影響が十分に考慮されていないと述べた。
0133 After graduating from university, she volunteered to work for the US Peace (C　　　　　) in Africa.	大学卒業後，彼女はアフリカで米国平和部隊の仕事をしたいと志願した。
0134 The construction of the dam was opposed by (e　　　　　) because of the damage it would do to nature.	ダムが自然に与える被害のため，ダム建設は環境保護論者から反対された。
0135 The government was weakened by constant criticism from (n　　　　　), who urged a more aggressive foreign policy.	より攻撃的な対外政策を求める国家主義者からの絶え間ない批判により，政府は弱体化した。
0136 The scientists gave the drug to mice and then checked their (o　　　　　) for any genetic disorders.	科学者たちはマウスにその薬を与え，そしてマウスの子に何か遺伝子疾患がないか調べた。
0137 In general, (v　　　　　) **in** vegetable prices are linked to the season and the weather.	一般的に，野菜の価格の変動は季節と天候に関連する。
0138 The (v　　　　　) marched in a parade with their family members in honor of their service during the war.	退役軍人たちは戦時中の功労をたたえられ，家族とともにパレードで行進した。
0139 Apparently reliable accounts by (e　　　　　) frequently turn out to be inaccurate or misleading.	信頼できると思える目撃者の説明が結局不正確だったり誤った結論を導いたりすることはよくある。
0140 The violent (t　　　　　) employed by the police to disperse the protesters were widely criticized.	抗議者を追い払うために警察が用いた暴力的な戦術は広く批判された。

【解答】 **0121** predators **0122** execution **0123** implications **0124** interpretation **0125** extent **0126** pyramids **0127** midwives
0128 hypothesis **0129** canals **0130** communism **0131** compensation **0132** consideration **0133** Corps **0134** environmentalists
0135 nationalists **0136** offspring **0137** variations **0138** veterans **0139** eyewitnesses **0140** tactics

学習日　　月　　日

単語	( ) 1回目	● 2回目	● 3回目	意味
0161 **innocence** [ínəsəns]	→			图 無罪，純真
0162 **journalism** [dʒə́:rnəlìzm]	→			图 ジャーナリズム
0163 **landlord** [lǽndlɔ̀:rd]	→			图 家主，地主
0164 **larva** [lá:rvə]	→			图 幼虫
0165 **playwright** [pléɪràɪt]	→			图 劇作家，戯曲家
0166 **relief** [rɪlí:f]	→			图 息抜き〈from ～からの〉， 安心，救済
0167 **representation** [rèprɪzentéɪʃən]	→			图 代表，表現
0168 **senator** [sénətər]	→			图 上院議員
0169 **toxin** [tá(:)ksən]	→			图 毒素
0170 **captor** [kǽptər]	→			图 捕らえる人，捕獲者
0171 **irradiation** [ɪrèɪdiéɪʃən]	→			图 放射線照射
0172 **vulnerable** [vʌ́lnərəbl]	→			形 かかりやすい〈to 病気な どに〉，傷つきやすい
0173 **contemporary** [kəntémpərèri]	→			形 現代の，同時代の
0174 **crucial** [krú:ʃəl]	→			形 重大な，決定的な
0175 **forensic** [fərénsɪk]	→			形 犯罪科学の，法廷の，法 医学の
0176 **colonial** [kəlóʊniəl]	→			形 植民地の
0177 **magnetic** [mæɡnéṭɪk]	→			形 磁力の，磁気の
0178 **naval** [néɪvəl]	→			形 海軍の
0179 **societal** [səsáɪəṭəl]	→			形 社会の，社会に関する
0180 **so-called** [sòʊkɔ́:ld]	→			形 いわゆる

例　文	訳
0141 Donating one's organs is regarded as an act of pure (a　　　　　).	臓器の提供は純粋な<u>利他主義</u>の行為と考えられている。
0142 Many people blamed (p　　　　　) for the disappearance of the bees.	多くの人が，ミツバチがいなくなった原因を<u>殺虫剤</u>のせいにした。
0143 The most important (c　　　　　) in this century will be information itself.	今世紀の最も重要な<u>商品</u>は，情報そのものということになるだろう。
0144 The (a　　　　　) were dismissed because of a lack of evidence.	<u>告訴</u>は証拠不足のために却下された。
0145 Areas of high population (d　　　　　) are often less damaging to the environment.	人口<u>密度</u>の高い地域の方が環境への被害が少ないことが多い。
0146 The Earth's (m　　　　　) lies below the crust and makes up over 80 percent of the planet's volume.	地球の<u>マントル</u>は地殻の下にあり，この惑星の体積の80%以上を占める。
0147 Although many people believe that (h　　　　　) is effective, most doctors dismiss it as worthless.	<u>ホメオパシー</u>が有効だと考える人は多いが，ほとんどの医師は無益だと退けている。
0148 As the birthrate falls, the number of (o　　　　　) needed in hospitals also falls.	出生率の低下とともに，病院で必要な<u>産科医</u>の数も減る。
0149 Specially trained dogs are often used to help in the (d　　　　　) of illegal substances.	違法薬物の<u>探知</u>を助けるため，特別な訓練を受けた犬がしばしば用いられる。
0150 Doctors finally identified the (p　　　　　) that had caused the epidemic.	医師たちは，流行病の原因となった<u>寄生生物</u>をついに突き止めた。
0151 My students are working hard to finish their graduation (t　　　　　) before the deadline.	私が担当する学生たちは，期限までに<u>卒業論文</u>を書き終えようとがんばっている。
0152 The newspaper was criticized for its biased (c　　　　　) of political issues.	その新聞は政治問題の偏った<u>報道</u>で批判された。
0153 Jesus' (r　　　　　) is a central tenet of orthodox Christian belief.	キリストの<u>復活</u>は正統派キリスト教信仰の中心的教義である。
0154 While atoms consist of subatomic particles, (m　　　　　) consist of an arrangement of atoms.	原子は亜原子粒子から成るが，<u>分子</u>は原子の配列から成る。
0155 He said that the Finance Ministry was still under the (s　　　　　) of outdated economic theories.	財務省はいまだに古くさい経済理論の<u>支配</u>下にある，と彼は言った。
0156 Animal rights (a　　　　　) have organized many protests against the ill-treatment of animals on farms.	動物の権利<u>活動家</u>は，農場での動物虐待に反対する多くの抗議運動を組織している。
0157 Those who leave education with no (c　　　　　) usually find it difficult to gain stable employment.	<u>証明書</u>なしで教育を終える人たちは，安定した職を得るのがたいてい困難である。
0158 Doctors often keep patients in the hospital after surgery in case (c　　　　　) arise.	<u>合併症</u>が起きた場合に備え，医師は手術後しばしば患者を病院にとどめる。
0159 Despite the scientific (c　　　　　) that global temperatures are rising, some politicians continue to deny this fact.	世界の気温は上昇しているというのが科学界の<u>総意</u>なのに，この事実を否定し続けている政治家もいる。
0160 During the police operation against the terrorists, one of the (h　　　　　) was accidentally shot and killed.	テロリストに対する警察活動中に，<u>人質</u>の1人が誤って撃たれ死亡した。

解答 0141 altruism　0142 pesticides　0143 commodity　0144 accusations　0145 density　0146 mantle　0147 homeopathy
0148 obstetricians　0149 detection　0150 parasite　0151 thesis　0152 coverage　0153 resurrection　0154 molecules　0155 sway
0156 activists　0157 certification　0158 complications　0159 consensus　0160 hostages

単語	1回目	2回目	3回目	意味
0181 **sophisticated** [səfístɪkèɪṭɪd]	→			形 洗練された，複雑な
0182 **sustainable** [səstéɪnəbl]	→			形 持続可能な，維持できる
0183 **archaeological** [à:rkiəlá(:)dʒɪkəl]	→			形 考古学の
0184 **diplomatic** [dìpləmǽṭɪk]	→			形 外交の，駆け引きのうまい
0185 **literary** [líṭərèri]	→			形 文学の，文語の，文学に通じた
0186 **Catholic** [kǽθəlɪk]	→			形 カトリックの，カトリック教会の
0187 **right-wing** [ràɪtwíŋ]	→			形 右派の，右翼の
0188 **dominant** [dá(:)mɪnənt]	→			形 支配的な，主要な
0189 **infectious** [ɪnfékʃəs]	→			形 伝染性の
0190 **legitimate** [lɪdʒíṭəmət]	→			形 道理にかなった，合法の
0191 **tremendous** [trəméndəs]	→			形 すさまじい
0192 **cognitive** [ká(:)ɡnəṭɪv]	→			形 認知の
0193 **critical** [kríṭɪkəl]	→			形 批判的な〈of ~に〉，重大な
0194 **architectural** [à:rkɪtéktʃərəl]	→			形 建築の，建築上の
0195 **influential** [ìnfluénʃəl]	→			形 大きな影響を及ぼす，有力な
0196 **joint** [dʒɔɪnt]	→			形 共同の
0197 **pharmaceutical** [fà:rməsú:ṭɪkəl]	→			形 製薬の
0198 **ironically** [aɪərá(:)nɪkəli]	→			副 皮肉にも，皮肉なことに
0199 **inevitably** [ɪnévəṭəbli]	→			副 必然的に，必ず
0200 **consequently** [ká(:)nsəkwèntli]	→			副 その結果として

例　文	訳
0161 The new evidence conclusively proved the (i　　　　　) of the accused man.	新しい証拠は被告男性の<u>無罪</u>を決定的に証明した。
0162 Although he studied (j　　　　　) in college, his aim was to become a novelist and not to work in the media.	大学で<u>ジャーナリズム</u>を学んだが，彼の目標は小説家になることで，メディアで働くことではなかった。
0163 Conflicts between tenants and (l　　　　　) are common, especially when the latter raise rents.	借家人と<u>家主</u>の争いはよくあることで，特に後者が家賃を上げるときはそうだ。
0164 One of the main enemies of trees are insect (l　　　　　), which feed on them and often kill them.	樹木の大敵の1つは昆虫の<u>幼虫</u>で，樹木を食料とし枯らすことも多い。
0165 The man was not only a popular (p　　　　　), but also a successful actor.	その男性は人気のある<u>劇作家</u>だっただけでなく，役者としても成功した。
0166 The cold spell, although it brought heavy rain, was a (r　　　　　) **from** the extreme summer heat.	寒い日が続いて大雨をもたらしたが，夏の猛暑からの<u>息抜き</u>になった。
0167 Illegal immigrants have no political (r　　　　　), so it is difficult for them to defend their interests.	不法移民には政治的<u>代表</u>がいないので，自分たちの利益を守るのは難しい。
0168 The new governor had previously served as one of the state's (s　　　　　) for many years.	新知事はかつて長年その州の<u>上院議員</u>の1人を務めていた。
0169 Many wild mushrooms contain (t　　　　　), so it is important only to eat those that are known to be safe.	多くの野生キノコは<u>毒素</u>を含むので，安全だとわかっているものだけを食べるのが大切だ。
0170 The prisoner tried to persuade his (c　　　　　) to release him, but to no avail.	捕虜は解放してほしいと自分を<u>捕らえた人たち</u>を説得してみたが，無駄だった。
0171 Many consumers object to the (i　　　　　) of food, even though studies show it to be safe.	食品への<u>放射線照射</u>は安全だと研究でわかっているのに，多くの消費者は反対している。
0172 The AIDS virus makes its victims (v　　　　　) **to** normally minor illnesses.	エイズウイルスに感染すると，患者は普通は大したことのない病気に<u>かかり</u>やすくなる。
0173 (C　　　　　) furniture often values interesting designs over comfort.	<u>現代</u>の家具は，しばしば快適さよりも面白いデザインに価値を置く。
0174 The president is now facing the most (c　　　　　) decision of his career.	大統領は今，政治家人生で最も<u>重大な</u>決断に直面している。
0175 (F　　　　　) investigations have become increasingly sophisticated.	<u>犯罪科学捜査</u>はますます高度化してきている。
0176 The Asian country's (c　　　　　) past was evident in the French-style buildings in the capital city.	そのアジアの国の<u>植民地としての</u>過去は，首都のフランス風の建物から明らかだった。
0177 Much research has shown that animals are sensitive to the Earth's (m　　　　　) fields, using them for navigation.	動物が地球の<u>磁場</u>に敏感で，磁場を用いて進路を定めていることを多くの研究が示している。
0178 The country's growing (n　　　　　) power has alarmed its neighbors, who fear that their own shipping may be threatened.	その国の<u>海軍力</u>増強は，自国の船舶が脅かされるのではと恐れる近隣諸国を不安にさせている。
0179 Economic development brought enormous (s　　　　　) changes, most notably an improvement in the status of women.	経済発展は途方もない<u>社会の</u>変化をもたらしたが，中でも著しいのは女性の地位の向上である。
0180 The (s　　　　　) "miracle doctor" turned out to have no medical qualifications or ability to cure diseases.	いわゆる「奇跡の医者」には医療資格も病気を治す能力もないことが判明した。

解答 **0161** innocence　**0162** journalism　**0163** landlords　**0164** larvae　**0165** playwright　**0166** relief　**0167** representation
0168 senators　**0169** toxins　**0170** captors　**0171** irradiation　**0172** vulnerable　**0173** Contemporary　**0174** crucial　**0175** Forensic
0176 colonial　**0177** magnetic　**0178** naval　**0179** societal　**0180** so-called

単 語	1回目	2回目	3回目	意 味
0201 **underestimate** [ʌ̀ndəréstɪmèɪt]	→			動 を過小評価する
0202 **trigger** [trígər]	→			動 を誘発する
0203 **diminish** [dɪmínɪʃ]	→			動 減少する，を減らす
0204 **reinforce** [rìːɪnfɔ́ːrs]	→			動 を補強する
0205 **abolish** [əbá(ː)lɪʃ]	→			動 を廃止する
0206 **exonerate** [ɪgzá(ː)nərèɪt]	→			動 の疑いを晴らす〈of, from ～から〉，を免除する
0207 **perish** [périʃ]	→			動 死ぬ，滅びる
0208 **halt** [hɔːlt]	→			動 止まる，を止める
0209 **extract** [ɪkstrǽkt]	→			動 を抽出する〈from ～から〉，を抜粋する〈from 書物から〉
0210 **decay** [dɪkéɪ]	→			動 腐敗する，崩壊する
0211 **resume** [rɪzjúːm]	→			動 再開する
0212 **cultivate** [kʌ́ltɪvèɪt]	→			動 を栽培する，(才能など)を養う
0213 **depict** [dɪpíkt]	→			動 を描く，を描写する
0214 **entitle** [ɪntáɪtl]	→			動 に権利[資格]を与える〈to do ～する，to ～の〉
0215 **lease** [liːs]	→			動 をリース(で賃借)する，を賃貸する
0216 **oversee** [òʊvərsíː]	→			動 (従業員・活動など)を監督する
0217 **regain** [rɪgéɪn]	→			動 を取り戻す，を回復する
0218 **comprise** [kəmpráɪz]	→			動 (be comprised で)構成される〈of ～で〉，を構成する
0219 **dismantle** [dɪsmǽntl]	→			動 を分解する
0220 **infer** [ɪnfɔ́ːr]	→			動 を察する〈from ～から〉

例　文	訳
0181 Her manner is charming but not what one would call (s　　　　　).	彼女の物腰は魅力的だが，<u>洗練されている</u>と言えるようなものではない。
0182 Many scientists are looking for (s　　　　　) energy sources.	多くの科学者が<u>持続可能な</u>エネルギー源を探している。
0183 Developments in DNA analysis are allowing (a　　　　　) theories to be tested against other forms of evidence.	DNA分析の発達により，<u>考古学の</u>学説を別の形の証拠に照らして検証できるようになっている。
0184 Despite frenzied (d　　　　　) negotiations, the two sides were unable to reach agreement and went to war.	慌ただしい<u>外交</u>交渉にもかかわらず，両者は合意を得られず戦争に突入した。
0185 The famous novelist had not shown any (l　　　　　) talent before reaching middle age.	その著名な小説家は，中年になるまでまったく<u>文学的</u>才能を示すことはなかった。
0186 Although Britain is a largely Protestant country, it has had a number of famous (C　　　　　) writers.	イギリスはおおむねプロテスタントの国だが，有名な<u>カトリックの</u>作家も何人か出ている。
0187 A group of (r　　　　　) politicians accused the socialist government of betraying their own nation.	<u>右派の</u>政治家グループが，社会主義政権は自国を裏切っていると非難した。
0188 Gorillas usually live in groups led by one (d　　　　　) male.	通例ゴリラは<u>支配的な</u>1頭の雄が率いる集団で生活する。
0189 The most essential aspect of controlling (i　　　　　) diseases is sanitation.	<u>伝染性の</u>病気を抑制するのに最も肝要な点は，公衆衛生である。
0190 Although not well articulated, the students' demands were (l　　　　　).	言葉ではうまく表現されていなかったが，学生たちの要求は<u>道理にかなっていた</u>。
0191 There was the (t　　　　　) sound of an explosion nearby.	近くで<u>すさまじい</u>爆発音がした。
0192 The test was designed to measure a child's (c　　　　　) development.	そのテストは子供の<u>認知</u>発達を測定する目的で作られた。
0193 Although he supported the proposal in public, he was known to be (c　　　　　) **of** it privately.	彼は表向きはその提案を支持したが，個人的にはその提案に<u>批判的</u>であると知られていた。
0194 They visited the magnificent cathedral, which was a medieval (a　　　　　) masterpiece.	彼らはその壮麗な大聖堂を訪れたが，それは中世<u>建築</u>の傑作だった。
0195 The physicist was one of the most (i　　　　　) thinkers of our time.	その物理学者は最も<u>影響力のある</u>現代の思想家の1人だった。
0196 The textbook was the (j　　　　　) work of two promising young historians.	その教科書は，将来を嘱望される2人の若手歴史学者の<u>共同</u>作品だった。
0197 (P　　　　　) companies are often suspected of putting profits before the health of patients.	しばしば<u>製薬</u>会社は，患者の健康より利益を優先させているのではないかと疑念を持たれる。
0198 The rapid buildup of weapons (i　　　　　) led to the very war they were designed to prevent.	兵器の急速な増強は，<u>皮肉にも</u>それらが防ぐはずだったまさにその戦争につながった。
0199 The planned construction of a nuclear power station (i　　　　　) led to conflicts with conservationists.	原子力発電所の建設計画は，<u>必然的に</u>自然保護派とのあつれきを招いた。
0200 Funds were low and (c　　　　　) the annual picnic had to be canceled.	資金が乏しく，<u>その結果</u>，毎年恒例のピクニックは中止しなければならなかった。

解答 0181 sophisticated　0182 sustainable　0183 archaeological　0184 diplomatic　0185 literary　0186 Catholic
0187 right-wing　0188 dominant　0189 infectious　0190 legitimate　0191 tremendous　0192 cognitive　0193 critical
0194 architectural　0195 influential　0196 joint　0197 pharmaceutical　0198 ironically　0199 inevitably　0200 consequently

学習日　　　月　　　日

単語	1回目	2回目	3回目	意　味
0221 **deploy** [dɪplɔ́ɪ]	→			動 を配置する，（軍隊）を展開させる
0222 **ignite** [ɪɡnáɪt]	→			動 に火をつける，（感情など）を燃え立たせる
0223 **methane** [méθeɪn]	→			名 メタン
0224 **rodent** [róʊdənt]	→			名 齧歯類の動物
0225 **enforcement** [ɪnfɔ́ːrsmənt]	→			名 （法律などの）施行
0226 **peer** [pɪər]	→			名 仲間，同輩，（英国の）貴族
0227 **forgery** [fɔ́ːrdʒəri]	→			名 偽造（罪），偽造品
0228 **agenda** [ədʒéndə]	→			名 協議事項（リスト）
0229 **contamination** [kəntæmɪnéɪʃən]	→			名 汚染，汚すこと
0230 **composition** [kà(ː)mpəzíʃən]	→			名 組成，構造，構図
0231 **constituent** [kənstítʃuənt]	→			名 選挙区民，成分
0232 **counselor** [káʊnsələr]	→			名 カウンセラー，相談員
0233 **coup** [kuː]	→			名 クーデター
0234 **glue** [ɡluː]	→			名 接着剤
0235 **philosopher** [fəlá(ː)səfər]	→			名 哲学者
0236 **psychiatrist** [saɪkáɪətrɪst]	→			名 精神科医
0237 **socialist** [sóʊʃəlɪst]	→			名 社会主義者
0238 **specification** [spèsəfɪkéɪʃən]	→			名 （通例 ～s）製品仕様，仕様書，スペック
0239 **stimulus** [stímjʊləs]	→			名 刺激
0240 **stockpile** [stá(ː)kpàɪl]	→			名 （食糧・武器などの）備蓄

例　文	訳
0201 The president had clearly (u　　　　　) the extent of hostility voters felt about his policies.	大統領は明らかに，自身の政策に有権者が感じている反感の程度を<u>過小評価</u>していた。
0202 The economic turmoil in Southeast Asia may (t　　　　　) chaos elsewhere.	東南アジアの経済不安はほかの地域で混乱を<u>誘発する</u>かもしれない。
0203 Her pain (d　　　　　) after she took the medicine the doctor prescribed.	医師が処方した薬を飲むと彼女の痛みは<u>弱くなった</u>。
0204 The architect had to (r　　　　　) the foundations of his latest building.	その建築家は，最近建てた建物の基礎を<u>補強し</u>なければならなかった。
0205 Most advanced countries (a　　　　　) the death penalty decades ago.	ほとんどの先進国は数十年前に死刑を<u>廃止した</u>。
0206 As a result of the trial, he was (e　　　　　) **of** all the charges.	裁判の結果，彼のすべての容疑<u>は晴れた</u>。
0207 The explorer said that he would reach the North Pole or (p　　　　　) in the attempt.	その探検家は，北極にたどり着くか挑戦の途中で<u>死ぬ</u>かどちらかだと言った。
0208 The weary climbers decided to (h　　　　　) for a brief rest.	疲れ切った登山者たちは，少し休むために<u>立ち止まる</u>ことにした。
0209 Researchers are continually (e　　　　　) new medicines **from** tropical plants.	研究者たちは熱帯植物<u>から</u>絶えず新しい薬を<u>抽出</u>している。
0210 The valuable wooden furniture had been left to (d　　　　　).	高価な木製の家具は放置されて<u>腐敗する</u>ままになっていた。
0211 Classes will (r　　　　　) about a week after the New Year holidays.	正月休みの後 1 週間ほどで授業が<u>再開する</u>。
0212 As farmers began to (c　　　　　) crops for the market, they ceased growing vegetables for their own use.	市場向けの作物を<u>栽培</u>し始めると，農家は自分たちが食べる野菜を育てるのをやめた。
0213 Many people objected to the negative way in which the national hero was (d　　　　　) in the movie.	その映画で国民的英雄が否定的に<u>描かれている</u>ことに多くの人が反対した。
0214 Under the library regulations, students are (e　　　　　) **to borrow** up to three books at a time.	図書館の規則では，学生は一度に 3 冊まで本を<u>借りる</u><u>権利がある</u>。
0215 (L　　　　　) a car seems cheap at first, but it usually ends up more expensive than purchasing one.	車を<u>リースする</u>のは，最初は安く思えても結局買うより高くつくのが普通だ。
0216 The young manager was sent to China to (o　　　　　) the construction of a factory there.	その若い部長は，中国で工場建設を<u>監督する</u>ため現地に派遣された。
0217 After years in opposition, the social democrats finally (r　　　　　) power from the conservatives.	万年野党でいた後，社会民主党はついに保守党から権力を<u>取り戻した</u>。
0218 The research team **was** (c　　　　　) **of** a physicist and two chemists, as well as a mathematician.	研究チームは物理学者 1 人，化学者 2 人，それに数学者 1 人で<u>構成されていた</u>。
0219 The new recruits were taught how to (d　　　　　) and clean their guns.	新兵たちは，銃を<u>分解</u>し掃除する方法を教わった。
0220 He (i　　　　　) **from** the professor's remarks that he had failed the class.	彼は教授の発言<u>から</u>，自分が単位を落としたことを<u>察した</u>。

解答 0201 underestimated　0202 trigger　0203 diminished　0204 reinforce　0205 abolished　0206 exonerated　0207 perish
0208 halt　0209 extracting　0210 decay　0211 resume　0212 cultivate　0213 depicted　0214 entitled　0215 Leasing　0216 oversee
0217 regained　0218 comprised　0219 dismantle　0220 interred

学習日　　　　月　　　日

単語	1回目	2回目	3回目	意 味
0241 **watershed** [wɔ́:tərʃèd]	→	↓		名 分水嶺
0242 **mortality** [mɔ:rtǽləṭi]	→	↓		名 死亡率，死ぬ運命
0243 **premium** [prí:miəm]	→	↓		名 報奨金，保険料
0244 **myriad** [míriəd]	→	↓		名 無数
0245 **phase** [feɪz]	→	↓		名 段階，局面，面
0246 **tenure** [ténjər]	→	↓		名 (大学教授の)終身在職権，保有(期間)
0247 **quota** [kwóuṭə]	→	↓		名 割り当て，ノルマ
0248 **assessment** [əsésmənt]	→	↓		名 査定，評価
0249 **intervention** [ìnṭərvénʃən]	→	↓		名 介入，仲裁
0250 **alliance** [əláɪəns]	→	↓		名 同盟，提携
0251 **projection** [prədʒékʃən]	→	↓		名 予測
0252 **scheme** [ski:m]	→	↓		名 たくらみ，計画
0253 **bid** [bɪd]	→	↓		名 試み〈to do ～しようとする〉，つけ値
0254 **brutality** [bru:tǽləṭi]	→	↓		名 残忍さ，野蛮
0255 **conquest** [ká(:)nkwèst]	→	↓		名 征服，征服して得たもの
0256 **contractor** [ká(:)ntræktər]	→	↓		名 請負業者
0257 **correction** [kərékʃən]	→	↓		名 訂正，修正，(～s) 🇺🇸(罪人の)矯正
0258 **crust** [krʌst]	→	↓		名 地殻，パンの耳
0259 **hostility** [hɑ(:)stíləṭi]	→	↓		名 敵意，反感
0260 **imprisonment** [ɪmprízənmənt]	→	↓		名 投獄，監禁

例　文	訳
0221 America responded to the threat by (d　　　　　) aircraft carriers to the region.	アメリカは，その海域に航空母艦を配備することでその脅しに対応した。
0222 Fire experts determined that the fire had been (i　　　　　) by an electric spark.	火災専門家は，その火事は電気の火花によって引火したと断定した。
0223 (M　　　　　), like carbon dioxide, is a greenhouse gas, and it contributes greatly to global warming.	メタンは二酸化炭素同様温室効果ガスであり，地球温暖化の大きな一因になっている。
0224 Rats are just one kind of (r　　　　　), a mammal group that includes thousands of species.	ネズミは数千種を含む哺乳類のグループである齧歯類の一種にすぎない。
0225 The government ordered a stricter (e　　　　　) of the law to prevent any further incidents.	政府はそれ以上の紛争を回避するため，法律をより厳格に施行するよう命じた。
0226 Children at a certain age are more influenced by their (p　　　　　) than by their parents.	一定の年齢に達した子供は，親よりも仲間からの影響を強く受ける。
0227 I did not know he had been convicted of (f　　　　　) when I accepted his personal check.	私は彼から個人用小切手を受け取ったとき，彼が偽造で有罪になっていたことを知らなかった。
0228 The president had drawn up an impressive (a　　　　　) of issues to discuss.	大統領は議論すべき問題の見事な協議事項リストを作成済みだった。
0229 The accident at the chemical plant caused massive environmental (c　　　　　).	その化学工場の事故は大規模な環境汚染を引き起こした。
0230 An analysis of the chemical (c　　　　　) of the rock indicated that it was largely made up of calcium.	その岩の化学組成を分析すると，大部分がカルシウムでできていることがわかった。
0231 The member of parliament made himself available to his (c　　　　　) every Saturday morning.	その国会議員は毎週土曜日の午前中，選挙区民と話す時間を作った。
0232 Over the summer vacation, he worked as a (c　　　　　) to children with psychological problems.	夏休み中ずっと，彼は心理的問題を抱える子供のカウンセラーとして働いた。
0233 A group of senior army officers was accused of plotting a (c　　　　　) against the government.	上級陸軍将校のグループが，政府に対しクーデターを企てたとして起訴された。
0234 Modern developments in chemistry have made possible the creation of ever stronger (g　　　　　).	現代の化学の発達により，ますます強い接着剤を作り出すことが可能になっている。
0235 The ideas of ancient (p　　　　　) remain surprisingly relevant today.	古代哲学者の考えは，今日もなお驚くほど時代に即したものだ。
0236 Most (p　　　　　) today use drugs as part of their treatment of mentally ill patients.	今日のほとんどの精神科医は，精神病患者の治療の一環として薬物を用いる。
0237 (S　　　　　) in general believe that the state should play a large role in the running of the economy.	一般に社会主義者は，経済運営において国家が大きな役割を果たすべきだと考えている。
0230 When the new engine was delivered, it turned out not to meet the required (s　　　　　).	新しいエンジンが届いたとき，求められた製品仕様を満たしていないことが判明した。
0239 The central bank announced that it would inject a strong fiscal (s　　　　　) into the economy.	中央銀行は，経済に強力な財政的刺激を注入すると発表した。
0240 The police discovered a secret (s　　　　　) of weapons hidden by the terrorists.	警察は，テロリストが隠した武器の秘密の備蓄を発見した。

解答 **0221** deploying　**0222** ignited　**0223** Methane　**0224** rodent　**0225** enforcement　**0226** peers　**0227** forgery　**0228** agenda
0229 contamination　**0230** composition　**0231** constituents　**0232** counselor　**0233** coup　**0234** glues　**0235** philosophers
0236 psychiatrists　**0237** Socialists　**0238** specifications　**0239** stimulus　**0240** stockpile

学習日　　　月　　　日

単語	1回目	2回目	3回目	意　味
0261 **initiative** [ɪníʃɪətɪv]	→			图 重要な新計画，主導権
0262 **injection** [ɪndʒékʃən]	→			图 注射，注入
0263 **manipulation** [mənìpjuléɪʃən]	→			图 (世論などの)操作
0264 **mate** [meɪt]	→			图 つがいの相手
0265 **morality** [mərǽləti]	→			图 道徳，倫理
0266 **reliance** [rɪláɪəns]	→			图 依存⟨on, upon ~への⟩
0267 **sensitivity** [sènsətívəti]	→			图 配慮⟨to ~に対する⟩，神経の細やかさ，過敏性
0268 **sentiment** [séntəmənt]	→			图 感情，心情，意見
0269 **severity** [sɪvérəti]	→			图 厳しさ，深刻さ
0270 **variant** [véəriənt]	→			图 変形⟨of, on ~の⟩，変種，異形
0271 **workload** [wə́:rklòud]	→			图 仕事の負担量
0272 **fireplace** [fáɪərplèɪs]	→			图 暖炉
0273 **gunpowder** [gʌ́npàudər]	→			图 火薬
0274 **painkiller** [péɪnkìlər]	→			图 鎮痛剤，痛み止め
0275 **zoology** [zouá(:)lədʒi]	→			图 動物学
0276 **stake** [steɪk]	→			图 株⟨in ~の⟩，投資，利害関係
0277 **pricey** [práɪsi]	→			形 高価な
0278 **cellular** [séljʊlər]	→			形 細胞の
0279 **considerable** [kənsídərəbl]	→			形 かなりの，相当の
0280 **gifted** [gíftɪd]	→			形 優れた才能 [知能] のある

例　文	訳
0241 Ecologists were concerned that diverting the river's course would affect the (w　　　　　　).	その川の流れを変えることが分水嶺に影響を与えることを生態学者は懸念した。
0242 The charity made great efforts to decrease infant (m　　　　　　) among the poor.	その慈善団体は，貧困層の幼児死亡率を減らすために多大な努力をした。
0243 He earned a handsome (p　　　　　　) as payment for his services.	彼は尽力に対する支払いとしてかなりの額の報奨金をもらった。
0244 There were a (m　　　　　　) of famous names at the high society wedding.	その上流社会の結婚式には，ものすごい数の著名人が出席していた。
0245 He was very lucky that his illness was detected in its early (p　　　　　　).	病気が早い段階で見つかって，彼は本当に幸運だった。
0246 American university professors must earn (t　　　　　　) to ensure their jobs.	アメリカの大学教授は，仕事を確保するためには終身在職権を得なければならない。
0247 Each student was given a (q　　　　　　) of how many boxes of cookies they should sell.	各学生は，売るべきクッキーの箱の数を割り当てられた。
0248 The school is now undergoing a formal (a　　　　　　) for accreditation.	その学校は今，認可を受けるための公式の査定を受けている。
0249 The police (i　　　　　　) prevented a riot.	警察の介入が暴動を防いだ。
0250 The countries formed a temporary (a　　　　　　) against their threatening neighbor.	諸国は脅威を与えてくる隣国に対して一時的な同盟を結んだ。
0251 The (p　　　　　　) of future profits turned out to be too optimistic.	将来の利益予測はあまりにも楽観的なことがわかった。
0252 The boys came up with a (s　　　　　　) to take revenge on the teacher.	少年たちは先生に報復するためのたくらみを思い付いた。
0253 The athlete's (b　　　　　　) **to set** a new world record for the high jump failed miserably.	走り高跳びの世界新記録を樹立しようというそのアスリートの試みは無残に失敗した。
0254 Wartime propaganda frequently emphasizes the (b　　　　　　) of the country's enemies.	戦時中のプロパガンダは，自国の敵の残忍さをしばしば強調する。
0255 The (c　　　　　　) of England by the Normans had a profound effect on the subsequent history of the country.	ノルマン人によるイングランド征服は，それ以降の国の歴史に深い影響を与えた。
0256 It is common for the actual costs of a project to greatly exceed the initial estimates of the (c　　　　　　).	事業の実際のコストが請負業者の当初の見積もりを大きく超過するのはよくあることだ。
0257 He checked the student's translation and made a number of (c　　　　　　) in red ink.	彼はその学生の翻訳をチェックし，赤インクで数カ所訂正した。
0258 The outer layer of the Earth is known as the (c　　　　　　) and is relatively thin.	地球の外側の層は地殻として知られ，比較的薄い。
0259 At first, many of the immigrants encountered intense (h　　　　　　) from the native population.	最初，移民の多くは現地の住民からの激しい敵意に直面した。
0260 The man's mind gradually deteriorated after decades of (i　　　　　　).	何十年もの投獄の後，男の心は次第に衰えていった。

解答 0241 watershed　0242 mortality　0243 premium　0244 myriad　0245 phase　0246 tenure　0247 quota　0248 assessment
0249 intervention　0250 alliance　0251 projection　0252 scheme　0253 bid　0254 brutality　0255 conquest　0256 contractor
0257 corrections　0258 crust　0259 hostility　0260 imprisonment

学習日　　　月　　　日

単　語	🜄 1回目	👁 2回目	👁 3回目	意　味
0281 **present-day** [prèzəntdéɪ]	→			形 現代の，今日の
0282 **illicit** [ɪlísɪt]	→	⬇		形 不義の，不正な，違法の
0283 **compelling** [kəmpélɪŋ]	→	⬇		形 説得力のある，納得のいく
0284 **skeptical** [sképtɪkəl]	→	⬇		形 懐疑的な
0285 **authentic** [ɔːθénṯɪk]	→	⬇		形 本物の，確実な，信頼できる
0286 **inherent** [ɪnhíərənt]	→	⬇		形 生来の，固有の
0287 **ethical** [éθɪkəl]	→	⬇		形 道徳にかなった
0288 **irrational** [ɪrǽʃənəl]	→	⬇		形 訳のわからない，不合理な
0289 **decent** [díːsənt]	→	⬇		形 かなりの，きちんとした
0290 **civic** [sívɪk]	→	⬇		形 市民としての，市の
0291 **psychiatric** [sàɪkiǽtrɪk]	→	⬇		形 精神病学の
0292 **racial** [réɪʃəl]	→	⬇		形 人種の，民族の
0293 **sympathetic** [sìmpəθéṯɪk]	→	⬇		形 好意的な〈to, toward ~ に〉，同情的な
0294 **volcanic** [vɑ(ː)lkǽnɪk]	→	⬇		形 火山の，火山性の
0295 **appealing** [əpíːlɪŋ]	→	⬇		形 魅力的な
0296 **decisive** [dɪsáɪsɪv]	→	⬇		形 断固とした，決断力のある，決定的な
0297 **fundamentally** [fÀndəménṯəli]	→	⬇		副 根本的に，基本的に
0298 **interestingly** [ínṯərəstɪŋli]	→	⬇		副 興味深いことに，面白いことに
0299 **simultaneously** [sàɪməltéɪniəsli]	→	⬇		副 同時に
0300 **solely** [sóʊlli]	→	⬇		副 単独で，ただ，単に

例 文	訳
0261 The local government began the meetings as an (i_____) designed to welcome newcomers to the town.	その自治体は，町への転入者を歓迎することを目的とした<u>新計画</u>としてその集会を始めた。
0262 Most vaccines are introduced into the body through (i_____) provided by a doctor or nurse.	ほとんどのワクチンは，医師か看護師が行う<u>注射</u>を通して体内に送り込まれる。
0263 Many people are concerned about the (m_____) of public opinion by foreign governments.	外国政府による世論の<u>操作</u>を多くの人が懸念している。
0264 Male animals often attempt to attract (m_____) by putting on ritual displays of aggression.	しばしば雄の動物は，攻撃性の儀式的誇示を装うことで<u>つがいの相手</u>を引き付けようとする。
0265 Although the politician stressed the value of traditional (m_____), his own private life was far from morally perfect.	その政治家は伝統的<u>道徳</u>の価値を重視したが，自身の私生活は道徳的に完璧とは程遠かった。
0266 One of the side effects of the IT revolution has been an increased (r_____) **on** electricity.	IT革命の副作用の1つは，電力<u>への依存</u>が増えていることだ。
0267 The film was criticized for its lack of (s_____) **to** victims of violent crime.	その映画は，暴力犯罪の被害者<u>への配慮</u>が欠けていると批判された。
0268 Public (s_____) towards the refugees quickly shifted from compassion to criticism.	難民に対する大衆の<u>感情</u>はすぐに同情から批判に変わった。
0269 When the whistleblower was given a long prison sentence, there was much anger at the (s_____) of the punishment.	その内部告発者が長期の懲役刑を受けたとき，刑の<u>厳しさ</u>に多くの怒りの声が上がった。
0270 The movie was simply a (v_____) **on** the traditional romantic theme of doomed love.	その映画は，呪われた愛という伝統的な恋愛のテーマの<u>変形</u>でしかなかった。
0271 Although the company banned overtime, the (w_____) of each employee remained the same.	その会社は残業を禁止したが，社員一人一人の<u>仕事量</u>は同じままだった。
0272 The old house had a beautiful marble (f_____) in each room, adding to its value.	その古い家は各部屋に美しい大理石の<u>暖炉</u>があり，家の価値を高めていた。
0273 Today, (g_____) is still used in many weapons as well as in fireworks.	今日，<u>火薬</u>は花火だけでなくまだ多くの武器でも使われている。
0274 When he complained to the doctor of back pain, the doctor immediately prescribed some powerful (p_____).	彼が腰の痛みを医師に訴えると，医師はすぐに強い<u>鎮痛剤</u>を処方した。
0275 The anthropologist explained that he had studied (z_____) in college, only becoming interested in people later.	その人類学者は，大学で研究したのは<u>動物学</u>で，人間に興味を持ったのは後のことだと説明した。
0276 He made a large profit when he sold his (s_____) **in** the IT company to a bank.	彼はそのIT企業の<u>株</u>を銀行に売却して，多額の利益を得た。
0277 The hotel had seemed rather (p_____) to him, but then he found out that the other hotels cost even more.	そのホテルはかなり<u>高い</u>と彼には思えたが，やがてほかのホテルはもっと料金が高いとわかった。
0278 Most animals suffer from (c_____) deterioration as they grow older.	ほとんどの動物は年を取るにつれ<u>細胞</u>の劣化を患う。
0279 The university invested (c_____) sums in advertising itself on radio and TV.	その大学はラジオとテレビでの広告に<u>かなりの</u>金額をつぎ込んだ。
0280 After being sent to a school for (g_____) children, the girl became unhappy and left.	その少女は優れた<u>才能のある</u>子供のための学校に入れられた後，楽しくなくなりやめた。

解答 0261 initiative　0262 injections　0263 manipulation　0264 mates　0265 morality　0266 reliance　0267 sensitivity
0268 sentiment　0269 severity　0270 variant　0271 workload　0272 fireplace　0273 gunpowder　0274 painkillers　0275 zoology
0276 stake　0277 pricey　0278 cellular　0279 considerable　0280 gifted

学習日　　　　月　　　日

単語	♪ 1回目	● 2回目	◉ 3回目	意 味
0301 **transmit** [trænsmít]	→			動 を伝達する〈to ~に〉, を感染させる〈to ~に〉
0302 **retain** [rɪtéɪn]	→			動 を保持する, を保つ
0303 **embrace** [ɪmbréɪs]	→			動 を受け入れる, を抱き締める
0304 **allocate** [ǽləkèɪt]	→			動 を割り当てる〈to ~に〉, を配分する
0305 **expire** [ɪkspáɪər]	→			動 期限が切れる, 終了する, 死ぬ
0306 **inhibit** [ɪnhíbət]	→			動 を抑制する
0307 **gamble** [gǽmbl]	→			動 (gamble that ... で) …ということに賭ける, 賭け事をする
0308 **finalize** [fáɪnəlàɪz]	→			動 を完結させる, を仕上げる
0309 **hail** [heɪl]	→			動 を称賛する〈as ~だと〉, を認めて歓迎する, 出身である〈from ~の〉
0310 **overthrow** [òuvərθróu]	→			動 (政府など)を転覆させる, を打倒する
0311 **resurrect** [rèzərékt]	→			動 を復活させる
0312 **discriminate** [dɪskrímɪnèɪt]	→			動 差別する〈against ~を〉, 識別する〈between ~を〉
0313 **resonate** [rézənèɪt]	→			動 共感を呼び起こす〈with ~に〉
0314 **harness** [háːrnɪs]	→			動 (自然の力)を利用する, (馬)に馬具を付ける
0315 **suppress** [səprés]	→			動 を鎮圧する, を抑圧する
0316 **drain** [dreɪn]	→			動 の水を排出する
0317 **usher** [ʌ́ʃər]	→			動 を案内する〈to ~に〉
0318 **exploit** [ɪksplóɪt]	→			動 を利用する, を搾取する
0319 **pitch** [pɪtʃ]	→			動 (商品・考えなど)を売り込む〈to ~に〉
0320 **slaughter** [slɔ́ːtər]	→			動 を畜殺する, を虐殺する

例　文	訳
0281 (P　　　　　　) working conditions in factories have greatly improved since the early 19th century.	工場の現代の労働環境は，19世紀初頭から大きく改善されている。
0282 Although highly competent, his company fired him for an (i　　　　　　) affair.	彼は極めて有能だったが，会社は不倫を理由に彼を解雇した。
0283 Doctors said that the evidence that the new drug could cure cancer was less than (c　　　　　　).	その新薬ががんを治せるという証拠はまったく説得力のあるものではない，と医師たちは述べた。
0284 Although he assured me he would help, I remained (s　　　　　　).	彼は助けてくれると請け合ったが，私は懐疑的なままだった。
0285 The painting *Sunflowers*, now in a museum in Tokyo, was proven to be (a　　　　　　).	絵画『ひまわり』は今東京の美術館にあるが，本物であることが証明された。
0286 Human beings possess an (i　　　　　　) ability to learn language.	人間は言語を習得する生得的な能力を持っている。
0287 The group demanded the university adopt an (e　　　　　　) investment policy.	そのグループは，大学が道徳にかなった投資方針を採用することを要求した。
0288 He had an (i　　　　　　) belief in his own invulnerability to harm.	彼は自分が危害を受けることはあり得ないという訳のわからない信念を持っていた。
0289 His tutor told him the essay was a (d　　　　　　) effort but not outstanding.	個人指導教員は，彼の小論文はかなりの力作だが優れているわけではないと言った。
0290 Jury duty is considered an important (c　　　　　　) responsibility in countries which have such a system.	陪審員を務めることは，そうした制度を持つ国では市民の重要な責任と考えられている。
0291 The treatment of (p　　　　　　) illnesses has made great strides over the past thirty years.	精神病の治療はこの30年で大きく進歩した。
0292 Many sociologists argue that (r　　　　　　) discrimination is a very real feature of modern societies.	人種差別は現代社会の真の特徴にほかならない，と多くの社会学者が論じている。
0293 Intellectuals across Europe were often (s　　　　　　) **to** Soviet communism.	ヨーロッパ全土の知識人はしばしばソビエト共産主義に好意的だった。
0294 The science of predicting (v　　　　　　) eruptions has improved dramatically.	火山の噴火を予知する科学は目覚ましく進歩している。
0295 The young actor's (a　　　　　　) expression and shy smile made him popular with female fans everywhere.	魅力的な表情とシャイな笑顔のおかげで，その若い俳優は至る所で女性ファンの人気者になった。
0296 The key to saving lives following a natural disaster is (d　　　　　　) action by the central government.	自然災害の後で命を救うための鍵となるのは，中央政府の断固とした行動だ。
0297 The same event can be seen in (f　　　　　　) different ways by different historians.	歴史家が違えば，同じ出来事の捉え方が根本的に違う場合もある。
0298 (I　　　　　　), some people consider the tomato a vegetable, while some think of it as a fruit.	興味深いことに，トマトは野菜だと考える人もいれば果物だと思う人もいる。
0299 Some people actually perform better when they do a number of tasks (s　　　　　　).	いくつかの作業を同時にするときの方が実際に能率がいい人もいる。
0300 The sweater the woman bought was not (s　　　　　　) made of wool as she expected.	その女性が買ったセーターは，思っていたようにウールだけでできているものではなかった。

単語編　でる度 **A** ↓ 0301 〜 0320

解答 0281 **Present-day** 0282 **illicit** 0283 **compelling** 0284 **skeptical** 0285 **authentic** 0286 **inherent** 0287 **ethical** 0288 **irrational** 0289 **decent** 0290 **civic** 0291 **psychiatric** 0292 **racial** 0293 **sympathetic** 0294 **volcanic** 0295 **appealing** 0296 **decisive** 0297 **fundamentally** 0298 **Interestingly** 0299 **simultaneously** 0300 **solely**

学習日　　　　月　　　日

単語	1回目	2回目	3回目	意 味
0321 **enact** [ɪnǽkt]	→			動 を制定する
0322 **deter** [dɪtə́:r]	→			動 に思いとどまらせる 〈from ～を〉
0323 **surveillance** [sərvéɪləns]	→			名 監視，見張り
0324 **mosaic** [moʊzéɪɪk]	→			名 モザイク，（異なるもの の）寄せ集め
0325 **conspirator** [kənspírətər]	→			名 陰謀者，共謀者
0326 **influx** [ínflʌks]	→			名 流入
0327 **faction** [fǽkʃən]	→			名 派閥
0328 **expertise** [èkspə(:)rtí:z]	→			名 専門知識［技術］
0329 **diagnosis** [dàɪəgnóʊsɪs]	→			名 診断
0330 **utility** [jutíləti]	→			名 （電気・ガス・水道など の）公益事業，有用性
0331 **collision** [kəlíʒən]	→			名 衝突
0332 **coalition** [kòʊəlíʃən]	→			名 連合，合同，連立
0333 **adoption** [ədá(:)pʃən]	→			名 採用，採択，養子縁組
0334 **attorney** [ətə́:rni]	→			名 🇺🇸弁護士
0335 **biodiversity** [bàɪoʊdəvə́:rsəti]	→			名 生物多様性
0336 **captivity** [kæptívəti]	→			名 捕らわれの状態
0337 **carrier** [kǽriər]	→			名 保菌者，輸送会社
0338 **catering** [kéɪṭərɪŋ]	→			名 ケータリング
0339 **cement** [səmént]	→			名 セメント
0340 **commander** [kəmǽndər]	→			名 司令官，指揮官

例　文	訳
0301 During the war, the broadcaster often (t　　　　　) messages in code **to** agents overseas.	戦時中，その放送局は海外の諜報部員にしばしば暗号文でメッセージを伝達した。
0302 Although she lost her fortune, she (r　　　　　) the mansion and surrounding fields.	彼女は財産を失ったが，邸宅と周囲の畑は手元に残った。
0303 To the ecologist's surprise, the government (e　　　　　) his proposals for cutting carbon emissions.	その生態学者が驚いたことに，政府は二酸化炭素排出を削減する彼の提案を受け入れた。
0304 He sat at the desk (a　　　　　) **to** him and began to take the test.	彼は自分に割り当てられた机に座り，テストを受け始めた。
0305 The lease on my apartment will (e　　　　　) in two years.	私のアパートの賃貸契約は2年後に期限が切れる。
0306 Some fear that environmental controls will (i　　　　　) material progress.	環境規制は物質的進歩を抑制すると危惧する人たちもいる。
0307 The company, (g　　　　　) **that** customers would be prepared to pay more for prestigious products, raised their prices.	一流の商品なら高くても顧客は納得して買うだろうということに賭けたその会社は，価格を上げた。
0308 Desperate for money, the businessman quickly (f　　　　　) the deal on his house.	お金に窮したその実業家は，自宅を売る取引をさっさとまとめた。
0309 All the newspapers (h　　　　　) the peace treaty **as** a great victory for their own side.	和平条約は自国側の大勝利だと全紙が称賛した。
0310 The communists were accused of attempting to (o　　　　　) the elected government.	共産主義者たちは選挙で選ばれた政府を転覆させようとしたことで起訴された。
0311 After the counterrevolution, the traditional flag was (r　　　　　), together with the national anthem.	反革命の後，国歌とともに伝統的な旗が復活された。
0312 The research showed that many companies (d　　　　　) **against** women and minorities when hiring.	多くの企業が雇用時に女性とマイノリティーを差別していることをその調査は明らかにした。
0313 The candidate's optimistic message about the future (r　　　　　) **with** many voters.	将来に関するその候補者の楽観的なメッセージは，多くの有権者の共感を得た。
0314 Scientists are finding better ways to (h　　　　　) the limitless energy of the sun.	科学者たちは，太陽の無限のエネルギーを利用する，より優れた方法を見つけつつある。
0315 The king immediately sent troops to (s　　　　　) the rebellion.	国王は反乱軍を鎮圧するために直ちに軍隊を派遣した。
0316 The swimming pool was (d　　　　　) and cleaned once a month.	そのプールは，1カ月に1度水を抜き取られ清掃された。
0317 A waiter (u　　　　　) the group of guests **to** a private room.	ウエーターが客のグループを個室に案内した。
0318 Human beings will need to increasingly (e　　　　　) renewable energy sources in this century.	今世紀，人間は再生可能なエネルギー源をより一層利用することが必要になる。
0319 The young employee (p　　　　　) his bold plan **to** senior executives.	その若手社員は，自分の大胆なプランを取締役たちに売り込んだ。
0320 An outbreak of swine fever forced many farmers to (s　　　　　) their pigs.	豚コレラが発生し，多くの農家は飼っている豚を畜殺することを余儀なくされた。

解答 **0301** transmitted　**0302** retained　**0303** embraced　**0304** allocated　**0305** expire　**0306** inhibit　**0307** gambling　**0308** finalized
0309 hailed　**0310** overthrow　**0311** resurrected　**0312** discriminated　**0313** resonated　**0314** harness　**0315** suppress　**0316** drained
0317 ushered　**0318** exploit　**0319** pitched　**0320** slaughter

学習日　　　月　　　日

単語	1回目	2回目	3回目	意味
0341 **coordination** [kouɔ́ːrdinéiʃən]	→		↓	图 連携〈between ～の間の〉, 調整, (筋肉の働きなどの) 整合
0342 **deterioration** [dɪtìəriəréiʃən]	→		↓	图 悪化, 低下
0343 **discomfort** [dɪskʌ́mfərt]	→		↓	图 不快, 不愉快
0344 **ethic** [éθɪk]	→		↓	图 倫理, 道徳
0345 **herd** [həːrd]	→		↓	图 (動物の) 群れ
0346 **implementation** [ìmplɪmentéiʃən]	→		↓	图 (計画・政策などの) 実行, 処理
0347 **intent** [ɪntént]	→		↓	图 意図, 目的
0348 **pathogen** [pǽθədʒən]	→		↓	图 病原体, 病原菌
0349 **pension** [pénʃən]	→		↓	图 年金
0350 **portrait** [pɔ́ːrtrət]	→		↓	图 肖像画, 肖像写真
0351 **prosecution** [prà(ː)sɪkjúːʃən]	→		↓	图 起訴, 告訴, (the ～) 検察側
0352 **qualification** [kwà(ː)lɪfɪkéiʃən]	→		↓	图 資格, 資質〈for ～の〉
0353 **relevance** [réləvəns]	→		↓	图 関連, 妥当性
0354 **reproduction** [rìːprədʌ́kʃən]	→		↓	图 生殖, 繁殖, 再生
0355 **sediment** [sédɪmənt]	→		↓	图 堆積物, 沈殿物
0356 **sociologist** [sòusiá(ː)lədʒɪst]	→		↓	图 社会学者
0357 **spacecraft** [spéɪskræft]	→		↓	图 宇宙船
0358 **terrorism** [térərìzm]	→		↓	图 テロ, テロリズム
0359 **cornerstone** [kɔ́ːrnərstòun]	→		↓	图 基礎〈of ～の〉, 土台
0360 **janitor** [dʒǽnətər]	→		↓	图 ▨ 用務員, 管理人

例 文	訳
0321 In the 1960s the president (e) a number of civil rights laws.	1960年代にその大統領はいくつかの公民権関連の法律を制定した。
0322 Nothing could (d) him **from** leaving the town.	何物も町を出て行くことを彼に思いとどまらせることはできなかった。
0323 He did not know why, but he felt sure he was under police (s).	なぜかわからなかったが、彼は確かに警察の監視下にあると感じた。
0324 The church was famous for its beautiful (m) influenced by Byzantine art.	その教会は、ビザンチン美術の影響を受けた美しいモザイクで有名だった。
0325 After their failed attempt to kill the dictator, the (c) were rounded up and executed.	独裁者殺害の試みが失敗に終わった後、陰謀者たちは逮捕され処刑された。
0326 Recently, there has been a large (i) of foreign investment into the US.	最近、海外から大量の投資が米国に流入している。
0327 Each (f) in the party wanted its candidate to have the job.	党内の各派閥が、自分たちの候補者がその職を得ることを望んだ。
0328 The ad said the company needed someone with computer (e).	広告には、その会社はコンピューターの専門知識を持つ人を求めていると書かれていた。
0329 Accurate (d) of the condition is not easy for doctors.	その病気の正確な診断は医師にとって簡単なことではない。
0330 The cost of (u) in Tokyo is higher than that of most American cities.	東京の公益事業の料金は、ほとんどのアメリカの都市より高い。
0331 An official investigation into the (c) of the aircraft was announced.	その航空機の衝突に関する公式調査を行うことが発表された。
0332 The prime minister was forced to call for new elections when his ruling (c) collapsed.	与党連合が崩壊したとき、首相は新たな選挙を求めざるを得なかった。
0333 The (a) of westernized diets by countries around the globe is leading to many health problems.	西洋風の食事を世界中の国が取り入れたことで、多くの健康問題が生じている。
0334 The defense (a) accused the police of planting evidence in his client's room.	被告弁護人は、依頼人の部屋に証拠を仕込んだと警察を非難した。
0335 The country was very proud of its (b), which attracted tourists from around the world.	その国は生物多様性を非常に誇りにしており、世界中から観光客を集めていた。
0336 The negative effects of (c) on many zoo animals is a widely recognized problem.	捕獲状態にあることが動物園の多くの動物に与える悪影響は広く認識されている問題だ。
0337 The main (c) of the plague was rats, although the disease itself was spread by insects.	その疫病の主な保菌者はネズミだったが、病気そのものは虫によって伝染した。
0338 After the number of customers decreased for indoor dining, the restaurant started offering (c) services.	店内で食事をする客の数が減ってから、そのレストランはケータリングサービスの提供を始めた。
0339 (C) is a major ingredient of concrete, the most commonly used building material in the world.	セメントは、世界で最も一般的に使われる建築資材であるコンクリートの主要な成分だ。
0340 The elderly (c) in the army seemed out of touch with the realities of modern warfare.	陸軍の高齢の司令官たちは、現代の戦争の現実に疎いように思えた。

解答 0321 enacted　0322 deter　0323 surveillance　0324 mosaics　0325 conspirators　0326 influx　0327 faction　0328 expertise
0329 diagnosis　0330 utilities　0331 collision　0332 coalition　0333 adoption　0334 attorney　0335 biodiversity　0336 captivity
0337 carrier　0338 catering　0339 cement　0340 commanders

学習日　　　月　　　日

単語	1回目	2回目	3回目	意味
0361 **neuroscientist** [njùərousáɪənṭəst]	→			图 神経科学者
0362 **paleontologist** [pèɪliɑ(:)ntá(:)lədʒɪst]	→			图 古生物学者
0363 **reductionism** [rɪdʌ́kʃənìzm]	→			图 還元主義
0364 **screening** [skríːnɪŋ]	→			图 (特定の病気の)検診, (映画の)上映
0365 **senescence** [sɪnésəns]	→			图 (細胞の)老化
0366 **catalyst** [kǽṭəlɪst]	→			图 きっかけ〈for ~の〉, 触 発するもの〈for ~を〉, 触媒
0367 **blight** [blaɪt]	→			图 破滅の原因〈on ~の〉, 胴枯れ病
0368 **debris** [dəbríː]	→			图 (破壊されたものの)が れき, 残骸, がらくた
0369 **cavity** [kǽvəṭi]	→			图 虫歯(の穴), 鼻[口]腔
0370 **liaison** [líːəzà(ː)n]	→			图 連絡係, 連絡, 密通
0371 **defect** [díːfekt]	→			图 欠損, 欠陥, 欠点
0372 **incarceration** [ɪnkàːrsəréɪʃən]	→			图 投獄, 監禁
0373 **counterfeit** [káʊnṭərfìt]	→			图 偽造通貨, 模造品
0374 **validity** [vəlídəṭi]	→			图 効力, 正当性
0375 **equivalent** [ɪkwívələnt]	→			形 等しい〈to ~と〉, 等価の
0376 **mandatory** [mǽndətɔ̀ːri]	→			形 義務的な, 強制の, 命 令の
0377 **conventional** [kənvénʃənəl]	→			形 従来の, 因習的な
0378 **constitutional** [kà(ː)nstətjúːʃənəl]	→			形 合憲の, 憲法の, 本質 の
0379 **accountable** [əkáʊnṭəbl]	→			形 (説明などの)責任があ る〈for 行為などの, to 人に 対して〉
0380 **administrative** [ədmínəstrèɪṭɪv]	→			形 行政上の, 管理上の

✖ Unit 18の復習テスト　　わからないときは前Unitで確認しましょう。

例　文	訳
0341 A lack of (c　　　　　) **between** the responsible government agencies made tackling the disease more difficult.	責任のある政府機関**の間の連携**不足が，その病気への取り組みをより困難にした。
0342 The (d　　　　　) of the local soil due to overuse began to affect harvests.	酷使によるその地方の土壌の**劣化**が収穫に影響し始めた。
0343 The college president said that he felt some (d　　　　　) about allowing advertising on campus.	学内での広告を認めることには少し**不快感**を覚える，と学長は言った。
0344 Some theorists worry that capitalist countries are losing the work (e　　　　　) that made them prosperous in the first place.	資本主義諸国はそもそも繁栄の元となった労働**倫理**を失いつつある，と懸念する理論家もいる。
0345 The deer live in huge (h　　　　　) that move across the country searching for food.	その鹿は，食べ物を探しながら国を横断して移動する巨大な**群れ**で暮らしている。
0346 (I　　　　　) of the promised emergency funding was delayed by the bureaucratic regulations.	約束の緊急資金提供の**履行**は，役所の規制により遅延した。
0347 The original (i　　　　　) of the policy was to make it easier for young people to buy their own homes.	その政策のそもそもの**意図**は，若者がもっと簡単にマイホームを買えるようにすることだった。
0348 Scientists began a frantic search for the (p　　　　　) that was causing the infection.	科学者たちはその感染症の原因となっている**病原体**を血眼になって探し始めた。
0349 Declining birthrates are threatening (p　　　　　) schemes in many countries.	出生率の低下が多くの国で**年金**計画を脅かしている。
0350 The man was from an old aristocratic family, and the house was full of (p　　　　　) of his ancestors.	その男性は古い貴族の家柄で，家は先祖の**肖像画**でいっぱいだった。
0351 The (p　　　　　) of corrupt officials is essential for maintaining an honest government.	汚職役人の**起訴**は，公正な政府を維持するために不可欠だ。
0352 In today's world, good (q　　　　　) are increasingly necessary for success in business.	今日の世界では，ビジネスで成功するためにはよい**資格**がますます必要になっている。
0353 His novels, although written a long time ago, still have great (r　　　　　) today.	彼の小説は大昔に書かれたものだが，今日なお大きな**関連性**を持っている。
0354 The study of animal (r　　　　　) actually tells us a great deal about human sexuality as well.	動物の**生殖**の研究は，実は人間の性行動についても非常に多くのことを教えてくれる。
0355 Analysis of (s　　　　　) on the Earth's surface reveals much of the past history of the planet.	地球の表面の**堆積物**を分析すると，この惑星の過去の歴史の多くが明らかになる。
0356 Many (s　　　　　) believe that gender differences are determined more by culture than by nature.	ジェンダー差は自然よりむしろ文化によって決定されると多くの**社会学者**は考えている。
0357 Unmanned (s　　　　　) have taught us much about conditions on other planets.	無人**宇宙船**はほかの惑星の状態について多くのことを私たちに教えてくれた。
0358 One of the side effects of globalization has been a rise in international (t　　　　　).	グローバル化の副作用の1つは，国際**テロ**が増加していることだ。
0359 Freedom of speech is a (c　　　　　) **of** liberal democracy and should be protected.	言論の自由は自由民主主義**の基礎**であり，守られるべきだ。
0360 The girl's uncle worked as a (j　　　　　) at the school she attended.	その少女の叔父は，少女が通っている学校で**用務員**として働いていた。

解答 **0341** coordination　**0342** deterioration　**0343** discomfort　**0344** ethic　**0345** herds　**0346** Implementation　**0347** intent
0348 pathogen　**0349** pension　**0350** portraits　**0351** prosecution　**0352** qualifications　**0353** relevance　**0354** reproduction
0355 sediments　**0356** sociologists　**0357** spacecraft　**0358** terrorism　**0359** cornerstone　**0360** janitor

単語編

でる度
A
↓
0361
～
0380

学習日　　　月　　　日

単語	1回目	2回目	3回目	意 味
0381 **collective** [kəléktɪv]	→			形 共同の，集団の
0382 **congressional** [kəngréʃənəl]	→			形 議会の，(Congressional) 米国議会の
0383 **explosive** [ɪksplóʊsɪv]	→			形 一触即発の，波乱含み の
0384 **incomplete** [ìnkəmplíːt]	→			形 不完全な，未完成の
0385 **socioeconomic** [sòʊsioʊìːkəná(ː)mɪk]	→			形 社会経済的な
0386 **territorial** [tèrətɔ́ːriəl]	→			形 領土の，(動物が)縄張 りを守る
0387 **underwater** [ʌ̀ndərwɔ́ːtər]	→			形 水中の，水面下の
0388 **unrealistic** [ʌ̀nrìːəlístɪk]	→			形 非現実的な
0389 **negligible** [néglɪdʒəbl]	→			形 ごくわずかの，取るに 足りない
0390 **overwhelming** [òʊvərhwélmɪŋ]	→			形 圧倒的な
0391 **unethical** [ʌ̀néθɪkəl]	→			形 非倫理的な，道義に反 する
0392 **adverse** [ædvə́ːrs]	→			形 不利な，不都合な
0393 **disparate** [díspərət]	→			形 本質的に異なる
0394 **profound** [prəfáʊnd]	→			形 深い，深遠な
0395 **hostile** [há(ː)stəl]	→			形 敵の，敵意のある
0396 **judicial** [dʒudíʃəl]	→			形 司法の，裁判の
0397 **consistently** [kənsístəntli]	→			副 首尾一貫して，安定し て
0398 **surely** [ʃʊ́ərli]	→			副 (否定文で)まさか，確か に，間違いなく
0399 **subsequently** [sʌ́bsɪkwəntli]	→			副 その後
0400 **substantially** [səbstǽnʃəli]	→			副 かなり，相当

✖ Unit 19の復習テスト　〉わからないときは前Unitで確認しましょう。

例　文	訳
0361 By studying the physical activity of the brain, (n　　　　　　　　) have learned much about human psychology.	脳の物理的活動を研究することで，神経科学者は人間の心理について多くのことを学んだ。
0362 (P　　　　　　　　　　) try to reconstruct the nature of life in the past by analyzing fossils.	古生物学者は化石の分析によって過去の生命の真の姿を再現しようとする。
0363 Humanities scholars often accuse scientists of (r　　　　　　　　), although they can be equally reductionist themselves.	人文学者は，自分も同じく還元主義者かもしれないのに，しばしば科学者を還元主義だと非難する。
0364 Widespread (s　　　　　　　　) for cancers has helped to improve recovery rates dramatically.	がん検診の広まりのおかげで，回復率が大幅に向上している。
0365 Increasing cellular (s　　　　　　　) over time is usual in most animals including human beings.	時の流れによる細胞の老化の進行は，人間を含めほとんどの動物に普通のことである。
0366 The minister's resignation proved to be the (c　　　　　　　) **for** a general election.	大臣の辞任が結果的に総選挙のきっかけになった。
0367 In his speech, the mayor described vandalism as a (b　　　　　　　) **on** the community.	市長は演説で，公共物の破壊を地域社会を破滅へと導くものだと述べた。
0368 He spent the morning clearing up the (d　　　　　　　) left by the storm.	彼は午前中，嵐で残されたがれきを片付けて過ごした。
0369 In order to protect the teeth, it is important to discover and treat (c　　　　　　　) quickly.	歯を守るためには，虫歯の早期発見と治療が大切だ。
0370 Our mayor held a safety campaign for our town, led by a (l　　　　　　　) from the federal government.	連邦政府からの連絡係の指導の下，当市の市長は市の安全キャンペーンを行った。
0371 Biologists discovered that chemical pollution was causing birth (d　　　　　　　) in many local fish.	化学汚染がその土地の多くの魚に先天性の欠損を引き起こしていることを生物学者が発見した。
0372 The (i　　　　　　　) of criminals for trivial offenses is not only cruel but very expensive.	犯罪者を微罪で投獄することは残酷なだけでなく，お金も相当かかる。
0373 Although the hundred-dollar bill was a (c　　　　　　　), it fooled almost everyone.	その100ドル紙幣は偽札だったが，ほとんど誰もがだまされた。
0374 The court said the company's regulations had no legal (v　　　　　　　).	裁判所は，その会社の規則には法的効力がないと述べた。
0375 The scientist said that the cut in funding was (e　　　　　　　) **to** canceling the research altogether.	資金削減は研究の完全中止に等しい，とその科学者は述べた。
0376 In order to pass this course, attendance is (m　　　　　　　).	この教科に合格するには，出席が義務である。
0377 All (c　　　　　　　) approaches to the problem had failed to work.	その問題を解決するための従来の取り組みはすべて失敗に終わっていた。
0378 The high court ruled that the new law was (c　　　　　　　).	最高裁判所は，新法は合憲であるとの判決を下した。
0379 It is vital to hold politicians (a　　　　　　　) **for** their decisions, even when they were made long ago.	ずっと前の決定であっても，政治家に自らの決定に対する責任を負わせることは極めて重要だ。
0380 The proposed reforms to the welfare system would involve greatly increased (a　　　　　　　) costs.	提案された福祉制度改革は，行政コストの大幅な上昇を伴うことになるだろう。

解答 0361 neuroscientists　0362 Paleontologists　0363 reductionism　0364 screening　0365 senescence　0366 catalyst
0367 blight　0368 debris　0369 cavities　0370 liaison　0371 defects　0372 incarceration　0373 counterfeit　0374 validity
0375 equivalent　0376 mandatory　0377 conventional　0378 constitutional　0379 accountable　0380 administrative

学習日　　　月　　　日

単　語	1回目	2回目	3回目	意　味
0401 **divert** [dəvə́:rt]	→			動 を迂回させる〈from ～から〉，をそらす
0402 **uncover** [ʌ̀nkʌ́vər]	→			動 を暴露する，を見いだす
0403 **unearth** [ʌ̀nə́:rθ]	→			動 を発掘する
0404 **collaborate** [kəlǽbərèɪt]	→			動 協力する〈with ～と〉
0405 **flourish** [flə́:rɪʃ]	→			動 栄える
0406 **certify** [sə́:rtɪfàɪ]	→			動 を証明する，を認定する
0407 **flee** [fli:]	→			動 (から)逃げる
0408 **grab** [græb]	→			動 を(恥も外聞もなく)手に入れる，をつかむ，を急いで食べる
0409 **revolt** [rɪvóʊlt]	→			動 反乱を起こす〈against ～に対して〉，に嫌悪の念を抱かせる
0410 **industrialize** [ɪndʌ́striəlàɪz]	→			動 産業化する，工業化する
0411 **rehabilitate** [ri:həbílɪtèɪt]	→			動 (犯罪者など)を更生させる，の名誉を回復させる
0412 **repress** [rɪprés]	→			動 を抑圧する，(感情など)を抑制する
0413 **forge** [fɔ:rdʒ]	→			動 (関係など)を築き上げる，(文書など)を偽造する
0414 **mount** [maʊnt]	→			動 を取り付ける，に着手する
0415 **wage** [weɪdʒ]	→			動 (戦争など)を行う
0416 **prevail** [prɪvéɪl]	→			動 圧倒する〈over ～を〉，普及する
0417 **verify** [vérɪfàɪ]	→			動 を検証する，を確かめる
0418 **accelerate** [əksélərèɪt]	→			動 加速する
0419 **disrupt** [dɪsrʌ́pt]	→			動 を中断[混乱]させる
0420 **subordinate** [səbɔ́:rdənèɪt]	→			動 を下位に置く〈to ～より〉，を従属させる〈to ～に〉

単語編

でる度
A
↓
0401
～
0420

例 文	訳
0381 (C　　　　　　　) ownership of land sounds good in theory, but it often leads to problems in practice.	土地の共同所有は理論的にはいい話に思えるが，実際は問題を多々招くことが多い。
0382 (C　　　　　　　) hearings are often held to investigate matters of public concern.	議会の公聴会は，大衆に関係のある事柄を調査するためにしばしば開かれる。
0383 The (e　　　　　　　) discovery of a foreign spy in the prime minister's office shocked the nation.	首相官邸に外国のスパイがいたという一触即発の発見はその国に衝撃を与えた。
0384 It is difficult to write about history when documentation is (i　　　　　　　) or non-existent.	証拠となる資料が不完全か存在しなければ，歴史について記述するのは困難だ。
0385 It is important that universities include students from a range of different (s　　　　　　　) backgrounds.	大学にはさまざまな社会経済的背景を持つ学生が幅広くいることが重要だ。
0386 The world is full of (t　　　　　　　) disputes, any one of which could lead to armed conflict.	世界は領土紛争だらけで，そのどれが武力衝突に発展してもおかしくない。
0387 As countries look for new sources of minerals, they are increasingly turning to (u　　　　　　　) exploration.	諸国は新たな鉱物源を探し求める中で，ますます水中探査に目を向けつつある。
0388 While the girl realized her dream may be (u　　　　　　　), she tried hard to make it come true.	少女は自分の夢が非現実的かもしれないことに気付いたが，それを実現するために一生懸命努力した。
0389 One of the advantages of the proposal was that the costs involved were (n　　　　　　　).	その提案の利点の1つは，含まれる費用がごくわずかということだった。
0390 The (o　　　　　　　) majority of voters were opposed to the introduction of a new tax.	投票者の圧倒的多数が新税の導入に反対だった。
0391 The (u　　　　　　　) behavior of a few police officers gave the whole force a bad name.	数名の警察官の非倫理的な行いが，警察全体の評判を落とした。
0392 The expedition set off, but (a　　　　　　　) weather conditions soon forced them to turn back.	遠征隊は出発したが，悪天候ですぐに引き返さざるを得なかった。
0393 The business partners closed their company after they found that they had (d　　　　　　　) views on its operations.	そのビジネスパートナーたちは，事業について異なる見解を持っていることに気付いた後，会社をたたんだ。
0394 His latest novels are considered (p　　　　　　　) meditations on the nature of evil.	彼の最近の小説は，悪の本質を深く熟考したものと見なされている。
0395 The 1990s saw a larger number of (h　　　　　　　) business takeovers.	1990年代には敵対的な企業買収が増えた。
0396 Public faith in the fairness of the (j　　　　　　　) system is essential in a democracy.	司法制度の公正に対する大衆の信頼が民主主義社会では必須だ。
0397 The value of the company's shares had risen (c　　　　　　　) for over fifty years.	その会社の株価は50年以上首尾一貫して上がり続けていた。
0398 "(S　　　　　　　) you don't think I stole the money?" he asked in surprise.	「まさか僕がそのお金を盗んだとは思っていないよね？」と彼は驚いて尋ねた。
0399 (S　　　　　　　), evidence proved the little boy had been telling the truth the whole time.	その後，その男の子がずっと事実を話していたことが証拠で明らかになった。
0400 The finance minister insisted that the economic outlook was (s　　　　　　　) better this year.	今年の景気の見通しはかなりよくなっていると財務大臣は主張した。

解答 0381 Collective　0382 Congressional　0383 explosive　0384 incomplete　0385 socioeconomic　0386 territorial
0387 underwater　0388 unrealistic　0389 negligible　0390 overwhelming　0391 unethical　0392 adverse　0393 disparate
0394 profound　0395 hostile　0396 judicial　0397 consistently　0398 Surely　0399 Subsequently　0400 substantially

学習日　　　　月　　　日

単語	1回目	2回目	3回目	意 味
0421 **concussion** [kənkʌ́ʃən]	→			图 脳震とう
0422 **tumor** [tjúːmər]	→			图 腫瘍
0423 **irrigation** [ìrɪgéɪʃən]	→			图 灌漑，水を引くこと
0424 **bribery** [bráɪbəri]	→			图 贈収賄
0425 **auditorium** [ɔ̀ːdɪtɔ́ːriəm]	→			图 公会堂
0426 **niche** [nɪtʃ]	→			图 適した地位 [職業]，市場の隙間，ニッチ
0427 **drawback** [drɔ́ːbæk]	→			图 欠点〈to, of ～の〉，不利な点
0428 **combustion** [kəmbʌ́stʃən]	→			图 燃焼
0429 **autism** [ɔ́ːtìzm]	→			图 自閉症
0430 **acceptance** [əkséptəns]	→			图 受け入れ，容認，受諾
0431 **ammunition** [æ̀mjuníʃən]	→			图 弾薬，銃弾
0432 **artillery** [ɑːrtíləri]	→			图 (集合的に)大砲，砲兵隊
0433 **carbohydrate** [kàːrbouháɪdreɪt]	→			图 炭水化物
0434 **chain** [tʃeɪn]	→			图 (店などの)チェーン，一続き，鎖
0435 **chimney** [tʃímni]	→			图 煙突
0436 **coefficient** [kòʊɪfíʃənt]	→			图 係数
0437 **conception** [kənsépʃən]	→			图 概念，考え付くこと，受胎
0438 **congressman** [ká(ː)ŋɡrəsmən]	→			图 (男性の)国会議員，(特に米国の)下院議員
0439 **clergy** [klə́ːrdʒi]	→			图 (集合的に)聖職者
0440 **cultivation** [kʌ̀ltɪvéɪʃən]	→			图 栽培，耕作

例 文	訳
0401 Police were posted near the accident site to (d　　　　　) curiosity seekers.	やじ馬を退けるため，事故現場近くに警察が配置された。
0402 The crime was (u　　　　　) by a persistent journalist.	その犯罪は粘り強いジャーナリストによって暴露された。
0403 The construction workers accidentally (u　　　　　) the remains of a Roman villa.	建設現場の作業員たちは，たまたま古代ローマの大邸宅の遺跡を掘り当てた。
0404 Those who had (c　　　　　) **with** the enemy were later punished.	敵に協力した人たちは，後に処罰された。
0405 The small company (f　　　　　) under the guiding hand of the innovative entrepreneur.	その小さな会社は革新的な起業家の手腕によって栄えた。
0406 The safety of a new drug must be (c　　　　　) by a government agency.	新薬の安全性は政府の機関によって証明されなければならない。
0407 Many of the immigrants were refugees (f　　　　　) political persecution in their homeland.	その移民の多くは，祖国での政治的迫害を逃れる難民だった。
0408 Promises of tax cuts are usually an easy way to (g　　　　　) votes in an election.	減税の公約は，通例選挙で票をもぎ取るための安易な方法だ。
0409 Finally the peasants could endure no more, and they (r　　　　　) **against** the big landowners.	ついに小作人たちは耐え切れなくなり，大地主に対して反乱を起こした。
0410 As the country began to (i　　　　　), people left the countryside and the cities grew in size.	その国が産業化し始めるとともに，人々は地方を離れ，都市の規模が大きくなった。
0411 One of the aims of prisons has always been to (r　　　　　) prisoners through training and education.	昔から刑務所の目的の1つは，訓練と教育を通じて囚人を更生させることだ。
0412 The military government harshly (r　　　　　) any opposition to its rule.	軍事政権は支配に対するいかなる反対も容赦なく抑圧した。
0413 During the Cold War, some academics (f　　　　　) private links with their counterparts on the other side.	冷戦の間に，相手方の大学教授と私的な関係を築いた大学教授もいた。
0414 The local council decided to (m　　　　　) security cameras in the area.	地方議会はその地域に監視カメラを取り付けることを決定した。
0415 Irish nationalists (w　　　　　) a campaign against British occupation for decades.	アイルランドの民族主義者は，数十年にわたり，イギリスの占領に対する反対運動を行った。
0416 The school team finally (p　　　　　) **over** their rivals and won the championship.	その学校のチームはついにライバルたちを圧倒し，優勝を勝ち取った。
0417 The journalist had failed to (v　　　　　) the facts before writing his article.	その記者は記事を書く前に事実を検証していなかった。
0418 As the police tried to overtake the car, it suddenly (a　　　　　).	警察が車に追いつこうとすると，その車は突然加速した。
0419 A group of demonstrators attempted to (d　　　　　) the meeting.	デモ隊がその会議を中断させようとした。
0420 He said his family life would never be (s　　　　　) **to** his career.	家庭生活が仕事の二の次になることは決してない，と彼は言った。

解答 0401 divert　0402 uncovered　0403 unearthed　0404 collaborated　0405 flourished　0406 certified　0407 fleeing　0408 grab
0409 revolted　0410 industrialize　0411 rehabilitate　0412 repressed　0413 forged　0414 mount　0415 waged　0416 prevailed
0417 verify　0418 accelerated　0419 disrupt　0420 subordinated

学習日　　　月　　　日

単語	1回目	2回目	3回目	意味
0441 **dictatorship** [díkteɪtərʃɪp]	→			图 独裁国家，独裁制
0442 **diplomacy** [dɪplóʊməsi]	→			图 外交，外交上の手腕
0443 **emergence** [ɪmɔ́:rdʒəns]	→			图 出現，発生
0444 **episode** [épɪsòʊd]	→			图（テレビの連続物などの）1回分，挿話，エピソード
0445 **fraction** [frǽkʃən]	→			图 ほんの少し，わずか，分数
0446 **guilt** [gɪlt]	→			图 罪悪感，やましさ，有罪
0447 **hatred** [héɪtrɪd]	→			图 憎しみ〈of, for ～に対する〉，憎悪
0448 **hierarchy** [háɪərɑ̀:rki]	→			图（社会の）階層制，ヒエラルキー
0449 **indication** [ìndɪkéɪʃən]	→			图 兆し〈of ～の, that …という〉，兆候
0450 **insistence** [ɪnsístəns]	→			图 主張〈on, upon ～の, that …という〉，断言
0451 **kitten** [kítən]	→			图 子猫
0452 **mileage** [máɪlɪdʒ]	→			图 走行距離，燃費，総移動距離
0453 **militia** [məlíʃə]	→			图（集合的に）民兵，市民軍
0454 **missile** [mísəl]	→			图 ミサイル
0455 **prediction** [prɪdíkʃən]	→			图 予測〈about ～についての〉，予言
0456 **radar** [réɪdɑ:r]	→			图 レーダー
0457 **rehabilitation** [ri:həbìlɪtéɪʃən]	→			图 社会復帰，リハビリ，復興
0458 **reptile** [réptəl]	→			图 爬虫類（動物）
0459 **spectrum** [spéktrəm]	→			图（変動）範囲，（連続した）広がり，スペクトル
0460 **textile** [tékstaɪl]	→			图 織物，布地

例 文	訳
0421 She suffered a severe (c　　　　　) after falling from her horse.	彼女は落馬してひどい脳震とうを起こした。
0422 The doctors tried to determine the extent of the patient's (t　　　　　).	医師たちは，その患者の腫瘍の広がりを見極めようとした。
0423 Extensive (i　　　　　) of the desert had made it into fertile farming land.	大規模な灌漑のおかげで，砂漠は豊かな農地になっていた。
0424 In some countries, (b　　　　　) of officials is an accepted part of doing business.	国によっては，役人の贈収賄はビジネスの一部として容認されている。
0425 The (a　　　　　) was packed with fans waiting for the concert to begin.	公会堂はコンサートの開始を待つファンでいっぱいだった。
0426 Eventually the journalist found his (n　　　　　) as the newspaper's film critic.	そのジャーナリストは最終的に，その新聞の映画評論家という適所を得た。
0427 One of the (d　　　　　) **to** being an administrator is having to make tough decisions.	管理者であることの**マイナス面**の1つは，難しい決定をしなければならないことだ。
0428 A simple spark can initiate (c　　　　　) of a highly volatile substance.	ちょっとした火花も，揮発性の高い物質の燃焼を引き起こすことがある。
0429 Experts are still divided on the causes of (a　　　　　).	自閉症の原因に関する専門家の見解はいまだに割れている。
0430 Although his theories were controversial at first, they have gained wide (a　　　　　) today.	彼の理論には初め賛否両論あったが，今日では広く受け入れられている。
0431 One of the biggest issues facing the wartime administration was maintaining a steady supply of (a　　　　　).	戦時政権が直面した最大の課題の1つは，弾薬の安定供給を維持することだった。
0432 The biggest single factor in the victory was the size of the army's (a　　　　　).	勝利の唯一にして最大の要因は，陸軍の大砲の規模だった。
0433 (C　　　　　) are essential to a healthy diet, although too much intake leads to weight gain.	炭水化物は健康的な食事に欠かせないが，摂取し過ぎると体重の増加を招く。
0434 His family's wealth came from owning a large (c　　　　　) of supermarkets.	彼の一家の富は，スーパーマーケットの大規模チェーンを所有していることに由来した。
0435 The factory's tall (c　　　　　) remained in place but they no longer emitted harmful smoke.	その工場の高い煙突はそのままになっていたが，有害な煙はもう出していなかった。
0436 The Gini (c　　　　　) has become a popular way of measuring the level of inequality in a society.	ジニ係数は，社会の不平等の度合いを測る一般的な方法になっている。
0437 Her simple lifestyle was very different from the popular (c　　　　　) of how a film star lives.	彼女の簡素な生活様式は，映画スターの暮らしぶりについて大衆が持つ概念とかなり違った。
0438 His work as a (c　　　　　) left him little time to do anything outside the political arena.	国会議員としての仕事のため，政界以外で何かをする時間が彼にはほとんどなかった。
0439 The (c　　　　　) enjoyed a privileged status in medieval Europe, but later they lost these benefits.	聖職者は中世ヨーロッパでは特権的地位を享受したが，後にそうした特典を失った。
0440 The (c　　　　　) of rice is one of the oldest agricultural practices.	米の栽培は最古の農業実践の1つだ。

解答 0421 concussion　0422 tumors　0423 irrigation　0424 bribery　0425 auditorium　0426 niche　0427 drawbacks
0428 combustion　0429 autism　0430 acceptance　0431 ammunition　0432 artillery　0433 Carbohydrates　0434 chain
0435 chimneys　0436 coefficient　0437 conception　0438 congressman　0439 clergy　0440 cultivation

学習日　　　月　　　日

単語	1回目	2回目	3回目	意味
0461 transformation [trænsfərméɪʃən]	→	↓		图(生物の)変態〈to, into ~への〉, 変化, 変容
0462 transparency [trænspǽrənsi]	→	↓		图(事柄の)透明性, (ガラスなどの)透明さ
0463 turbine [tə́:rbaɪn]	→	↓		图タービン
0464 urbanization [ə̀:rbənəzéɪʃən]	→	↓		图都市化
0465 ward [wɔːrd]	→	↓		图病棟, 行政区
0466 gentrification [dʒèntrɪfəkéɪʃən]	→	↓		图(スラム街の)高級住宅地化
0467 populace [pá(:)pjʊləs]	→	↓		图(集合的に)大衆, 庶民, 全住民
0468 pronoun [próʊnàʊn]	→	↓		图代名詞
0469 heritage [hérətɪdʒ]	→	↓		图遺産
0470 hygiene [háɪdʒiːn]	→	↓		图衛生管理, 清潔
0471 famine [fǽmɪn]	→	↓		图飢饉
0472 conscience [ká(:)nʃəns]	→	↓		图良心
0473 specimen [spésəmɪn]	→	↓		图標本
0474 preservation [prèzərvéɪʃən]	→	↓		图保存, 保護
0475 venue [vénjuː]	→	↓		图会場, 開催地, (犯行などの)現場
0476 unprecedented [ʌnprésədentɪd]	→	↓		围前例のない
0477 innate [ìnéɪt]	→	↓		围生来の, 固有の
0478 staunch [stɔːntʃ]	→	↓		围強固な, 筋金入りの
0479 agrarian [əgréəriən]	→	↓		围農地の, 農業の
0480 juvenile [dʒúːvənàɪl]	→	↓		围青少年の

例　文	訳
0441 Making the transition from a (d　　　　　) to a liberal democracy is never an easy process.	<u>独裁国家</u>から自由民主主義国家に移行するのは，決して簡単なプロセスではない。
0442 The small country relied on skillful (d　　　　　) as a way to avoid military conflicts.	その小国は，軍事衝突を避けるための方法として巧みな<u>外交</u>に頼った。
0443 The (e　　　　　) of nuclear weapons had made warfare a much riskier option for both sides.	核兵器の<u>出現</u>により，戦争は両陣営にとってはるかにリスクの高い選択肢になっていた。
0444 People all over the country waited impatiently for each new (e　　　　　) of the popular TV show.	世界中の人が，その人気テレビ番組の新しい<u>回</u>を毎回じりじりと待っていた。
0445 The budget set aside for environmental protection was only a (f　　　　　) of that for defense spending.	環境保護に充てられる予算は，防衛費に充てられる予算と比べて<u>ほんの少し</u>でしかなかった。
0446 Many people in Western countries feel a sense of (g　　　　　) towards the amount of food they waste.	西洋諸国の多くの人は，自分たちが無駄にしている食品の量に<u>罪悪感</u>を感じている。
0447 His initial (h　　　　　) **of** the enemy turned into a sense of respect for their bravery and patriotism.	敵<u>に対する</u>彼の当初の<u>憎しみ</u>は，敵の勇気と愛国心に対する尊敬の念に変わった。
0448 Many animal societies display a strong sense of (h　　　　　), with lower ranking animals giving way to those above them.	多くの動物社会は<u>階層制</u>の印象を強く与え，地位の低い動物は上位の動物に譲歩する。
0449 The chairman of the company had given no (i　　　　　) **that** he was about to resign.	その会社の社長は，間もなく辞任する<u>という兆し</u>をまったく見せていなかった。
0450 Despite the woman's (i　　　　　) **that** she was innocent, she was convicted of the crime.	自分は無実だ<u>という</u>女性の<u>主張</u>にもかかわらず，女性はその罪で有罪になった。
0451 (K　　　　　) should not be separated from their mother until they are about nine weeks old.	<u>子猫</u>は生後約9週間になるまで母親から離すべきではない。
0452 The secondhand car had very low (m　　　　　) and was in excellent condition.	その中古車は<u>走行距離</u>がごくわずかで，とてもいい状態だった。
0453 This museum has a collection of uniforms from various (m　　　　　) throughout history.	この博物館では，歴史上のさまざまな<u>民兵</u>の軍服を所蔵しています。
0454 The navy dispatched the crew to locate any wartime (m　　　　　) that may have been lost in the ocean.	海軍は，海で失われた可能性のある戦時中の<u>ミサイル</u>を見つけるために乗組員を派遣した。
0455 Scientists are becoming increasingly confident in the accuracy of their (p　　　　　) **about** global warming.	科学者たちは，地球温暖化<u>に関する</u>自分たちの<u>予測</u>の正確さにますます自信を深めている。
0456 (R　　　　　) was first developed for military purposes but it also has many peaceful uses.	<u>レーダー</u>はそもそも軍事目的で開発されたが，平和的用途もたくさんある。
0457 Most countries try to strike a balance between the punishment and the (r　　　　　) of offenders.	ほとんどの国は，犯罪者の処罰と<u>社会復帰</u>の釣り合いを取ろうとする。
0458 Some (r　　　　　), such as turtles and lizards, are much more popular as pets than others.	カメやトカゲなどの一部の<u>爬虫類</u>は，ほかの爬虫類よりペットとしてずっと人気がある。
0459 The members of the committee included people from all parts of the political (s　　　　　).	その委員会のメンバーには，<u>幅広い政治的志向</u>を持つあらゆる立場の人たちが含まれていた。
0460 The production of (t　　　　　) has traditionally played a large part in the English economy.	<u>織物</u>の生産は，イギリス経済で伝統的に大きな役割を果たしてきた。

解答 **0441** dictatorship　**0442** diplomacy　**0443** emergence　**0444** episode　**0445** fraction　**0446** guilt　**0447** hatred　**0448** hierarchy
0449 indication　**0450** insistence　**0451** Kittens　**0452** mileage　**0453** militias　**0454** missiles　**0455** predictions　**0456** Radar
0457 rehabilitation　**0458** reptiles　**0459** spectrum　**0460** textiles

学習日　　　月　　　日

単 語	1回目	2回目	3回目	意 味
0481 **cautious** [kɔ́:ʃəs]	→			形 用心深い，慎重な
0482 **charitable** [tʃǽrəṭəbl]	→			形 慈善の，慈悲深い
0483 **evident** [évɪdənt]	→			形 明白な，明らかな
0484 **hazardous** [hǽzərdəs]	→			形 危険な，有害な〈to ～に〉
0485 **progressive** [prəgrésɪv]	→			形 進歩的な，革新的な，前進する
0486 **revolutionary** [rèvəlú:ʃənèri]	→			形 革命的な，画期的な，革命の
0487 **complimentary** [kà(:)mpləménṭəri]	→			形 無料の，無償の，称賛の
0488 **convincing** [kənvínsɪŋ]	→			形 説得力のある，なるほどと思わせる
0489 **depressed** [dɪprést]	→			形 ふさぎ込んだ，うつ病の
0490 **Paleolithic** [pèɪliəlíθɪk]	→			形 旧石器時代の
0491 **Protestant** [prá(:)ṭɪstənt]	→			形 プロテスタントの，新教の
0492 **real-life** [rì:əlláɪf]	→			形 現実の，実在の
0493 **comprehensive** [kà(:)mprɪhénsɪv]	→			形 総合的な
0494 **anonymous** [əná(:)nɪməs]	→			形 作者不詳の，匿名の
0495 **indispensable** [ìndɪspénsəbl]	→			形 必要不可欠な
0496 **transparent** [trænspǽrənt]	→			形 透明な，明白な
0497 **diverse** [dəvə́:rs]	→			形 多様な
0498 **overly** [óʊvərli]	→			副 過度に
0499 **internationally** [ìnṭərnǽʃənəli]	→			副 国際的に
0500 **mistakenly** [mɪstéɪkənli]	→			副 誤って，間違って

例　文	訳
0461 The (t　　　　　) of a tadpole **into** a frog usually takes about three months.	オタマジャクシのカエル**への変態**は，普通3カ月ほどかかる。
0462 Most candidates promise to create greater government (t　　　　　), but they rarely do much about it once they are in office.	たいていの候補者は政府の<u>透明性</u>を高めると公約するが，議員になるとほとんど何もしない。
0463 Wind (t　　　　　) are used to convert wind power into electricity.	<u>風力タービン</u>は風力を電気に変換するのに用いられる。
0464 The process of (u　　　　　) has been a central element in the modernization of economies around the world.	<u>都市化</u>の過程は，世界各地の経済が近代化する上で中心的要素となってきた。
0465 Due to a decline in birthrates, many hospitals have reduced the size of their maternity (w　　　　　).	出生率の低下のため，多くの病院は産科<u>病棟</u>の規模を縮小している。
0466 As property prices have risen, many formerly poor parts of the city have experienced (g　　　　　).	不動産価格の上昇とともに，かつて貧しかった市の多くの地区が<u>高級住宅地化</u>している。
0467 The party leader's right-wing views attracted support among the (p　　　　　) but not among intellectuals.	その政党指導者の右翼的見解は<u>大衆</u>の支持を集めたが，知識人の支持は得られなかった。
0468 The use of gendered (p　　　　　) has been increasingly criticized as discriminatory.	性の区分がある<u>代名詞</u>の使用は差別的だという批判が強まっている。
0469 The country is proud of its cultural (h　　　　　), which is studied and preserved in its museums.	その国は自国の<u>文化遺産</u>を誇りとしており，文化遺産は国の博物館で調査され保存されている。
0470 Some children learn proper (h　　　　　) only in school since it is not taught to them at home.	一部の子供たちは，適切な<u>衛生</u>管理を家庭で教わらないので，学校で学ぶだけだ。
0471 Global warming is leading to an increased occurrence of (f　　　　　).	地球温暖化が<u>飢饉</u>の発生が増加する原因となっている。
0472 The leader said legislators should vote according to their (c　　　　　).	国会議員は<u>良心</u>に従って投票するべきだと指導者は述べた。
0473 The museum contained many (s　　　　　) of rare plants.	その博物館には多くの希少植物の<u>標本</u>があった。
0474 The famous artist dedicated much of his life to the (p　　　　　) of ancient buildings.	その有名な芸術家は，古代建築の<u>保存</u>に人生の多くをささげた。
0475 The sports stadium is also a popular (v　　　　　) for concerts.	その競技場は，コンサート<u>会場</u>としても人気がある。
0476 The political party won an (u　　　　　) share of the vote.	その政党は<u>前例のない</u>得票率を得た。
0477 Some birds have an (i　　　　　) tendency to mate for life.	鳥の中には，一生つがうという<u>生来の</u>性質を持つものもいる。
0478 He was a (s　　　　　) believer in the efficacy of herbal medicines.	彼は漢方薬の効能を<u>固く</u>信じていた。
0479 After the revolution, a number of important (a　　　　　) reforms were carried out.	革命後，いくつかの重要な<u>農地</u>改革が実施された。
0480 (J　　　　　) delinquency is a social problem that seems to be getting worse.	<u>青少年</u>の非行は社会問題となっていて，悪化しつつあるように思われる。

解答 0461 transformation　0462 transparency　0463 turbines　0464 urbanization　0465 wards　0466 gentrification
0467 populace　0468 pronouns　0469 heritage　0470 hygiene　0471 famine　0472 conscience　0473 specimens　0474 preservation
0475 venue　0476 unprecedented　0477 innate　0478 staunch　0479 agrarian　0480 Juvenile

学習日　　　　　月　　　日

単語	1回目	2回目	3回目	意味
0501 **resent** [rɪzént]	→			動 に憤る，を恨みに思う
0502 **devastate** [dévəstèɪt]	→			動 を破壊する
0503 **provoke** [prəvóuk]	→			動 を挑発する〈into ～へと，to do ～するよう〉，（感情など）を引き起こす
0504 **hedge** [hedʒ]	→			動 を生け垣で囲む〈with ～の〉，を未然に防ぐ
0505 **enlighten** [ɪnláɪtən]	→			動 に教える〈on, about, as to ～について〉，を啓発する
0506 **emulate** [émjulèɪt]	→			動 を見習う，と張り合う
0507 **denounce** [dɪnáʊns]	→			動 を公然と非難する
0508 **disperse** [dɪspə́:rs]	→			動 分散する，を分散させる，（知識など）を広める
0509 **alienate** [éɪliənèɪt]	→			動 を遠ざける
0510 **squander** [skwɑ́(:)ndər]	→			動 を浪費する
0511 **discard** [dɪskɑ́:rd]	→			動 を捨てる，を解雇する
0512 **hamper** [hǽmpər]	→			動 を妨げる
0513 **waive** [weɪv]	→			動 （権利など）を放棄する
0514 **defy** [dɪfáɪ]	→			動 に反抗する
0515 **ambush** [ǽmbuʃ]	→			動 を待ち伏せして襲う
0516 **obliterate** [əblítərèɪt]	→			動 を消す
0517 **secede** [sɪsí:d]	→			動 脱退する〈from ～から〉，分離する
0518 **slash** [slæʃ]	→			動 を大幅に削減する，（を）さっと切る，を酷評する
0519 **mutate** [mjú(:)teɪt]	→			動 変異する〈into ～に〉，変化する
0520 **decimate** [désəmèɪt]	→			動 を大量に減少させる

例　文	訳
0481 At first, the cats felt (c　　　　　) in their new home, but over time they became bolder.	猫たちは最初は新しい家に警戒感を持っていたが，時間がたつと次第に大胆になった。
0482 As government spending on welfare has been reduced, (c　　　　　) organizations have become more important.	福祉への政府の支出が減らされる中，慈善団体の重要性が増している。
0483 Although the president claimed to represent the poor, it became (e　　　　　) that his aim was to help the rich.	自分は貧乏人の代表だと大統領は主張したが，彼の目的は金持ちを助けることだと明白になった。
0484 The discovery of (h　　　　　) chemicals on the site delayed the building of the stadium for two years.	危険な化学物質が現場で発見されたことで，競技場の建設は2年遅れた。
0485 The writer was known for his (p　　　　　) views on feminism and minority rights.	その作家は，フェミニズムとマイノリティーの権利に関する進歩的な見解で知られていた。
0486 His (r　　　　　) theories about the universe were strongly opposed by the Catholic Church.	宇宙に関する彼の革命的な理論は，カトリック教会に強く反対された。
0487 Guests at the hotel were given (c　　　　　) vouchers, allowing them a free drink at the bar.	そのホテルの宿泊客は，バーでドリンクがただになる無料券をもらった。
0488 The new novel was highly praised for its (c　　　　　) characters and exciting plot.	その新作小説は，説得力のある登場人物と手に汗握る展開で絶賛された。
0489 When he thought of all the work waiting for him at the office, he began to feel (d　　　　　).	会社で待ち受けている仕事の山を考えると，彼は気持ちが沈んできた。
0490 The professor was a well-known specialist in (P　　　　　) art such as cave paintings.	その教授は，洞窟壁画など旧石器時代の美術の有名な専門家だった。
0491 Many historians have seen a connection between (P　　　　　) ideas and the growth of individualism.	多くの歴史家が，プロテスタントの理念と個人主義の高まりの関係に気付いている。
0492 Many psychological experiments are so different from (r　　　　　) situations that they tell us little about actual human behavior.	多くの心理学実験は現実の状況と大きく違うので，実際の人間の行動についてはほとんどわからない。
0493 The course included a (c　　　　　) study on whales.	その講座には，クジラについての総合的な研究が含まれていた。
0494 Scholars are studying an (a　　　　　) fifth-century B.C. manuscript.	学者たちは作者不詳の紀元前5世紀の写本を調べている。
0495 The chairman found his secretary so (i　　　　　) that he even took her with him on business trips.	会長は秘書が必要不可欠だと思っていたので，出張にも彼女を連れて行った。
0496 We decided to protect our tabletop with a (t　　　　　) plastic sheet.	私たちは透明なプラスチックシートでテーブルの表面を保護することにした。
0497 The student body was very (d　　　　　) and included people from over fifty countries.	その学校の学生は非常に多様で，50カ国以上の人々を含んでいた。
0498 She was careful not to appear (o　　　　　) confident in the interview.	彼女は面接で自信過剰に見えないように注意した。
0499 The arrest of the (i　　　　　) renowned philosopher attracted strong criticism from abroad.	国際的に高名な哲学者の逮捕は，海外から強い批判を浴びた。
0500 The police (m　　　　　) arrested him, believing that he was a wanted terrorist.	警察は彼を指名手配中のテロリストと信じ，誤って逮捕した。

解答 0481 cautious　0482 charitable　0483 evident　0484 hazardous　0485 progressive　0486 revolutionary
0487 complimentary　0488 convincing　0489 depressed　0490 Paleolithic　0491 Protestant　0492 real-life　0493 comprehensive
0494 anonymous　0495 indispensable　0496 transparent　0497 diverse　0498 overly　0499 internationally　0500 mistakenly

学習日　　　月　　　日

単語	1回目	2回目	3回目	意味
0521 **condemn** [kəndém]	→			動 を激しく非難する〈for ～の理由で，as ～だと〉，を運命づける〈to ～に〉
0522 **correlate** [kɔ́(:)rəlèit]	→			動 を互いに関連させる〈with ～と〉，互いに関係がある〈to, with ～と〉
0523 **descend** [dɪsénd]	→			動 由来する〈from ～に〉，血筋である〈from ～の〉，陥る〈into 悪い状態に〉
0524 **imprison** [ɪmprízən]	→			動 を投獄する，を刑務所に入れる
0525 **inflict** [ɪnflíkt]	→			動 (打撃など) を与える〈on, upon ～に〉，を負わせる
0526 **rally** [rǽli]	→			動 を結集する，集結する〈to ～のために〉
0527 **reassure** [rì:əʃúər]	→			動 を安心させる〈that …と言って〉
0528 **scalp** [skælp]	→			動 🇺🇸 を転売する，(チケット) のダフ屋をする
0529 **ratio** [réɪʃiòu]	→			名 比率，割合
0530 **patent** [pǽtənt]	→			名 特許 (権)，専売特許，特許品
0531 **fraud** [frɔːd]	→			名 詐欺
0532 **massacre** [mǽsəkər]	→			名 大虐殺
0533 **credibility** [krèdəbíləti]	→			名 信頼，信ぴょう性，確実性
0534 **demise** [dɪmáɪz]	→			名 死去，終焉
0535 **clout** [klaʊt]	→			名 権力，影響力，殴打
0536 **resurgence** [rɪsə́:rdʒəns]	→			名 回復
0537 **cortex** [kɔ́:rteks]	→			名 (大脳) 皮質
0538 **cognition** [kɑ(:)gníʃən]	→			名 認識，認知
0539 **accountability** [əkàunʈəbíləti]	→			名 説明責任，説明義務
0540 **acquisition** [ækwɪzíʃən]	→			名 習得，獲得，買収

例 文	訳
0501 Young writers should try not to (r) constructive criticism.	若手作家は建設的な批評に<u>腹を立て</u>ないようにすべきだ。
0502 The whole region was (d) by floods.	地域全体が洪水によって<u>破壊された</u>。
0503 The drunk man tried to (p) another customer **into** fighting him.	酔っぱらいは，別の客<u>を挑発して</u>自分とけんか<u>させ</u>ようとした。
0504 The garden had been (h) **with** tall trees to break the wind.	その庭は風を遮るために高い木々の<u>生け垣で囲まれていた</u>。
0505 I asked her to (e) me **as to** what had happened during my absence.	私は留守中に何があった<u>のか教え</u>てほしいと彼女に頼んだ。
0506 She strove to (e) her mother's example in her personal life.	彼女は私生活では母親の例<u>を見習う</u>ようがんばった。
0507 The opposition (d) members of the government for corruption.	野党は汚職を理由として政府の閣僚たち<u>を公然と非難した</u>。
0508 The demonstrators were ordered to (d) by the local police.	デモ参加者たちは<u>解散する</u>よう地元警察に命じられた。
0509 Many voters were (a) due to the candidate's aggressive attacks on his opponent.	その候補者が行った対立候補への過剰な攻撃によって，多くの有権者が<u>離反した</u>。
0510 That young man has (s) his entire inheritance.	その若者は相続した全財産<u>を浪費</u>してしまった。
0511 We were surprised to see that someone had (d) such nice furniture.	私たちは，そのような立派な家具<u>を捨てた</u>人がいるのを見て驚いた。
0512 The police investigation was (h) by the uncooperative attitude of the local people.	警察の捜査は地元の人々の非協力的な態度により<u>妨げられた</u>。
0513 He agreed to (w) some of his rights in return for a reduced sentence.	彼は減刑判決の交換条件として，自分の権利のいくつか<u>を放棄する</u>ことに同意した。
0514 She knew she could not (d) her boss's direct order.	彼女は上司の直接の命令<u>に反抗する</u>ことはできないとわかっていた。
0515 They were (a) by a gang of bandits in the night.	彼らは夜間に山賊の一味に<u>待ち伏せされて襲わ</u>れた。
0516 The businessman did his best to (o) all signs of his crime.	その実業家は，自分の犯罪の跡をすべて<u>消す</u>ためにできる限りの手を尽くした。
0517 America's Civil War began when Southern states tried to (s) **from** the Union.	アメリカの南北戦争は，南部諸州が合衆国<u>から脱退し</u>ようとして始まった。
0518 In order to reduce the deficit, the government (s) its funding of the arts.	赤字を減らすため，政府は芸術への資金助成を<u>大幅に削減した</u>。
0519 The flies were useful to scientists because they (m) so quickly.	そのハエはとても速く<u>変異する</u>ので科学者たちの役に立った。
0520 The country's population had been (d) by warfare and hunger.	その国の人口は戦争と飢餓のために<u>大幅に減少</u>していた。

解答 0501 resent　0502 devastated　0503 provoke　0504 hedged　0505 enlighten　0506 emulate　0507 denounced
0508 disperse　0509 alienated　0510 squandered　0511 discarded　0512 hampered　0513 waive　0514 defy　0515 ambushed
0516 obliterate　0517 secede　0518 slashed　0519 mutated　0520 decimated

学習日　　　　　　　月　　　日

単　語	🎧 1回目	👁 2回目	👁 3回目	意　味
0541 acre [éɪkər]	→			图 エーカー
0542 aggression [əgréʃən]	→			图 侵略，侵犯，攻撃性
0543 assertion [əsɔ́ːrʃən]	→			图 主張〈that …という〉，断言
0544 authenticity [ɔ̀ːθentísəti]	→			图 本物であること，真実性
0545 booth [buːθ]	→			图 ブース，仕切り席，小部屋
0546 broadcaster [brɔ́ːdkæstər]	→			图 放送局，キャスター，アナウンサー
0547 bud [bʌd]	→			图 芽状突起，つぼみ，芽
0548 canopy [kǽnəpi]	→			图 (森林を覆う)林冠，(ベッドなどを覆う)天蓋
0549 carriage [kǽrɪdʒ]	→			图 (4輪の)馬車，🇺🇸 乳母車，🇬🇧 客車
0550 clash [klæʃ]	→			图 衝突〈between ～の間の〉，小競り合い，対立
0551 complexity [kəmpléksəti]	→			图 複雑さ
0552 consciousness [ká(ː)nʃəsnəs]	→			图 社会意識，考え方，意識
0553 deception [dɪsépʃən]	→			图 欺瞞，ごまかし
0554 defendant [dɪféndənt]	→			图 被告
0555 diplomat [dípləmæt]	→			图 外交官，駆け引きのうまい人
0556 fluctuation [flʌ̀ktʃuéɪʃən]	→			图 変動〈in, of ～の〉，不規則な変化
0557 governor [gʌ́vərnər]	→			图 知事，統治者
0558 guerrilla [gərílə]	→			图 ゲリラ
0559 honesty [á(ː)nəsti]	→			图 誠実，正直
0560 inheritance [ɪnhérətəns]	→			图 遺伝，遺産

例文	訳
0521 Many people (c⠀⠀⠀⠀⠀⠀) the brutality with which the security forces broke up the demonstration.	保安部隊がデモを解散させた乱暴なやり方を多くの人が激しく非難した。
0522 The scientific team attempted to (c⠀⠀⠀⠀⠀⠀) rainfall patterns **with** human activity but failed to find any connection.	科学チームは人間の活動と降水パターンを互いに関連させようとしたが，何の関係も見つからなかった。
0523 The idea that birds (d⠀⠀⠀⠀⠀⠀) **from** dinosaurs is generally believed by experts today.	鳥は恐竜に由来するという考えは，今日の専門家によって一般に信じられている。
0524 In some countries, the number of young males being (i⠀⠀⠀⠀⠀⠀) has grown dramatically.	一部の国では，投獄される若い男性の数が急増している。
0525 The bombing campaigns (i⠀⠀⠀⠀⠀⠀) terrible suffering **on** innocent civilian populations.	一連の爆撃攻撃は罪のない一般市民に大変な苦しみを与えた。
0526 The leaders of the protest movement (r⠀⠀⠀⠀⠀⠀) their followers in front of the presidential palace.	抗議運動の指導者たちは，大統領官邸の前に支持者を結集した。
0527 The teacher (r⠀⠀⠀⠀⠀⠀) the parents **that** their daughter was doing well in class.	その教師は，彼らの娘はクラスでうまくやっていると言って両親を安心させた。
0528 When the world championship match was held in town, ticket (s⠀⠀⠀⠀⠀⠀) became a serious concern for the organizers.	世界選手権試合が町で行われたとき，チケットの転売が主催者側の深刻な懸念になった。
0529 The (r⠀⠀⠀⠀⠀⠀) of applicants to those who were accepted was 3 to 1.	応募者と合格者の比率は3対1だった。
0530 The inventor was famous for the number of (p⠀⠀⠀⠀⠀⠀) he had taken out.	その発明家は，取得した特許の数で有名だった。
0531 The insurance scheme turned out to be a complex tax (f⠀⠀⠀⠀⠀⠀).	その保険事業企画は複雑な税金詐欺だということが判明した。
0532 Who carried out the (m⠀⠀⠀⠀⠀⠀) of the villagers remains a matter of dispute.	誰が村人の大虐殺を実行したかは，依然として論争の的である。
0533 It seems his (c⠀⠀⠀⠀⠀⠀) has not been damaged despite the scandal.	スキャンダルにもかかわらず，彼に対する信頼は傷ついていないようだ。
0534 Smoking and drinking to excess can bring about an early (d⠀⠀⠀⠀⠀⠀).	過度の喫煙と飲酒は早期死亡の原因になることがある。
0535 His father carried a lot of (c⠀⠀⠀⠀⠀⠀) in the committee and could easily influence committee decisions.	彼の父親は委員会で大きな権力を持っていて，委員会の決定を容易に左右することができた。
0536 The threat of war led to a (r⠀⠀⠀⠀⠀⠀) of support for the president.	戦争の脅威が大統領支持の回復につながった。
0537 He had suffered severe damage to the (c⠀⠀⠀⠀⠀⠀) of the brain.	彼は大脳皮質に深刻な損傷を受けていた。
0538 Language and (c⠀⠀⠀⠀⠀⠀) are important topics for psychological research.	言語と認識は，心理学研究の重要項目である。
0539 The committee said that the greatest problem in the system was the lack of (a⠀⠀⠀⠀⠀⠀) among bureaucrats.	その制度の最大の問題は官僚に説明責任がないことだ，と委員会は述べた。
0540 Language (a⠀⠀⠀⠀⠀⠀) among children happens for the most part automatically.	子供の言語の習得は，大部分が無意識のうちに行われる。

解答 0521 condemned　0522 correlate　0523 descended　0524 imprisoned　0525 inflicted　0526 rallied　0527 reassured
0528 scalping　0529 ratio　0530 patents　0531 fraud　0532 massacre　0533 credibility　0534 demise　0535 clout　0536 resurgence
0537 cortex　0538 cognition　0539 accountability　0540 acquisition

単語	1回目	2回目	3回目	意味
0561 **injustice** [ɪndʒʌ́stɪs]	→			图 不正，不公正
0562 **lag** [læg]	→			图 (時間などの)ずれ，隔たり，遅れ
0563 **linguistics** [lɪŋgwístɪks]	→			图 言語学
0564 **margin** [má:rdʒɪn]	→			图 (勝敗を決する)差，利ざや，余白
0565 **optimism** [á(:)ptɪmìzm]	→			图 楽観[楽天]主義
0566 **parliament** [pá:rləmənt]	→			图 (Parliament)(英国の)議会，国会
0567 **policymaker** [pá(:)ləsimèɪkər]	→			图 政策立案者
0568 **pollen** [pá(:)lən]	→			图 花粉
0569 **reconstruction** [rì:kənstrʌ́kʃən]	→			图 (the Reconstruction)(南北戦争後の)再編，再建，復興
0570 **relocation** [rì:ləkéɪʃən]	→			图 移転，移動
0571 **plausible** [plɔ́:zəbl]	→			形 もっともらしい，まことしやかな
0572 **irrelevant** [ɪréləvənt]	→			形 不適切な⟨to ～にとって⟩，関係のない
0573 **ongoing** [á(:)ngòʊɪŋ]	→			形 継続[進行]中の
0574 **potent** [póʊtənt]	→			形 強力な，有効な
0575 **intact** [ɪntǽkt]	→			形 損なわれていない，元のままの
0576 **identical** [aɪdént̬ɪkəl]	→			形 一卵性の，同一の，まったく同じ⟨to, with ～と⟩
0577 **paramount** [pǽrəmàʊnt]	→			形 最高(位)の
0578 **detrimental** [dètrɪmént̬əl]	→			形 有害な⟨to ～に⟩
0579 **gullible** [gʌ́ləbl]	→			形 だまされやすい
0580 **integral** [ínt̬ɪgrəl]	→			形 不可欠の，完全な，整数の

例　文	訳
0541 Millions of (a) of tropical rainforest have been cut down by developers.	数百万<u>エーカー</u>の熱帯雨林が開発業者によって伐採されている。
0542 By exaggerating the threat of foreign (a), the army gained the funds to expand its forces.	外国による侵略の脅威を誇張することで，陸軍は軍備拡大の資金を得た。
0543 Critics argued that the evidence contradicted his (a) **that** global warming was a myth.	その証拠は，地球温暖化は神話だ**という**彼の<u>主張</u>を否定するものだ，と批判者たちは論じた。
0544 They claimed the painting was by a famous artist, but many experts questioned its (a).	その絵は有名な芸術家の作品だと言われていたが，多くの専門家は<u>本物</u>かどうか疑っていた。
0545 The young employee was told that she would be in charge of the company's (b) at the trade fair.	その若手社員は，見本市で会社の<u>ブース</u>の責任者になると言われた。
0546 The country's state (b) failed to mention the anti-government protests at all.	その国の国営<u>放送局</u>は，反政府抗議運動に一言も触れなかった。
0547 The disease affects the taste (b), preventing sufferers from sensing the flavors of their food.	その病気は<u>味蕾</u>を冒し，患者は食べた物の味がわからなくなってしまう。
0548 The forest (c) keeps the lower part of the forest dark and cool during the summer.	その森の<u>林冠</u>は夏の間，森の低い部分を暗く涼しく保っている。
0549 Before the introduction of railways, travelers had little choice but to use horse-drawn (c).	鉄道の出現前は，旅行者には馬が引く<u>馬車</u>を使うしかほとんど選択肢がなかった。
0550 After the championship soccer match, there were many (c) **between** groups of rival supporters.	そのサッカーの決勝戦の後，ライバルチームのサポーターグループ**の間で**多くの<u>衝突</u>があった。
0551 Many scientists misunderstood the new astronomical theory due to its (c).	その天文学の新説は<u>複雑</u>で，それ故多くの科学者は誤解した。
0552 Despite the growing (c) of discrimination against women, many barriers still remain all around us.	女性差別に関する<u>社会意識</u>が高まっているとはいえ，至る所にまだ多くの壁が残っている。
0553 He accused the government of a campaign of lies and (d) concerning the disaster.	その災害に関してうそと<u>欺瞞</u>のキャンペーンを行ったとして彼は政府を非難した。
0554 Although the (d) was found to be innocent, many people suspected that he had actually committed the crime.	<u>被告</u>は無罪になったが，実際はその罪を犯していたのではないかと多くの人が思った。
0555 After working as a (d) for some years, he left the foreign service and became a journalist.	<u>外交官</u>として数年働いた後，彼は外務局をやめてジャーナリストになった。
0556 Some (f) **in** the price of oil were normal, but a drop of this size was very rare.	原油価格のある程度の<u>変動</u>は普通だったが，これだけの規模の下落はとても珍しかった。
0557 The new (g) vowed to put state interests before all else.	新<u>知事</u>は，ほかの何よりも州の利益を優先すると誓った。
0558 The businessman was kidnapped by (g) and kept in the jungle for ten years.	その実業家は<u>ゲリラ</u>に誘拐され，10年間ジャングルに留め置かれた。
0559 Newspapers questioned the mayor's (h), suggesting that he was lying about his business activities.	新聞は市長の<u>誠実さ</u>を疑い，自らの事業活動についてうそをついているのではないかと書いた。
0560 As we understand more about genetic (i), the substantial role it plays in disease is becoming clearer.	遺伝の理解が深まるほど，病気において遺伝が果たす重大な役割がより明らかになりつつある。

解答 **0541** acres **0542** aggression **0543** assertion **0544** authenticity **0545** booth **0546** broadcaster **0547** buds **0548** canopy **0549** carriages **0550** clashes **0551** complexity **0552** consciousness **0553** deception **0554** defendant **0555** diplomat **0556** fluctuations **0557** governor **0558** guerrillas **0559** honesty **0560** inheritance

73

学習日　　　月　　　日

単語	1回目	2回目	3回目	意味
0581 **outright** [áutràit]	→			形 完全な，紛れもない
0582 **feasible** [fí:zəbl]	→			形 実行可能な
0583 **vicious** [víʃəs]	→			形 残酷な，悪意のある，堕落した
0584 **lethal** [lí:θəl]	→			形 致命的な
0585 **neural** [njúərəl]	→			形 神経の
0586 **mundane** [mʌndéɪn]	→			形 ありきたりの，世俗的な
0587 **climatic** [klaɪmǽtɪk]	→			形 気候の
0588 **facial** [féɪʃəl]	→			形 顔の
0589 **humanitarian** [hjumænɪtéəriən]	→			形 人道主義の
0590 **incompetent** [ɪnká(:)mpətənt]	→			形 無能な
0591 **insane** [ɪnséɪn]	→			形 ばかげた，正気でない
0592 **microscopic** [màɪkrəská(:)pɪk]	→			形 顕微鏡でしか見えない，極微の
0593 **missionary** [míʃənèri]	→			形 伝道の，布教の
0594 **monetary** [má(:)nətèri]	→			形 金銭の，貨幣の
0595 **physiological** [fìziəlá(:)dʒɪkəl]	→			形 生理学の，生理的な
0596 **privileged** [prívəlɪdʒd]	→			形 特権のある，特権階級の
0597 **aggressively** [əgrésɪvli]	→			副 積極的に，意欲的に，攻撃的に
0598 **considerably** [kənsídərəbli]	→			副 かなり，相当に
0599 **exclusively** [ɪksklú:sɪvli]	→			副 もっぱら，独占的に
0600 **readily** [rédɪli]	→			副 難なく，たやすく，快く

例　文	訳
0561 The actor's hatred of social (i　　　　　) led him to join the campaign against the government's policies.	その俳優は社会的<u>不正</u>を憎んでいたので，政府の政策に反対する運動に加わることとなった。
0562 There is inevitably a time (l　　　　　) between a new discovery and its appearance in standard textbooks.	新しい発見と，それが標準的な教科書に載るまでの間には，必然的に時間の<u>ずれ</u>がある。
0563 Although many people think that languages influence our worldviews, (l　　　　　) specialists are not so sure.	言語は私たちの世界観に影響すると多くの人は思うが，<u>言語学</u>の専門家はそれほど確信を持っていない。
0564 The candidate only won by a narrow (m　　　　　), but he claimed the result was a great victory.	その候補者は僅差でやっと勝ったのに，結果は大勝利だと主張した。
0565 Young people tend to have a greater (o　　　　　) about the future than older people do.	年配の人より若者の方が将来についてより<u>楽観的</u>な傾向がある。
0566 The steady growth in the power of (P　　　　　) is one of the great themes of English history.	<u>議会</u>の力の着実な増加は，英国史の大きなテーマの1つだ。
0567 The scientists appealed to (p　　　　　) to pay more attention to environmental research.	その科学者たちは，環境調査にもっと注目するよう<u>政策立案者</u>に訴えた。
0568 Bees help to maintain genetic diversity in plants by taking (p　　　　　) from one plant to another.	ミツバチは植物から植物へと<u>花粉</u>を運ぶことによって，遺伝子の多様性の維持に役立っている。
0569 The period following the American Civil War is often known as the (R　　　　　) era.	アメリカ南北戦争に続く時期は，しばしば<u>再編</u>期として知られる。
0570 The building of the new airport involved the (r　　　　　) of many local farmers.	新空港の建設は多くの地元農家の<u>移転</u>を伴った。
0571 The theory is (p　　　　　) but by no means proven.	その仮説は<u>もっともらしい</u>が，まったくもって証明されていない。
0572 His point is valid but (i　　　　　) **to** the current discussion.	彼の論点は理にかなっているが，今の議論には<u>不適切</u>だ。
0573 The police visit was part of an (o　　　　　) campaign against illegal drug use.	警察の訪問は，<u>継続中の</u>不法薬物使用撲滅キャンペーンの一環だった。
0574 Many were amazed by the (p　　　　　) display of military power in the Gulf War.	多くの人は湾岸戦争での軍事力の<u>強力な</u>誇示にとても驚いた。
0575 No matter how difficult things got, he kept his integrity (i　　　　　).	事態がどんなに厳しくなろうとも，彼は自分の誠実さを<u>損なわずに</u>保った。
0576 (I　　　　　) twins are siblings that originate from a single fertilized egg.	<u>一卵性</u>双生児は単一の受精卵から生まれる兄弟姉妹である。
0577 He was the (p　　　　　) leader of the Chinese communist revolution.	彼は中国共産革命の<u>最高</u>指導者だった。
0578 The boy's bad behavior was (d　　　　　) **to** the school's atmosphere.	その少年の素行不良は学校の雰囲気に<u>有害な</u>ものだった。
0579 Those children are so (g　　　　　) that they will believe almost anything.	その子供たちはとても<u>だまされやすくて</u>，ほとんど何でも信じてしまう。
0580 An (i　　　　　) part of athletic excellence is a knowledge of the fundamentals.	運動能力に秀でるための<u>不可欠</u>な要素は基礎の知識である。

解答 0561 injustice　0562 lag　0563 linguistics　0564 margin　0565 optimism　0566 Parliament　0567 policymakers　0568 pollen
0569 Reconstruction　0570 relocation　0571 plausible　0572 irrelevant　0573 ongoing　0574 potent　0575 intact　0576 Identical
0577 paramount　0578 detrimental　0579 gullible　0580 integral

学習日　　　月　　　日

単語	1回目	2回目	3回目	意　味
0601 **spark** [spɑːrk]	→			🔟 を引き起こす, の引き金になる
0602 **escalate** [éskəlèit]	→			🔟 (戦闘・暴力などが) エスカレートする〈into ～に〉, 段階的に拡大する
0603 **obsess** [əbsés]	→			🔟 (be obsessed で) 取りつかれる〈with, by ～に〉, 悩まされる
0604 **reel** [riːl]	→			🔟 動揺する〈from ～で〉, 混乱する, よろける
0605 **refill** [rìːfíl]	→			🔟 を再び満たす, 再び満ちる
0606 **outnumber** [àutnʌ́mbər]	→			🔟 より数で勝る, より多い
0607 **eclipse** [ɪklíps]	→			🔟 の影を薄くさせる, (ほかの天体) を欠けさせる
0608 **hatch** [hætʃ]	→			🔟 (ひな・卵が) かえる, ふ化する
0609 **thrive** [θraɪv]	→			🔟 成功する, 繁栄する
0610 **contaminate** [kəntǽmɪnèit]	→			🔟 を汚染する〈with ～で〉
0611 **displace** [dɪspléɪs]	→			🔟 を強制退去させる〈from ～から〉, を移動させる
0612 **precede** [prɪsíːd]	→			🔟 に先んじる, より重要な位置にいる
0613 **prescribe** [prɪskráɪb]	→			🔟 を規定する, を処方する
0614 **subsidize** [sʌ́bsɪdàɪz]	→			🔟 に補助金を与える
0615 **amend** [əménd]	→			🔟 (法律など) を改正する, を修正する
0616 **replicate** [réplɪkèit]	→			🔟 を複製する
0617 **deteriorate** [dɪtíəriərèit]	→			🔟 悪化する
0618 **hinder** [híndər]	→			🔟 を妨げる
0619 **excel** [ɪksél]	→			🔟 優れている〈in ～において〉, に勝る〈in ～において〉
0620 **exert** [ɪgzɔ́ːrt]	→			🔟 を行使する, を働かせる

例 文	訳
0581 He said her claims were an (o　　　　　) lie with no basis in fact.	彼女の主張は事実に基づかない**真っ赤な**うそだ，と彼は言った。
0582 Our new economic plan is both innovative and (f　　　　　).	私たちの新しい経済計画は革新的でもあり**実行可能**でもある。
0583 Police on the scene were appalled at the (v　　　　　) nature of the crime.	現場の警察官たちは，その犯罪の**残忍な性質**にぞっとした。
0584 A person trained in martial arts can deliver (l　　　　　) blows by hand.	格闘技の訓練を受けた人は，素手で**致命的な**打撃を与えることができる。
0585 The machine was used to measure (n　　　　　) activity in the brain.	その機械は脳の**神経活動**を測定するために使用された。
0586 Many people thought her job was glamorous, but for her the routine had become (m　　　　　).	彼女の仕事は華やかだと多くの人は思ったが，彼女には決まりきった仕事が**つまらなく**なっていた。
0587 It is clear that (c　　　　　) factors generally play an important role in determining the spread of diseases.	病気の流行を決定する上で**気候要因**が一般に重要な役割を果たすのは明らかだ。
0588 Some scientists argue that (f　　　　　) expressions are rooted in nature rather than culture.	**顔の表情**は文化ではなく自然に起因すると論じる科学者もいる。
0589 The princess was famous for her devotion to (h　　　　　) causes such as helping the sick children.	王女は病気の子供たちを援助するなど，**人道的大義**への献身で有名だった。
0590 A series of bad decisions by (i　　　　　) doctors actually made his disease worse.	**無能な医師**たちが間違った決定を続けて下したことが実際に彼の病気を悪化させた。
0591 Opponents of the new tax denounced it as (i　　　　　) and argued that it would cause the whole economy to collapse.	新税の反対者は，新税は**ばかげている**と非難し，そのせいで経済全体が崩壊するだろうと主張した。
0592 The study of (m　　　　　) organisms helps us understand better the importance of healthy forest soils.	**微視的な生物**の研究は，健康な森の土壌のよりよい理解を助けてくれる。
0593 Although scholarly, his work betrayed a typical (m　　　　　) sense of superiority over the natives.	彼の著作は学術的ではあったが，先住民に対する典型的な**伝道者の**優越感が透けて見えた。
0594 There are many things in life that do not have (m　　　　　) value.	**金銭的価値**を付けられないものは人生にたくさんある。
0595 Some biologists believe that there is a (p　　　　　) basis to most human behavior.	ほとんどの人間の行動には**生理学的な根拠**があると考える生物学者もいる。
0596 The research showed that children from (p　　　　　) backgrounds were more likely to gain entrance to a prestigious university.	**特権的な**家庭環境の子供の方が名門大学に入学する可能性が高いことをその研究は示した。
0597 The government (a　　　　　) pursued a policy of expelling illegal aliens.	政府は不法滞在者を追放する政策を**積極的に**推進した。
0598 The educator argued that public examinations had become (c　　　　　) easier over time.	その教育者は，国家統一試験は時間がたって**かなり**易しくなったと論じた。
0599 Many luxury spas offer treatments which (e　　　　　) utilize their own specially made beauty products.	多くの高級スパでは，そこだけの特製の美容用品を**もっぱら**用いるトリートメントを受けられる。
0600 The dish can easily be made with ingredients (r　　　　　) available at any supermarket.	その料理は，どこのスーパーマーケットでも**容易に**手に入る材料で簡単に作れる。

解答 **0581** outright　**0582** feasible　**0583** vicious　**0584** lethal　**0585** neural　**0586** mundane　**0587** climatic　**0588** facial
0589 humanitarian　**0590** incompetent　**0591** insane　**0592** microscopic　**0593** missionary　**0594** monetary　**0595** physiological
0596 privileged　**0597** aggressively　**0598** considerably　**0599** exclusively　**0600** readily

学習日　　　月　　　日

単語	1回目	2回目	3回目	意味
0621 **concede** [kənsíːd]	→			動を(仕方なく正しいと)認める
0622 **spur** [spəːr]	→			動を刺激する〈to do ～するよう〉
0623 **exacerbate** [ɪgzǽsərbèɪt]	→			動を悪化させる, をいら立たせる
0624 **invoke** [ɪnvóʊk]	→			動(神の加護など)を祈願する, (法など)を発動する
0625 **encompass** [ɪnkʌ́mpəs]	→			動を取り囲む, を含む
0626 **evaporate** [ɪvǽpərèɪt]	→			動消滅する, 蒸発する
0627 **override** [òʊvərráɪd]	→			動を覆す, より優位に立つ
0628 **renovation** [rènəvéɪʃən]	→			图改修, 改築
0629 **repression** [rɪpréʃən]	→			图抑圧, 鎮圧
0630 **revision** [rɪvíʒən]	→			图変更, 改正, 改訂
0631 **scarcity** [skéərsəti]	→			图欠乏, 不足
0632 **scenario** [sənǽriòʊ]	→			图予想事態, 予定の計画, (映画などの)シナリオ
0633 **scope** [skoʊp]	→			图範囲〈for ～の, to do ～する〉, 領域, 余地
0634 **sponsorship** [spá(ː)nsərʃìp]	→			图スポンサーであること, 後援
0635 **subsidy** [sʌ́bsədi]	→			图補助金, 助成金
0636 **tank** [tæŋk]	→			图タンク, 戦車
0637 **taxpayer** [tǽkspèɪər]	→			图納税者
0638 **terror** [térər]	→			图テロ(行為), 恐怖
0639 **transition** [trænzíʃən]	→			图移行〈from ～から, to ～への〉, 移り変わり
0640 **acidification** [əsìdɪfəkéɪʃən]	→			图酸化

例　文	訳
0601 The decision to prosecute the religious leader (s　　　　　) an angry reaction among his followers.	その宗教指導者を起訴する決定は，支持者の間に怒りの反応を引き起こした。
0602 What began as a minor border dispute rapidly (e　　　　　) **into** a major military conflict.	最初は小さな国境紛争だったものが，急速に大規模な軍事衝突に**エスカレート**した。
0603 The car lover **was** (o　　　　　) **with** obtaining antique cars and restoring them.	その自動車愛好家は，クラシックカーを手に入れて修復することに取りつかれていた。
0604 The village was still (r　　　　　) **from** the effects of the previous month's earthquake.	村は前月の地震の影響でまだ動揺していた。
0605 He stopped at a gas station and (r　　　　　) the tank in his car.	彼はガソリンスタンドで停車して車のタンクを再び満たした。
0606 It is still the case that male engineering students greatly (o　　　　　) female ones.	工学の学生数は男子が女子を大きく上回っているのがまだ実情だ。
0607 The team's triumph was (e　　　　　) by news of the prime minister's resignation.	首相辞任のニュースのためにチームの勝利の影が薄くなった。
0608 The mother bird sits on the eggs until they (h　　　　　) a week later.	母鳥は，1週間後にひながかえるまで卵を抱く。
0609 According to her letter, her business is (t　　　　　) in Australia.	彼女の手紙によると，彼女の事業はオーストラリアで成功している。
0610 After the accident, the water supply was (c　　　　　) **with** chemicals.	事故の後，上水道は化学物質で汚染された。
0611 Thousands of people were (d　　　　　) **from** their homes by the flood.	洪水のため，何千人もの人々が自宅から強制退去させられた。
0612 Many famous scientists had (p　　　　　) him in the post.	多くの有名な科学者が彼の前任者としてそのポストに就いていた。
0613 The rules for taking the exam were (p　　　　　) carefully in writing.	受験する際の規則は注意深く文書で規定されていた。
0614 The company (s　　　　　) my monthly rent.	会社は私の毎月の家賃を補助している。
0615 The law was (a　　　　　) to take into account new developments in biotechnology.	その法律は生物工学の新たな進展を考慮に入れるために改正された。
0616 He was able to (r　　　　　) a copy of the volume that looked exactly like the original book.	彼は原本とまったく同じに見える本を複製することができた。
0617 As the war continued, the food situation began to (d　　　　　).	戦争が続くにしたがって，食糧事情は悪化し始めた。
0618 Work on repairing the bridge was (h　　　　　) by strong winds.	橋の修理工事は強風によって妨げられた。
0619 All the students from her class (e　　　　　) during the final examination period.	彼女のクラスにいる学生全員が，最終試験期間中に優秀だった。
0620 Few of the employees have (e　　　　　) their right to paternity leave.	父親育児休暇の権利を行使した従業員はほとんどどいない。

解答 0601 sparked　0602 escalated　0603 obsessed　0604 reeling　0605 refilled　0606 outnumber　0607 eclipsed　0608 hatch
0609 thriving　0610 contaminated　0611 displaced　0612 preceded　0613 prescribed　0614 subsidizes　0615 amended
0616 replicate　0617 deteriorate　0618 hindered　0619 excelled　0620 exerted

学習日　　　月　　　日

単語	② 1回目	● 2回目	● 3回目	意 味
0641 **clone** [kloʊn]	→			名 クローン
0642 **geneticist** [dʒənéṭɪsɪst]	→			名 遺伝学者
0643 **logistics** [loʊdʒístɪks]	→			名 事業の詳細な計画・遂行，兵たん
0644 **nanotechnology** [næ̀nətekná(:)lədʒi]	→			名 ナノテクノロジー
0645 **orphan** [ɔ́:rfən]	→			名 孤児
0646 **photosynthesis** [fòʊṭəsínθəsɪs]	→			名 光合成
0647 **proclamation** [prà(:)kləméɪʃən]	→			名 宣言，公布
0648 **reimbursement** [rì:ɪmbɔ́:rsmənt]	→			名 払い戻し，償還
0649 **subtitle** [sʌ́btàɪṭl]	→			名 (~s)(外国映画などの)字幕，(本などの)副題
0650 **surcharge** [sɔ́:rtʃɑ̀:rdʒ]	→			名 サーチャージ，追加料金
0651 **trade-off** [tréɪdɔ̀(:)f]	→			名 トレードオフ〈between ~の間の〉
0652 **vocalization** [vòʊkələzéɪʃən]	→			名 発音された音，発音
0653 **x-ray** [éksrèɪ]	→			名 (しばしばX-ray)エックス線写真，レントゲン写真，エックス線検査
0654 **contradiction** [kà(:)ntrədíkʃən]	→			名 矛盾〈between ~の間の〉，矛盾点
0655 **recession** [rɪséʃən]	→			名 不況，景気後退
0656 **immunity** [ɪmjú:nəṭi]	→			名 免疫〈to ~に対する〉
0657 **array** [əréɪ]	→			名 勢ぞろい，(軍隊などの)配列
0658 **latitude** [lǽṭətjù:d]	→			名 緯度
0659 **gravity** [grǽvəṭi]	→			名 重力，引力，重さ，重大さ
0660 **prestige** [prestí:ʒ]	→			名 名声

単語編

でる度

A

↓

0641
〜
0660

例　文	訳
0621 I must (c　　　　　　) that I did not do as well as I should have in the competition.	私は競技会でベストの出来ではなかったことを認めざるを得ない。
0622 The coach hoped that the loss would (s　　　　　　) the team **to work** harder in the next match.	その敗戦が，次の試合でもっと**がんばるよう**チームを刺激するといいのだがとコーチは思った。
0623 His mother's attempts to help simply (e　　　　　　) his problem.	母親が助けようと試みたが，彼の問題を単に悪化させただけだった。
0624 In a moment of crisis, the man (i　　　　　　) the name of Buddha.	危機の瞬間，その男は仏陀の名を口にして祈った。
0625 The new housing development is starting to (e　　　　　　) the entire woodland.	新しい宅地開発はその森全体を取り囲み始めている。
0626 His wife's enthusiasm for the idea (e　　　　　　) when she heard how much the new car would cost.	新車の金額を聞いて，彼の妻の買おうという情熱は消えうせた。
0627 The president (o　　　　　　) his subordinate's decision and restored the original plan.	社長は部下の決定を覆し当初の計画を復活させた。
0628 The influx of wealthy foreigners led to the (r　　　　　　) of many of the old seafront houses.	裕福な外国人の流入により，海に面した古い家の多くは改修された。
0629 The period of fascist rule is remembered as a time of (r　　　　　　) and the misuse of power.	ファシズム支配の時期は，抑圧と権力の乱用の時代として記憶されている。
0630 The third edition of the textbook contained many important (r　　　　　　) to its content.	その教科書の第3版には，内容に多くの重要な変更が含まれていた。
0631 A growing (s　　　　　　) of the mineral led to a dramatic rise in its price on world markets.	その鉱物の欠乏が深刻化したため，世界中の市場で価格が急激に上昇した。
0632 In the worst-case (s　　　　　　), the chairman of the company said that the factory would have to close.	最悪の事態では工場を閉鎖しなければならないだろう，とその会社の社長は述べた。
0633 Two days after the shooter escaped, the police said they were broadening the (s　　　　　　) of the manhunt.	銃撃犯が逃走した2日後，警察は犯人捜査の範囲を広げると述べた。
0634 Following the scandal, the company announced that it was withdrawing its (s　　　　　　) of the tennis player.	スキャンダルの後，その会社はそのテニス選手のスポンサーを降りると発表した。
0635 Many people believe that governments should provide (s　　　　　　) for the development of renewable energy.	各国政府は再生可能エネルギーの開発に補助金を支給すべきだと多くの人が考えている。
0636 Gasoline was kept in large underground (t　　　　　　) at the site.	ガソリンはその場所の大きな地下タンクに保管されていた。
0637 Many (t　　　　　　) resent local officials making expensive overseas trips on public money.	地元の公務員が公費でぜいたくな海外旅行をしたことに多くの納税者は憤っている。
0638 Most people consider the use of (t　　　　　　) to gain political objectives unacceptable.	政治的目標達成のためにテロ行為を用いることは容認できないとほとんどの人は考えている。
0639 The (t　　　　　　) **from** high school **to** university can be a difficult one for a student.	高校から大学への移行は，学生にとって難しい移行のこともある。
0640 The growing (a　　　　　　) of the oceans presents a major threat to marine ecosystems.	五大洋の酸化の進行は，海洋生態系に対する大きな脅威となる。

解答 0621 concede　0622 spur　0623 exacerbated　0624 invoked　0625 encompass　0626 evaporated　0627 overrode
0628 renovation　0629 repression　0630 revisions　0631 scarcity　0632 scenario　0633 scope　0634 sponsorship　0635 subsidies
0636 tanks　0637 taxpayers　0638 terror　0639 transition　0640 acidification

学習日　　　月　　　日

単語	1回目	2回目	3回目	意味
0661 **coincidence** [kouínsɪdəns]	→			图 偶然，偶然の一致
0662 **intake** [íntèɪk]	→			图 入学者数，摂取
0663 **surplus** [sə́ːrplʌs]	→			图 黒字
0664 **bibliography** [bìbliá(ː)grəfi]	→			图 参考文献，出版目録
0665 **ballot** [bǽlət]	→			图 投票，候補者名簿
0666 **outrage** [áʊtrèɪdʒ]	→			图 激怒，暴力[残虐]行為
0667 **juror** [dʒʊ́ərər]	→			图 陪審員
0668 **restoration** [rèstəréɪʃən]	→			图 復旧，復興，修復
0669 **conversion** [kənvə́ːrʒən]	→			图 改宗〈to ～への〉，転換
0670 **autonomy** [ɔːtá(ː)nəmi]	→			图 自治(権)，自主性
0671 **onset** [á(ː)nsèt]	→			图 (特に好ましくないことの)始まり，兆候
0672 **disparity** [dɪspǽrəti]	→			图 相違，不均衡
0673 **devastation** [dèvəstéɪʃən]	→			图 破壊，荒廃
0674 **havoc** [hǽvək]	→			图 大混乱，破壊
0675 **spectacular** [spektǽkjələr]	→			形 素晴らしい，壮麗な
0676 **unintended** [ʌ̀nɪnténdɪd]	→			形 予定外の，意図しない
0677 **antiwar** [æ̀nɹiwɔ́ːr]	→			形 反戦の
0678 **entrenched** [ɪntréntʃt]	→			形 強固に根付いた〈in ～に〉，確立した
0679 **high-intensity** [hàɪɪnténsəɹi]	→			形 高強度の
0680 **lasting** [lǽstɪŋ]	→			形 永続的な，長持ちする

例　文	訳
0641 Some scientists believe it would be a huge benefit to research if we could create (c　　　　　) of extinct creatures.	絶滅した生き物の<u>クローン</u>を作れたら研究に大きなメリットになるだろうと考える科学者もいる。
0642 (G　　　　　) can tell us much about the early history of human beings.	<u>遺伝学者</u>は人間の初期の歴史について多くのことを私たちに教えることができる。
0643 Managing the (l　　　　　) of a major music festival is certainly not an easy task.	大きな音楽フェスティバルの<u>計画実行</u>を取り仕切るのは，確かに楽な仕事ではない。
0644 One of the most exciting and potentially profitable new scientific fields is (n　　　　　).	最も刺激的で利益を生む可能性を秘めている新しい科学分野の1つは<u>ナノテクノロジー</u>だ。
0645 Wars generally leave behind many widows and (o　　　　　) who need to be cared for by the state.	戦争が終わると，国が面倒を見る必要のある多くの寡婦と<u>孤児</u>がたいてい残される。
0646 Trees and other plants extract carbon dioxide from the air and, using (p　　　　　), convert it into nutrition.	樹木などの植物は空気から二酸化炭素を取り込み，<u>光合成</u>を用いてそれを栄養に変える。
0647 In the UK, Parliament is dissolved by a royal (p　　　　　) made by the reigning monarch.	イギリスでは，議会は在位する君主が行う国王<u>宣言</u>によって解散する。
0648 Professors need to buy their airline tickets first and then apply to the university for (r　　　　　).	教授たちはまず自分で航空券を買ってから大学に<u>精算</u>を申請する必要がある。
0649 He did not like watching movies with (s　　　　　) because it was difficult to enjoy the story.	ストーリーをなかなか楽しめないので，彼は<u>字幕付きの</u>映画を見るのが嫌だった。
0650 Many airlines add fuel (s　　　　　) to the price of a ticket.	多くの航空会社はチケット料金に燃油<u>サーチャージ</u>を上乗せしている。
0651 The (t　　　　　) to moving into a district with good public schools is that the cost of living is usually high.	いい公立学校のある地区に引っ越すことの<u>トレードオフ</u>は，生活費がたいてい高いことだ。
0652 Many animals apart from human beings produce (v　　　　　).	人間のほかに多くの動物が<u>発音された音</u>を発する。
0653 At the hospital, they took an (x　　　　　) of her leg in order to see the fracture.	彼女は病院で骨折の状態を見るために<u>エックス線写真</u>を撮られた。
0654 There was a (c　　　　　) **between** the aim and the method of the government's economic policy.	政府の経済政策には目標と手法の<u>間に矛盾</u>があった。
0655 The financial crisis led to a global (r　　　　　) and high levels of unemployment.	その金融危機は全世界的<u>不況</u>と大量の失業を招いた。
0656 Some people have a natural (i　　　　　) **to** the disease.	その病気に<u>対する</u>自然<u>免疫</u>が備わっている人もいる。
0657 The shop displayed an (a　　　　　) of different kinds of cloth.	その店は<u>勢ぞろい</u>のさまざまな種類の布を陳列していた。
0658 The animals could only survive above a certain (l　　　　　).	その動物たちはある<u>緯度</u>以上の所でしか生存できなかった。
0659 The force of (g　　　　　) is much weaker on the moon because of its smaller mass.	月の方が質量が小さいので，月面では<u>重力</u>がずっと小さい。
0660 At the peak of his career, the actor's (p　　　　　) was unrivaled.	キャリアの頂点にあったとき，その俳優の<u>名声</u>は並ぶ者がなかった。

解答 0641 clones　0642 Geneticists　0643 logistics　0644 nanotechnology　0645 orphans　0646 photosynthesis
0647 proclamation　0648 reimbursement　0649 subtitles　0650 surcharges　0651 trade-off　0652 vocalizations　0653 x-ray
0654 contradiction　0655 recession　0656 immunity　0657 array　0658 latitude　0659 gravity　0660 prestige

学習日　　　　月　　　　日

単語	1回目	2回目	3回目	意 味
0681 **prehistoric** [prì:hɪstɔ́(:)rɪk]	→			形 先史時代の
0682 **staggering** [stǽgərɪŋ]	→			形 驚異的な，圧倒的な
0683 **transgender** [trænsdʒéndər]	→			形 トランスジェンダーの
0684 **working-class** [wɔ́:rkɪŋklæs]	→			形 労働者階級の
0685 **corrupt** [kərʌ́pt]	→			形 汚職の
0686 **drastic** [drǽstɪk]	→			形 重大な，思い切った，徹底的な
0687 **lucrative** [lú:krətɪv]	→			形 もうかる
0688 **adequate** [ǽdɪkwət]	→			形 十分な，適切な
0689 **scarce** [skeərs]	→			形 珍しい，希少な，乏しい
0690 **distinct** [dɪstíŋkt]	→			形 はっきりとわかる，明瞭な
0691 **eligible** [élɪdʒəbl]	→			形 資格がある〈for ～の〉
0692 **pedestrian** [pədéstriən]	→			形 徒歩の，単調な
0693 **exclusive** [ɪksklú:sɪv]	→			形 独占的な，専用の〈to ～に〉
0694 **notable** [nóuṭəbl]	→			形 目立った
0695 **confidential** [kà(:)nfɪdénʃəl]	→			形 極秘の，機密の
0696 **overdue** [òuvərdjú:]	→			形 延び延びになった，支払期限を過ぎた
0697 **respiratory** [réspərətò:ri]	→			形 呼吸器に関する，呼吸の
0698 **edible** [édəbl]	→			形 食用に適した
0699 **supposedly** [səpóuzɪdli]	→			副 一般に考えられているところでは，推定では
0700 **thoroughly** [θə́:rouli]	→			副 徹底的に，完全に

Unit 34の復習テスト わからないときは前Unitで確認しましょう。

例文	訳
0661 Meeting her on the street after so many years was quite a (c　　　).	何年ぶりかで街で彼女に出会ったのは，まったくの偶然だった。
0662 That year's (i　　　) of students was the best they had ever had.	その年の生徒の入学者数はそれまでの中で一番多かった。
0663 The EU's representative expressed dissatisfaction with China's growing trade (s　　　) with Europe.	EU（欧州連合）の代表は，中国の対欧貿易黒字の増大に不満を表明した。
0664 The teacher told the students to include in their (b　　　) all the books they used for their reports.	先生は学生たちに，レポートに使ったすべての本を参考文献に載せるよう言った。
0665 The union took a (b　　　) of its members to decide whether to accept the management's offer.	労働組合は，経営側の申し出を受諾するか否かを決定するために組合員の投票を行った。
0666 She could not suppress her (o　　　) at the court's decision.	彼女は法廷の決定に激しい怒りを抑えることができなかった。
0667 He had once served as a (j　　　) in a complicated murder trial.	彼はかつて，複雑な殺人事件の裁判で陪審員を務めたことがあった。
0668 The (r　　　) of the fire-damaged palace took over five years.	火事で損傷した宮殿の復旧には5年以上を要した。
0669 His (c　　　) to Islam surprised many of his friends.	彼のイスラム教への改宗は，友人たちの多くを驚かせた。
0670 The organization has gained some (a　　　) from the government.	その組織は政府からある程度の自治権を獲得している。
0671 With the (o　　　) of winter, fuel prices rose dramatically.	冬の始まりとともに，燃料価格が急騰した。
0672 Despite the (d　　　) in their ages, the little boy got on very well with his grandfather.	年齢の違いがあるにもかかわらず，その小さな男の子は祖父ととても仲良しだった。
0673 (D　　　) from natural forces can exceed our wildest projections.	自然の力による破壊は，どんな途方もない予測をも超えることがある。
0674 The riot at the stadium created (h　　　) for the visitors.	スタジアムで起きた暴動は来場者を巻き込む大混乱を引き起こした。
0675 The hotel boasted (s　　　) views of the surrounding mountains.	そのホテルは周囲の山々の素晴らしい眺めが魅力だった。
0676 New policies usually have many (u　　　) consequences when they are put into effect.	新しい政策は，実行されるとあれこれ予定外の結果になるのが普通だ。
0677 Over time, the public mood shifted, and more and more (a　　　) demonstrations took place.	時がたって大衆の気分が変わり，反戦デモの発生件数がどんどん増えた。
0678 Activists argue that racist attitudes are deeply (e　　　) in the police force.	人種差別的姿勢は警察に深く根付いている，と活動家たちは主張する。
0679 I began to feel pain in my knees after doing too much (h　　　) exercise.	高強度の運動をやり過ぎた後，私は膝に痛みを感じ始めた。
0680 The only way to achieve a (l　　　) peace is for both sides to compromise.	永続的な平和を達成する唯一の方法は，両者が妥協することだ。

解答 0661 coincidence　0662 intake　0663 surplus　0664 bibliographies　0665 ballot　0666 outrage　0667 juror
0668 restoration　0669 conversion　0670 autonomy　0671 onset　0672 disparity　0673 Devastation　0674 havoc　0675 spectacular
0676 unintended　0677 antiwar　0678 entrenched　0679 high-intensity　0680 lasting

85

Q 覚えた単語が読解問題や英字新聞の中で出てくると，「勉強した単語だ！」ということはわかっても，すぐに意味が思い出せないことがよくあります。どうしたらよいでしょうか。

A 見たことのある単語なのに意味が思い出せない経験は誰にでもあるでしょう。これは覚えた単語が「長期記憶」として定着していないためです。「単語の効果的な学習法」（p.8～）の中で紹介した3Rのうち，「検索（Retrieval）」が必要な状態と考えられます。

解決法としてすべきことは大きく2つ考えられます。第1に，**その単語のみを見て思い出そうとしない**ことです。動詞であれば主語は何か？　目的語は何か？　また，形容詞であればどの名詞を修飾しているのか？　何の補語になっているのか？　を文型から考えてみましょう。さらにはセンテンス単位ではなく，文脈から推測することも大切です。ストーリーの流れからその単語のおおよその意味がとれれば，思い出すきっかけにもなります。決してすぐに辞書を引くのではなく，辞書なしで見当をつけることを習慣づけてください。

第2に，**時間を置いてその単語を辞書で確認**しましょう。英字新聞などを電車で読んでいる場合なども後で確認しましょう。辞書で引いた単語をメモしたり，電子辞書であれば「単語帳登録」などの機能を利用したりすることも効果的です。このひと手間をかけることによって記憶が定着し，次回出会ったときにはスムーズに「検索」が行われることでしょう。

単語学習の不安を
先生に相談してみよう！

単語編

でる度 **B** 覚えておきたい単語 **700**

学習日　　　月　　　日

	単語	1回目	2回目	3回目	意 味
0701	elicit [ɪlísət]	→			動 を引き出す〈from ～から〉
0702	entice [ɪntáɪs]	→			動 を引き寄せる
0703	vindicate [víndɪkèɪt]	→			動 の潔白を証明する, の正当性を立証する
0704	substantiate [səbstǽnʃièɪt]	→			動 を立証する
0705	allay [əléɪ]	→			動 を和らげる
0706	placate [pléɪkeɪt]	→			動 (怒り・敵意など)をなだめる
0707	stifle [stáɪfl]	→			動 を抑える, を窒息させる
0708	dwindle [dwíndl]	→			動 だんだん減少[縮小]する
0709	rebuke [rɪbjúːk]	→			動 を叱責する〈for ～のことで〉
0710	wreak [riːk]	→			動 (破壊・損害)をもたらす
0711	vie [vaɪ]	→			動 競う〈for ～を得ようと〉
0712	ransack [rǽnsæk]	→			動 (場所)を徹底的に探す, を略奪する
0713	revitalize [riːváɪʈəlàɪz]	→			動 を復興させる, に新しい活力を与える
0714	oust [aust]	→			動 を追い出す, (財産など)を取り上げる
0715	skyrocket [skáɪrɑ̀(ː)kət]	→			動 急騰する
0716	overrun [òʊvərrʌ́n]	→			動 にはびこる, にあふれる, を侵略する
0717	relinquish [rɪlíŋkwɪʃ]	→			動 を放棄する
0718	vilify [vílɪfàɪ]	→			動 を中傷する, の悪口を言う
0719	huddle [hʌ́dl]	→			動 体を寄せ合う
0720	reverberate [rɪvə́ːrbərèɪt]	→			動 鳴り響く

例 文	訳
0681 Most of our knowledge of (p　　　　　　　) lifestyles comes from archaeological excavations.	先史時代の生活様式に関する私たちの知識のほとんどは，考古学的発掘から得たものだ。
0682 These days, many governments spend (s　　　　　　　) sums on information security.	近ごろは，多くの国の政府が驚異的な金額を情報セキュリティーに費やしている。
0683 The issue of (t　　　　　) rights has become an increasingly controversial one.	トランスジェンダーの権利の問題は，ますます論争を呼ぶ問題になっている。
0684 In the UK, (w　　　　　) entrants to elite universities remain relatively unusual.	イギリスでは，労働者階級からエリート大学に入学する人は今でも比較的珍しい。
0685 The (c　　　　　　) politicians schemed to fraudulently win the election.	その汚職政治家たちは，選挙で不正に勝利しようとたくらんだ。
0686 The Earth has seen (d　　　　　) changes to its climate before.	地球はこれまでも気候の劇的な変化を経験している。
0687 I knew a man who built a very (l　　　　　) business from the repair and resale of junk appliances.	がらくたの電化製品を修理・販売して非常にもうかる会社を築いた男を私は知っていた。
0688 Even though the apartment was small, he found it (a　　　　　) for himself.	アパートは狭かったが，自分にはそれで十分だと彼は思った。
0689 Crows used to be common here, but now they have grown quite (s　　　　　).	カラスはこの辺りによくいたものだが，今ではかなり珍しくなった。
0690 He has a (d　　　　　) Scottish accent that many find attractive.	彼には多くの人を引き付けるはっきりとわかるスコットランドなまりがある。
0691 The student was disappointed to discover that he was not (e　　　　　) **for** a scholarship.	その学生は，自分に奨学金の資格がないと知ってがっかりした。
0692 The residents petitioned their city government for a (p　　　　　) walkway.	住民は市当局に歩行者用通路の設置を請願した。
0693 The prime minister granted an (e　　　　　) interview to one newspaper.	首相は新聞社1社に対して独占インタビューを許可した。
0694 There was a (n　　　　　) absence of young people at the party.	そのパーティーでは若者の欠席が目立っていた。
0695 What I am about to tell you is (c　　　　　), so please do not repeat it.	私がこれから君に言うことは極秘だから，決して他言しないように。
0696 Activists said the change in the law was long (o　　　　　) and should have been introduced earlier.	法律の変更はずっと先送りされていたもので，もっと早く導入するべきだった，と活動家たちは述べた。
0697 Pollens at different times of the year can exacerbate (r　　　　　) problems.	1年のいろいろな時期の花粉が呼吸器系の症状を悪化させることがある。
0698 He was poisoned by what he thought was an (e　　　　　) mushroom.	彼は食用だと思ったキノコを食べて毒にあたった。
0699 When she entered his office, she found her (s　　　　　) busy boss fast asleep at his desk.	彼女が上司のオフィスに入ると，忙しいと思われていた上司が机でぐっすり眠っていた。
0700 Governments will not license new medicines until they have been (t　　　　　) tested for safety.	安全性のテストが徹底的に行われるまで，政府は新薬を認可しない。

解答 0681 prehistoric　0682 staggering　0683 transgender　0684 working-class　0685 corrupt　0686 drastic　0687 lucrative
0688 adequate　0689 scarce　0690 distinct　0691 eligible　0692 pedestrian　0693 exclusive　0694 notable　0695 confidential
0696 overdue　0697 respiratory　0698 edible　0699 supposedly　0700 thoroughly

単語	1回目	2回目	3回目	意味
0721 **swerve** [swəːrv]	→			動 急に向きを変える
0722 **articulate** [ɑːrtíkjʊlèɪt]	→			動 (考え・感情など)をはっきり表現する
0723 **conserve** [kənsə́ːrv]	→			動 (エネルギーなど)を節約する, (資源など)を保存する
0724 **deepen** [díːpən]	→			動 を深める, 深まる
0725 **devise** [dɪváɪz]	→			動 を考案する, を考え出す
0726 **dictate** [díkteɪt]	→			動 を(必然的に)決定づける, (dictate that ... で)…と命令[指図]する
0727 **differentiate** [dìfərénʃièɪt]	→			動 を区別する〈from ～から〉, 区別する〈between ～の間を〉
0728 **dissent** [dɪsént]	→			動 意見を異にする〈from ～と〉
0729 **inception** [ɪnsépʃən]	→			名 初め, 開始
0730 **stigma** [stígmə]	→			名 汚点, 不名誉
0731 **freight** [freɪt]	→			名 貨物, 運送料
0732 **turmoil** [tə́ːrmɔɪl]	→			名 騒ぎ
0733 **neutrality** [njuːtrǽləṭi]	→			名 中立性
0734 **sovereignty** [sá(ː)vrənṭi]	→			名 主権, 統治権, 独立国
0735 **dilemma** [dɪlémə]	→			名 ジレンマ, 板挟み
0736 **evaluation** [ɪvæ̀ljuéɪʃən]	→			名 評価, 査定
0737 **expedition** [èkspədíʃən]	→			名 遠征, 探検
0738 **ideology** [àɪdiá(ː)lədʒi]	→			名 イデオロギー
0739 **pill** [pɪl]	→			名 錠剤
0740 **priest** [priːst]	→			名 聖職者, 僧侶

例 文	訳
0701 They tried to (e 　　　) an answer **from** the little boy, but he refused to speak.	彼らはその小さな男の子から答えを引き出そうとしたが，男の子は話したがらなかった。
0702 (E 　　　) by the air conditioning, he entered the store.	エアコンに引き寄せられて彼はその店に入った。
0703 After his acquittal, he claimed he had been completely (v 　　　).	無罪放免されて，彼は完全に潔白が証明されたと主張した。
0704 He could not (s 　　　) the allegations he made, and he lost the lawsuit.	彼は自らの申し立てを立証することができず，訴訟に敗れた。
0705 The government tried to (a 　　　) public fears of a stock market crash.	政府は，株式市場が暴落するのではないかという人々の不安を和らげようとした。
0706 He tried to (p 　　　) his angry girlfriend with a bouquet of roses and a box of chocolates.	彼は怒った恋人をバラの花束とチョコレート1箱でなだめようとした。
0707 The robbers (s 　　　) the cries of the guard to avoid detection.	強盗たちは発覚しないよう，守衛の叫び声を抑えた。
0708 The number of whales in many species is slowly beginning to (d 　　　).	多くのクジラ種の数が，ゆっくりと減少し始めている。
0709 The police chief (r 　　　) the two officers **for** their poor handling of the case.	警察署長は事件の処理がまずいとして2人の警官を叱責した。
0710 The storm (w 　　　) havoc on the village, destroying a number of houses.	嵐は何軒かの家屋を倒壊させて村に大きな被害をもたらした。
0711 These two students are (v 　　　) **for** valedictorian honors.	この2人の学生が卒業生代表の座を競っている。
0712 The police completely (r 　　　) his house in search of drugs.	警察は薬物捜索で彼の家中を徹底的に探した。
0713 The government moved some ministries there in order to (r 　　　) the local economy.	政府はその地域の経済を復興させるために，いくつかの省庁をそこに移した。
0714 The army (o 　　　) the government and began to rule the country itself.	軍隊は政府を追い出して，自ら国を統治し始めた。
0715 During the crisis, oil prices (s 　　　) across the globe.	その危機の間に石油価格が世界中で急騰した。
0716 The city was completely (o 　　　) by crime.	その市では犯罪がすっかりはびこっていた。
0717 Although he had lived abroad for years, he never (r 　　　) his citizenship.	彼は何年も外国に住んでいたのに，一度も市民権を放棄しなかった。
0718 However much the media (v 　　　) him, his popularity grew.	メディアがどれほど彼を中傷しても，彼の人気は上昇した。
0719 The children (h 　　　) together in their tent to keep warm.	子供たちは暖を取るためにテントの中で互いに体を寄せ合った。
0720 The sound of the gunshot (r 　　　) across the empty field.	銃声が人気のない野原に鳴り響いた。

解答 0701 elicit　0702 Enticed　0703 vindicated　0704 substantiate　0705 allay　0706 placate　0707 stifled　0708 dwindle
0709 rebuked　0710 wreaked　0711 vying　0712 ransacked　0713 revitalize　0714 ousted　0715 skyrocketed　0716 overrun
0717 relinquished　0718 vilified　0719 huddled　0720 reverberated

学習日　　　月　　　日

単語	1回目	2回目	3回目	意　味
0741 **warrior** [wɔ́(:)riər]	→			图 戦士，武人
0742 **archive** [ɑ́:rkàɪv]	→			图 公文書保管所，アーカイブ
0743 **descendant** [dɪséndənt]	→			图 子孫
0744 **throng** [θrɔ(:)ŋ]	→			图 群衆
0745 **zenith** [zíːnəθ]	→			图 絶頂，天頂
0746 **propensity** [prəpénsəṭi]	→			图 (しばしば好ましくない)傾向⟨for ～の⟩，性癖
0747 **atrocity** [ətrá(:)səṭi]	→			图 残虐行為
0748 **cessation** [seséɪʃən]	→			图 停止
0749 **pretense** [príːtens]	→			图 ふり
0750 **bounty** [báunṭi]	→			图 (自然の)豊かな恵み，助成金
0751 **hunch** [hʌntʃ]	→			图 直感⟨that …という⟩，予感
0752 **perpetrator** [pə́:rpətrèɪṭər]	→			图 加害者，犯罪者
0753 **ailment** [éɪlmənt]	→			图 病気，不快
0754 **neurologist** [njuərá(:)lədʒɪst]	→			图 神経科医
0755 **precipitation** [prɪsìpɪtéɪʃən]	→			图 降水量，落下，大慌て
0756 **foray** [fɔ́(:)reɪ]	→			图 進出⟨into 新分野への⟩，急襲
0757 **savvy** [sǽvi]	→			图 手腕，(実際的な)知識
0758 **clamor** [klǽmər]	→			图 抗議[不満]の叫び，叫び声，わめき声
0759 **adherence** [ədhíərəns]	→			图 忠実に守ること⟨to ～を⟩，厳密に従うこと⟨to ～に⟩
0760 **allowance** [əláuəns]	→			图 手当，🇺🇸(子供の)小遣い

例 文	訳
0721 The cyclist (s) to avoid the child and crashed into a wall.	サイクリストは子供を避けようと<u>急に向きを変え</u>，壁に衝突した。
0722 He found it difficult to (a) his feelings, but his mother understood what he was trying to say.	気持ちを<u>はっきり言葉で表す</u>のは彼には難しかったが，彼の母親には彼の言わんとすることが理解できた。
0723 Experience shows that one good way to (c) water is by putting a tax on it.	水を<u>節約する</u>いい方法の1つは水に課税することだと経験が示している。
0724 The unusual weather only (d) the public's anxiety about global warming.	その異常気象は地球温暖化に対する人々の不安を<u>深めた</u>だけだった。
0725 The government established a committee to (d) solutions to the growing problem of urban poverty.	拡大する都会の貧困問題に対する解決策を<u>考案する</u>ため，政府は委員会を設置した。
0726 The extremely cold winters (d) the inclusion of central heating systems in buildings.	極度に寒い冬が続いたことで，建物にセントラルヒーティングを含める<u>ことが必須になった</u>。
0727 Many universities have opened new departments in order to (d) themselves **from** their rivals.	多くの大学は，競合する大学と<u>差別化する</u>ために新しい学部を開設している。
0728 Anyone who (d) **from** the regime's policies was liable to be arrested and imprisoned.	政権の政策に<u>異を唱える</u>人は誰でも逮捕され投獄される恐れがあった。
0729 January 1st represents the (i) of the New Year and symbolizes renewal.	1月1日は新年の<u>始まり</u>を意味し，刷新を象徴している。
0730 The (s) of failure early in childhood can affect someone throughout their life.	幼いころの失敗という<u>汚点</u>は，生涯にわたって人に影響を与えることがある。
0731 Although the goods were cheap, the cost of the (f) was too high.	商品は安かったが，<u>貨物運賃</u>が高過ぎた。
0732 At the end of every term, the university always seems in great (t).	毎学期の終わりには，いつもその大学は<u>大騒ぎ</u>になるようだ。
0733 Many people doubted the (n) of the investigation.	多くの人はその調査の<u>中立性</u>を疑った。
0734 America has fought several wars to protect its (s).	アメリカは，自国の<u>主権</u>を守るためにいくつかの戦争をしてきた。
0735 When he saw his friend cheating on the exam, he faced a (d): Should he report him or not?	友達がカンニングしているのを見たとき，彼は先生に知らせるべきかどうかという<u>ジレンマ</u>に直面した。
0736 At the end of the course, each student filled out an (e) form to share their opinion of the class.	講座の終了時，各学生が授業に関する意見を述べる<u>評価書</u>に記入した。
0737 A team of explorers set out on an (e) to find the source of the river.	探検家チームが，その川の源流を見つけるための<u>遠征</u>に出発した。
0738 The (i) of fascism and communism, although bitterly opposed, often had similar effects.	ファシズムと共産主義は激しく対立する<u>イデオロギー</u>だが，しばしば同じような結果になった。
0739 Following his surgery, he had to take four different (p) every morning.	手術後，彼は毎朝4種類の<u>錠剤</u>を飲まなければならなかった。
0740 In many cultures, writing was associated with (p), who were the intellectuals of the time.	多くの文化において，著述は時代の知識人だった<u>聖職者</u>と結び付けて考えられた。

単語編

でる度
B
↓
0741
～
0760

解答 0721 swerved　0722 articulate　0723 conserve　0724 deepened　0725 devise　0726 dictated　0727 differentiate
0728 dissented　0729 inception　0730 stigma　0731 freight　0732 turmoil　0733 neutrality　0734 sovereignty　0735 dilemma
0736 evaluation　0737 expedition　0738 ideologies　0739 pills　0740 priests

学習日　　　　月　　　日

単語	1回目	2回目	3回目	意 味
0761 **arthritis** [ɑ:rθráıṭəs]	→			图 関節炎
0762 **astronomer** [əstrá(:)nəmər]	→			图 天文学者
0763 **breeder** [brí:dər]	→			图 ブリーダー，繁殖家
0764 **casualty** [kǽʒuəlti]	→			图 死傷者，犠牲者
0765 **censorship** [sénsərʃìp]	→			图 検閲
0766 **clarity** [klǽrəti]	→			图 (画像などの)鮮明さ，明瞭さ
0767 **confederate** [kənfédərət]	→			图 共犯者
0768 **confession** [kənféʃən]	→			图 自白，告白
0769 **conjunction** [kəndʒʌ́ŋkʃən]	→			图 結合，共同
0770 **consultation** [kà(:)nsəltéıʃən]	→			图 相談〈with 専門家との〉，診察
0771 **contributor** [kəntríbjuṭər]	→			图 一因〈to ~の〉，寄与するもの〈to ~に〉
0772 **covenant** [kʌ́vənənt]	→			图 規約，盟約
0773 **doctrine** [dá(:)ktrın]	→			图 教義，学説
0774 **dwelling** [dwélıŋ]	→			图 住宅，住居
0775 **enclosure** [ınklóuʒər]	→			图 囲われた土地，囲い地
0776 **excavation** [èkskəvéıʃən]	→			图 発掘
0777 **exploitation** [èksplɔıtéıʃən]	→			图 搾取，(資源などの)開発
0778 **firearm** [fáıərà:rm]	→			图 小火器
0779 **forefront** [fɔ́:rfrʌ̀nt]	→			图 (the ~)(活動などの)最先端
0780 **generosity** [dʒènərá(:)səti]	→			图 気前のよさ，寛容

例　文	訳
0741 Aristocrats in medieval Europe were primarily (w　　　　　) trained in military skills.	中世ヨーロッパの貴族は，主として軍事的技能を身に付けた**戦士**だった。
0742 Church (a　　　　　) in Europe have turned out to be a useful source for social historians.	ヨーロッパの教会の**公文書保管所**は，社会歴史学者にとり有用な資料だと判明している。
0743 DNA analysis showed that some inhabitants were (d　　　　　) of Vikings.	DNA分析によって，住民の中にはバイキングの**子孫**もいることが判明した。
0744 He pushed through the (t　　　　　) of waiting reporters and walked quickly away.	待機しているリポーターの**群れ**をかき分けて，彼は素早く歩き去った。
0745 At the very (z　　　　　) of his career, he got involved in a scandal.	キャリアのまさに**絶頂**で，彼はスキャンダルに関与した。
0746 Despite his (p　　　　　) **for** anger, he was a generous and basically kind person.	彼は怒りっ**ぽい傾向**があったが，寛大で基本的には親切な人だった。
0747 The (a　　　　　) of the mass killings still causes the survivors to have nightmares.	大量殺りくの**残虐行為**が原因で，生存者たちは今でも悪夢を見る。
0748 The first step in any peace process is an initial (c　　　　　) of hostilities.	いかなる和平プロセスにおいても第一歩は，まず敵対行為を**停止すること**である。
0749 The child soon gave up any (p　　　　　) of doing his homework.	その子供は宿題をしている**ふり**をすぐにやめた。
0750 Every year on Thanksgiving Day, Americans celebrate the (b　　　　　) of the harvest with a big meal.	毎年感謝祭に，アメリカ人はごちそうを食べて収穫の**恵み**を祝う。
0751 The detective had a (h　　　　　) **that** the man was guilty, but he lacked any hard evidence.	刑事はその男が犯人だ**と直感した**が，確たる証拠はまったくなかった。
0752 The (p　　　　　) of the crime was betrayed by an informer.	その犯罪の**加害者**は密告者に裏切られた。
0753 His mysterious (a　　　　　) keeps him from working on a regular basis.	不可解な**病気**のため，彼は常勤の仕事ができないでいる。
0754 Her doctor advised her to visit a (n　　　　　) as soon as possible.	主治医は彼女に，できるだけ早く**神経科医**に診てもらうよう助言した。
0755 Since (p　　　　　) is expected to be below normal this year, farmers fear a poor harvest.	今年は**降水量**が例年より少ないと予測されているので，農家は不作を心配している。
0756 This was the author's first (f　　　　　) **into** non-fiction writing.	これはその著者のノンフィクション作品への初めての**進出**だった。
0757 Everyone admired the (s　　　　　) with which the foreman solved problems.	皆が現場監督の問題解決の**手腕**を称賛した。
0758 There was a huge public (c　　　　　) over the recent political scandals.	最近の政治スキャンダルを巡って，大衆は大いに**抗議の叫び**を上げた。
0759 The UN spokesman called for greater (a　　　　　) **to** the international treaties which both countries had signed.	国連報道官は，両国が署名した国際条約をもっと**忠実に守る**よう求めた。
0760 Each researcher was given a travel (a　　　　　) to help them attend the conference of their choice.	研究者一人一人に，自分が選んだ会議に出席するのに役立つよう出張**手当**が支給された。

解答 0741 warriors　0742 archives　0743 descendants　0744 throng　0745 zenith　0746 propensity　0747 atrocity　0748 cessation
0749 pretense　0750 bounty　0751 hunch　0752 perpetrator　0753 ailment　0754 neurologist　0755 precipitation　0756 foray
0757 savvy　0758 clamor　0759 adherence　0760 allowance

学習日　　　　月　　　日

単語	1回目	2回目	3回目	意味
0781 **genre** [ʒɑ́:nrə]	→			图 ジャンル
0782 **prolific** [prəlífɪk]	→			形 多作の
0783 **dissident** [dísɪdənt]	→			形 異論を持つ，反体制の
0784 **oral** [ɔ́:rəl]	→			形 口頭の，話し言葉の，口の
0785 **illustrious** [ɪlʌ́striəs]	→			形 著名な
0786 **pinpoint** [pínpɔ̀ɪnt]	→			形 非常に正確な
0787 **exorbitant** [ɪgzɔ́:rbətənt]	→			形 法外な
0788 **insurmountable** [ìnsərmáʊnʈəbl]	→			形 克服不可能な
0789 **catastrophic** [kæ̀təstrɑ́(:)fɪk]	→			形 破滅的な，悲惨な
0790 **comparable** [kɑ́(:)mpərəbl]	→			形 似通った〈to, with 〜と〉，匹敵する〈to, with 〜に〉
0791 **cosmetic** [kɑ(:)zmétɪk]	→			形 美容の，装飾的な
0792 **disastrous** [dɪzǽstrəs]	→			形 壊滅的な，悲惨な
0793 **freelance** [frí:læns]	→			形 フリーランスの，フリーの
0794 **ideological** [àɪdiəlɑ́(:)dʒɪkəl]	→			形 イデオロギーの
0795 **inadvertently** [ìnədvə́:rtəntli]	→			副 不注意に
0796 **admittedly** [ədmíṭədli]	→			副 誰もが認めるとおり，自ら認めるとおり
0797 **allegedly** [əlédʒɪdli]	→			副 伝えられるところによると，申し立てによると
0798 **extensively** [ɪksténsɪvli]	→			副 広範に，大規模に
0799 **firmly** [fə́:rmli]	→			副 堅く，断固として
0800 **albeit** [ɔ:lbí:ɪt]	→			接 〜とはいえ

例　文	訳
0761 Many people suffer from painful attacks of (a　　　　　　) as they get older.	年を取るにつれ，多くの人が痛みの伴う関節炎の発作に悩まされる。
0762 A group of (a　　　　　　) announced the discovery of a new planet.	天文学者のグループが，新しい惑星の発見を発表した。
0763 Instead of going to a pet shop, the woman bought her new dog directly from a (b　　　　　　).	ペットショップに行く代わりに，女性は新しい犬を直接ブリーダーから買った。
0764 The bombing campaign led to many civilian (c　　　　　　), including many children.	その爆撃作戦により，多くの子供を含む多くの民間人の死傷者が出た。
0765 In order to control public opinion, the authorities maintained a strict system of (c　　　　　　).	世論を統制するため，当局は厳しい検閲制度を維持した。
0766 The (c　　　　　　) of the image was such that the faces in the crowd could easily be identified.	その画像は非常に鮮明で，群衆の中の顔が容易に識別できた。
0767 The thief had a (c　　　　　　) who helped disarm the alarm system during the robbery.	その泥棒には，盗みを働いている間に警報システムを解除してくれる共犯者がいた。
0768 As is well known, (c　　　　　　) obtained through torture are very unreliable.	よく知られていることだが，拷問を用いて得た自白は非常に信頼性が低い。
0769 While neither medicine worked on its own, when taken in (c　　　　　　) they had a powerful effect.	どちらの薬も単独では効かなかったが，一緒に服用すると強い効き目があった。
0770 He telephoned a lawyer and arranged for a (c　　　　　　).	彼は弁護士に電話して相談の手はずをつけた。
0771 The large factory was a major (c　　　　　　) **to** the air pollution in the area.	その大工場は地域の空気汚染の大きな一因だった。
0772 The United Nations has created two different (c　　　　　　) on human rights, but not all countries have signed them.	国連は人権に関する2つの異なる規約を作ったが，すべての国が署名しているわけではない。
0773 He did not agree with all the church's (d　　　　　　), but by and large he shared its beliefs.	彼は教会の教義すべてに賛同していたわけではなかったが，全般的に教会と同じ信念を持っていた。
0774 The mayor said that his first priority was to provide affordable (d　　　　　　) for low-income families.	自分が最優先するのは低所得世帯に手ごろな住宅を提供することだ，と市長は述べた。
0775 When the family visited the zoo, they always went to the monkey (e　　　　　　) first.	その家族は動物園を訪れると，いつもまずサルの囲いに行った。
0776 Archaeological (e　　　　　　) uncovered the remains of a prehistoric village in the area.	考古学的発掘により，その地域で先史時代の村の遺跡が掘り出された。
0777 The colonial government's main interest lay in the (e　　　　　　) of the natives as a source of cheap labor.	植民地政府の主な関心は，安価な労働力源として現地民を搾取することにあった。
0778 The little museum had a collection of antique (f　　　　　　) donated by a local aristocrat.	その小さな博物館には，地元の貴族が寄贈した骨董品の小火器のコレクションがあった。
0779 The university was at the (f　　　　　　) of new research into the use of robots in medicine.	その大学は，医療におけるロボット利用の新研究の最先端を走っていた。
0780 Thanks to the (g　　　　　　) of an anonymous donor, the hospital was able to build a new wing.	匿名の寄付者の気前のよさのおかげで，その病院は新しい病棟を建てることができた。

解答 0761 arthritis　0762 astronomers　0763 breeder　0764 casualties　0765 censorship　0766 clarity　0767 confederate
0768 confessions　0769 conjunction　0770 consultation　0771 contributor　0772 covenants　0773 doctrines　0774 dwellings
0775 enclosure　0776 excavations　0777 exploitation　0778 firearms　0779 forefront　0780 generosity

学習日　　　　　月　　　　日

単語	1回目	2回目	3回目	意 味
0801 incline [ɪnkláɪn]	→	↓		動 を気にさせる〈to *do* ~する〉, を思わせる〈to *do* ~したいと〉
0802 intensify [ɪnténsɪfàɪ]	→	↓		動 を(一層)強化する, を強める
0803 lodge [lɑ(:)dʒ]	→	↓		動 (苦情など)を申し出る〈with ~に〉
0804 mitigate [mít̬əgèɪt]	→	↓		動 (怒り・苦痛など)を和らげる, を静める
0805 outlaw [áʊtlɔ̀ː]	→	↓		動 を非合法化する
0806 render [réndər]	→	↓		動 (render O C で) OをCにする, を表現する
0807 supervise [súːpərvàɪz]	→	↓		動 を監督する, を指揮する
0808 chatter [tʃǽt̬ər]	→	↓		動 ぺちゃくちゃしゃべる, おしゃべりする
0809 conjure [kɑ́(:)ndʒər]	→	↓		動 を思い起こさせる
0810 cripple [krípl]	→	↓		動 の機能をまひさせる
0811 culminate [kʌ́lmɪnèɪt]	→	↓		動 頂点に達する〈in, with ~で〉
0812 foresee [fɔːrsíː]	→	↓		動 を予知する, を見越す
0813 lull [lʌl]	→	↓		動 を落ち着かせ眠くさせる, (lull A into B で) Aを安心させてBの状態にする
0814 misunderstand [mìsʌ̀ndərstǽnd]	→	↓		動 を誤解する
0815 perpetuate [pərpétʃuèɪt]	→	↓		動 を固定化する, を永続させる
0816 wane [weɪn]	→	↓		動 衰える, 衰退する
0817 appraise [əpréɪz]	→	↓		動 を鑑定する, を値踏みする
0818 ascribe [əskráɪb]	→	↓		動 (ascribe A to B で) AをBのせいにする, AをBに帰する
0819 budge [bʌdʒ]	→	↓		動 譲歩する〈from ~から〉, 態度を変える
0820 incarcerate [ɪnkɑ́ːrsərèɪt]	→			動 を投獄する

例文	訳
0781 The (g　　　　　　　) of the detective story was invented in the nineteenth century.	探偵小説というジャンルは19世紀に発明された。
0782 The novelist astonished everyone with his (p　　　　　　　) output.	その小説家は多作で皆を驚かせた。
0783 Despite a few (d　　　　　　　) voices, most people supported the prime minister's reforms.	少数の反対意見はあったものの，大多数の人々は首相の改革を支持した。
0784 Cultures without writing have to depend on (o　　　　　　　) tradition for a record of their history.	書き言葉のない文化は，自らの歴史を記録するためには口頭伝承に頼らなければならない。
0785 The college boasts many (i　　　　　　　) graduates.	その大学は多くの著名な卒業生を送り出している。
0786 Technology now allows (p　　　　　　　) military strikes from the air.	テクノロジーのおかげで，今では空からの極めて正確な軍事攻撃が可能である。
0787 The food is delicious, but the price is (e　　　　　　　).	料理はおいしいが価格は法外だ。
0788 They had faced seemingly (i　　　　　　　) problems at first.	彼らは最初，一見克服不可能に思える問題に直面した。
0789 The extended war had a (c　　　　　　　) effect on the country's infrastructure.	長引く戦争はその国のインフラに破滅的な影響を与えた。
0790 The explorer found the climate of the volcanic area (c　　　　　　　) **to** that of a rainforest.	その火山地帯の気候は熱帯雨林の気候に似通っていると探検家は思った。
0791 Many dentists these days specialize in (c　　　　　　　) dentistry, where they can make bigger profits.	近ごろの多くの歯科医は美容歯科を専門にしており，その方が大きな利益を上げることができる。
0792 Critics denounced the government's economic policy as (d　　　　　　　) and likely to lead to unemployment.	批判的な人たちは，政府の経済政策は壊滅的で失業を生む可能性がある，と非難した。
0793 The woman enjoyed working as a (f　　　　　　　) translator, although it offered little financial security.	その女性はフリーランスの翻訳者として働くのが楽しかったが，金銭的保証はほとんどなかった。
0794 The feminist critic attacked the novel for both (i　　　　　　　) and aesthetic reasons.	そのフェミニスト批評家は，イデオロギー的理由と美的理由の両方でその小説を攻撃した。
0795 On the train, he (i　　　　　　　) stepped on another passenger's foot.	電車の中で彼はうっかりほかの乗客の足を踏んでしまった。
0796 (A　　　　　　　), raising tariffs can have a negative effect on the domestic economy as well.	確かに，関税引き上げは国内経済にも悪影響を与え得る。
0797 The researcher had (a　　　　　　　) falsified the results of some of his experiments.	その研究者はいくつかの実験の結果を改ざんしたとされる。
0798 The sociologist said that she had talked (e　　　　　　　) with local residents before reaching her conclusions.	その社会学者は，結論を出す前に地元住民と幅広く対話をしたと述べた。
0799 He tightened the screws to make sure the flat screen TV was (f　　　　　　　) attached to the wall.	フラットスクリーンテレビが間違いなく壁にしっかり固定されるよう，彼はねじを締めた。
0800 The investment plan was a highly profitable, (a　　　　　　　) risky, move on the part of the bank.	その投資計画は，銀行にしてみればリスクを伴うとはいえ大きなもうけになる手段だった。

単語編

でる度
B
↓
0801
～
0820

解答 0781 genre　0782 prolific　0783 dissident　0784 oral　0785 illustrious　0786 pinpoint　0787 exorbitant　0788 insurmountable
0789 catastrophic　0790 comparable　0791 cosmetic　0792 disastrous　0793 freelance　0794 ideological　0795 inadvertently
0796 Admittedly　0797 allegedly　0798 extensively　0799 firmly　0800 albeit

学習日　　　月　　　日

単語	1回目	2回目	3回目	意味
0821 **overreact** [òuvərriǽkt]	→			動 過剰反応する〈to ~に〉
0822 **overstate** [òuvərstéɪt]	→			動 を誇張する，を大げさに述べる
0823 **penalize** [pí:nəlàɪz]	→			動 を罰する，にペナルティーを科する
0824 **hurdle** [hə́:rdl]	→			名 困難，障害
0825 **inspiration** [ìnspəréɪʃən]	→			名 創造的刺激となるもの[人]〈to, for ~にとって〉，インスピレーション
0826 **instability** [ìnstəbíləṭi]	→			名 不安定
0827 **insulation** [ìnsəléɪʃən]	→			名 断熱，断熱材
0828 **intern** [íntə:rn]	→			名 インターン，研修生
0829 **lineup** [láɪnʌp]	→			名 🇺🇸 (容疑者の)面通し，ラインアップ
0830 **loyalist** [lɔ́ɪəlɪst]	→			名 忠誠派の人，体制支持者
0831 **murderer** [mə́:rdərər]	→			名 殺人犯
0832 **nobility** [noʊbíləṭi]	→			名 (the ~)(集合的に) 貴族
0833 **occurrence** [əkə́:rəns]	→			名 出来事，事件，発生
0834 **perch** [pə:rtʃ]	→			名 パーチ
0835 **practitioner** [præktíʃənər]	→			名 (医師・弁護士などの)開業者，実践者
0836 **predecessor** [prédəsèsər]	→			名 前任者
0837 **pregnancy** [prégnənsi]	→			名 妊娠
0838 **privatization** [pràɪvəṭəzéɪʃən]	→			名 民営化
0839 **progression** [prəgréʃən]	→			名 進行，前進，発達
0840 **reactor** [riǽktər]	→			名 原子炉

例文	訳
0801 The man's story sounded authentic and she was (i　　　　) **to believe** him, although she still had some doubts.	男性の話は本当に思え，彼女は彼を信じる気になったものの，それでも少し疑っていた。
0802 During the second half, the team (i　　　　) their efforts and managed to score a winning goal.	後半，チームはより一層奮闘し，どうにか決勝ゴールを奪った。
0803 The students made so much noise that one of their neighbors (l　　　　) a complaint **with** the police.	学生たちがあまりにうるさかったので，近所の人の1人が警察に苦情を申し出た。
0804 Although the disease could not be cured, its effects could be (m　　　　) with various drugs.	その病気は治癒できなかったが，さまざまな薬で症状を和らげることはできた。
0805 The new administration said that they would (o　　　　) the loan sharks who preyed on people in debt.	新政権は，借金のある人を食い物にする高利貸しを非合法化すると述べた。
0806 The company's plan to build a new factory was (r　　　　) impractical by the rise in land prices.	その会社の新工場建設計画は，地価の上昇によって実行できなくなった。
0807 The boys' soccer practice was (s　　　　) by volunteers from the local community.	少年たちのサッカーの練習は地元のボランティアが監督した。
0808 On the school bus, the boys and girls (c　　　　) together happily until they arrived at school.	スクールバスの中で，少年少女たちは学校に着くまで楽しそうに一緒にぺちゃくちゃしゃべった。
0809 The word "desert" (c　　　　) up images of sand and camels, but many deserts are not like that.	「砂漠」という語は砂とラクダを思い起こさせるが，多くの砂漠はそうしたものではない。
0810 Although the school seemed prosperous, it was in fact (c　　　　) by debt and closed down soon after.	その学校は裕福に見えたが，実際は借金で首が回らず，その後間もなく廃校した。
0811 The movie (c　　　　) **in** a scene in which the whole hotel went up in flames.	その映画はホテル全体が炎上するシーンで最高潮に達した。
0812 Many people thought the government should have (f　　　　) the problems that beset the country.	政府は国を悩ます諸問題を予知してしかるべきだった，と多くの人は思った。
0813 The little boy, (l　　　　) by the sound of the gentle rain, soon fell fast asleep.	しとしと降る雨音にうとうとした小さな男の子は，すぐにぐっすり眠りに落ちた。
0814 The speech was so ambiguous that many people (m　　　　) it to mean the opposite of what was intended.	そのスピーチは言葉遣いが曖昧で，多くの人は本来の意図の逆を意味していると誤解した。
0815 Some people criticize beauty pageants for (p　　　　) gender stereotypes.	美人コンテストは男女のステレオタイプを固定化する，と批判する人もいる。
0816 As the power of the king began to (w　　　　), rebellions broke out in different parts of the country.	王の力が衰え始めると，国のあちこちで反乱が起きた。
0817 She took the necklace she had inherited to be (a　　　　) by a jeweler.	彼女は相続したネックレスを宝石商に鑑定してもらおうと持って行った。
0818 In the past, many wealthy people (a　　　　) the poverty of the poor **to** their laziness.	昔は，多くの裕福な人たちは貧しい人々の貧困を怠惰のせいにした。
0819 The student begged the teacher for another chance, but he refused to (b　　　　) **from** his decision to fail him.	もう一度チャンスが欲しいと生徒は懇願したが，先生は落第させるという決定を譲ろうとしなかった。
0820 In some countries today, more and more young men are being (i　　　　) for their crimes.	今日一部の国では，罪を犯して投獄される若い男性がどんどん増えている。

解答 0801 inclined　0802 intensified　0803 lodged　0804 mitigated　0805 outlaw　0806 rendered　0807 supervised
0808 chattered　0809 conjures　0810 crippled　0811 culminated　0812 foreseen　0813 lulled　0814 misunderstood
0815 perpetuating　0816 wane　0817 appraised　0818 ascribed　0819 budge　0820 incarcerated

単語	1回目	2回目	3回目	意 味
0841 **reflection** [rɪflékʃən]	→		↓	图 反映〈of 〜の〉，熟考，反射
0842 **reign** [reɪn]	→		↓	图 治世，支配
0843 **resignation** [rèzɪgnéɪʃən]	→		↓	图 辞職，辞任
0844 **revelation** [rèvəléɪʃən]	→		↓	图 驚くべき新事実〈that …という〉，暴露
0845 **revival** [rɪváɪvəl]	→		↓	图 再上演，復活
0846 **segment** [ségmənt]	→		↓	图 部分，断片
0847 **spokesperson** [spóʊkspə̀:rsən]	→		↓	图 広報官〈for 〜の〉，スポークスパーソン
0848 **standpoint** [stǽndpɔ̀ɪnt]	→		↓	图 観点，立場
0849 **suite** [swi:t]	→		↓	图 スイートルーム，続き部屋
0850 **superiority** [supìərió(:)rəṭi]	→		↓	图 優越，優位
0851 **suppression** [səpréʃən]	→		↓	图 抑圧，弾圧
0852 **tolerance** [tá(:)lərəns]	→		↓	图 寛容〈of, for 〜に対する〉，耐性
0853 **trench** [trentʃ]	→		↓	图 塹壕，海溝
0854 **ulcer** [ʌ́lsər]	→		↓	图 潰瘍
0855 **unity** [júːnəṭi]	→		↓	图 一致，結束，団結，統合
0856 **upside** [ʌ́psàɪd]	→		↓	图 長所，上側，上部
0857 **verb** [və:rb]	→		↓	图 動詞
0858 **wetland** [wétlænd]	→		↓	图 湿地，湿地帯
0859 **worm** [wə:rm]	→		↓	图 虫
0860 **anomaly** [əná(:)məli]	→			图 異例［異常］な人［もの］，異常

例 文	訳
0821 The university authorities (o) **to** the rumors of drug use and called in the local police.	大学当局は麻薬使用のうわさに**過剰反応し**，地元警察を呼んだ。
0822 His thesis supervisor warned him not to (o) the novelty of his approach to the subject.	彼の論文指導教員は，主題へのアプローチの目新しさを**誇張し**ないように警告した。
0823 The new law was designed to (p) any company found guilty of polluting the environment.	新法は，環境汚染で有罪になったいかなる企業をも**罰する**ことを目的としていた。
0824 In the interview, the millionaire described the many (h) he had faced as a young man.	そのインタビューで，富豪は若いころに直面した多くの**困難**について説明した。
0825 The boy's success in the chess championship served as an (i) **to** many younger players of the game.	その少年のチェス選手権での活躍は，そのゲームをする多くの年下の選手に**とって刺激**となった。
0826 News of the political (i) caused a dramatic fall in the value of the nation's currency.	政治的**不安定**のニュースが原因でその国の通貨価値は大幅に下落した。
0827 One way to reduce heating bills is to improve the (i) of one's home.	暖房費を下げる1つの方法は，家の**断熱**をよくすることだ。
0828 While at college, she had worked as an (i) at a famous legal firm.	彼女は大学生のとき有名な弁護士事務所で**インターン**として働いたことがあった。
0829 The police held a (l) and asked witnesses to pick out anyone they recognized.	警察は**面通し**を行い，顔を覚えている人がいれば選んでほしいと目撃者たちに言った。
0830 Not only the opposition but also government (l) were uncomfortable about the prime minister's speech.	野党だけでなく政府に**忠実な人たち**も首相の演説を不快に思った。
0831 Convicted (m) were kept separate from the rest of the prisoners.	有罪判決を受けた**殺人犯**はほかの囚人とは別に収監された。
0832 The (n) had traditionally kept houses both in the city and in the country.	**貴族**は伝統的に都市にも地方にも家を所有していた。
0833 Earthquakes were a common (o) in the region and periodically did great damage.	地震はその地方ではよくある**出来事**で，定期的に大きな被害をもたらした。
0834 The name "(p)" is given to a number of different kinds of freshwater fish.	「**パーチ**」という名前はいろいろな種類の多くの淡水魚に付けられている。
0835 In many countries, medical (p) are among the most highly paid professionals.	多くの国では，**開業医**は最も高給の専門家に数えられる。
0836 As soon as he gained office, the new president began reversing the policies of his (p) one by one.	新大統領は就任したとたん，**前任者**の政策を一つ一つ転換させ始めた。
0837 Some medicines are not safe to take during (p) as they may harm the unborn child.	薬の中には，胎児に有害かもしれないので**妊娠**中の服用は安全でないものもある。
0838 The (p) of the railways led in time to the closure of many small rural stations.	鉄道の**民営化**により，やがて多くの田舎の小駅が閉鎖された。
0839 The rhythmic (p) of the background music at the office stimulated the staff's creativity.	オフィスのBGMのリズミカルな**進行**はスタッフの創造性を刺激した。
0840 Many now believe that nuclear (r) are the only practical alternative to fossil fuel power stations.	**原子炉**は化石燃料発電所の唯一の実際的な代替策だと今では多くの人が考えている。

単語編

でる度
B
↓
0841
〜
0860

解答 **0821** overreacted **0822** overstate **0823** penalize **0824** hurdles **0825** inspiration **0826** instability **0827** insulation
0828 intern **0829** lineup **0830** loyalists **0831** murderers **0832** nobility **0833** occurrence **0834** perch **0835** practitioners
0836 predecessor **0837** pregnancy **0838** privatization **0839** progression **0840** reactors

学習日　　　月　　　日

単 語	♪ 1回目	👁 2回目	👁 3回目	意 味
0861 **containment** [kəntéınmənt]	→			图 (非友好国などの)封じ込め, 抑制
0862 **downside** [dáʊnsàɪd]	→			图 欠点, 短所
0863 **plow** [plaʊ]	→			图 (農耕用の)すき
0864 **stakeholder** [stéɪkhòʊldər]	→			图 (事業などへの)出資者
0865 **skeptic** [sképtɪk]	→			图 懐疑的な人, 懐疑論者
0866 **methodology** [mèθədá(:)lədʒi]	→			图 (芸術・科学などの)方法論
0867 **academia** [æ̀kədíːmiə]	→			图 学究的世界, アカデミア
0868 **downfall** [dáʊnfɔ̀ːl]	→			图 没落, 衰退
0869 **keystone** [kíːstòʊn]	→			图 (組織などの)要, よりどころ
0870 **instrumental** [ìnstrəméntəl]	→			形 役立つ〈in ～に〉, 助けとなる〈in ～の〉, 器楽の
0871 **invertebrate** [ɪnvə́ːrt̬ɪbrət]	→			形 無脊椎の
0872 **investigative** [ɪnvéstəgèɪt̬ɪv]	→			形 調査の
0873 **martial** [má:rʃəl]	→			形 戦闘の, 戦争の
0874 **municipal** [mjunísɪpəl]	→			形 地方自治(体)の, 市[町]の
0875 **organizational** [ɔ̀ːrgənəzéɪʃənəl]	→			形 組織化の, 組織の
0876 **pointless** [pɔ́ɪntləs]	→			形 無意味な, 効果のない
0877 **preferable** [préfərəbl]	→			形 好ましい〈to ～より〉
0878 **prosperous** [prá(:)spərəs]	→			形 裕福な, 繁栄している
0879 **reproductive** [rìːprədʌ́ktɪv]	→			形 繁殖の, 生殖の
0880 **sane** [seɪn]	→			形 正気の, 気の確かな

例 文	訳
0841 The prime minister insisted that the newspaper article had not been an accurate (r) of **his** policies.	その新聞記事は自分の政策を正確に反映していなかった，と首相は主張した。
0842 During the (r) of the last king, the monarchy was held in high respect, unlike today.	前王の治世の間，その君主国は今と違って深い敬意を持たれていた。
0843 Huge crowds gathered to demand the (r) of the country's president.	大統領の辞職を要求して大群衆が集まった。
0844 The (r) **that** the novel had actually been written by the novelist's wife attracted great interest.	その小説は実は小説家の妻が書いたものだという驚くべき新事実は大きな関心を呼んだ。
0845 Every so often there was a (r) of one or another of his plays.	時々彼の戯曲のどれかが再演された。
0846 Certain (s) of the population continued to believe in magic, but they were a minority.	人口のある一定の部分は魔法を信じ続けたが，少数派だった。
0847 A (s) **for** the museum confirmed that a robbery had taken place.	その美術館の広報官が，盗難が発生したことを認めた。
0848 From the (s) of modern science, ancient Greek medicine seems very primitive.	現代科学の観点からすると，古代ギリシャの医学はとても原始的に思える。
0849 The film star always stayed in the most expensive (s) that a hotel had available.	いつもその映画スターは，ホテルで利用できる一番料金の高いスイートルームに泊まった。
0850 Europeans were so convinced of the (s) of their own religion that they often imposed it on others.	ヨーロッパ人は自らの宗教の優越を深く確信していたので，しばしば他者に押し付けた。
0851 The secret police were responsible for the (s) of any opposition to the ruling party.	秘密警察は，与党に対するいかなる反対も抑圧する責任を担っていた。
0852 A (t) **of** different opinions is the basic stance of any liberal society.	異なる意見に対する寛容はあらゆる自由主義社会の基本的姿勢だ。
0853 The first thing the soldiers did was to build a deep (t) in which they could hide.	兵士たちが最初にしたのは，隠れることのできる深い塹壕を作ることだった。
0854 He attributed his stomach (u) to the intense pressure of his job.	胃潰瘍は仕事の強いプレッシャーのせいだと彼は考えた。
0855 Most nations experience an unusual sense of national (u) during wartime.	戦時中ほとんどの国は，挙国一致という異常な感覚を経験する。
0856 Although the baseball game was rained out, the (u) was that we were able to see a great movie.	野球の試合は雨で中止になったが，よかったのはすごく面白い映画を見られたことだった。
0857 The difference between transitive and intransitive (v) is extremely important.	他動詞と自動詞の違いは極めて重要だ。
0858 The local (w) was the habitat of many rare birds and plants.	その土地の湿地は多くの希少な鳥と植物の生息地だった。
0859 In fact, (w) play a vital role in keeping soil healthy and fertile.	実のところ，土壌を健康で肥沃に保つ上で虫は極めて重要な役割を果たしている。
0860 As the only American pupil there, he felt like something of an (a) in the school.	唯一のアメリカ人生徒だったので，彼は学校ではかなり浮いた存在のように感じた。

単語編

でる度
B
↓
0861
〜
0880

解答 0841 reflection　0842 reign　0843 resignation　0844 revelation　0845 revival　0846 segments　0847 spokesperson
0848 standpoint　0849 suite　0850 superiority　0851 suppression　0852 tolerance　0853 trench　0854 ulcer　0855 unity
0856 upside　0857 verbs　0858 wetland　0859 worms　0860 anomaly

単語	1回目	2回目	3回目	意 味
0881 selective [səléktɪv]	→			形 選択の厳格な，えり好みする，選択的な
0882 stark [stɑːrk]	→			形 はっきりした，くっきりした
0883 strategic [strətíːdʒɪk]	→			形 戦略の，戦略上重要な
0884 thermal [θə́ːrməl]	→			形 温水の，熱の
0885 astonishing [əstá(ː)nɪʃɪŋ]	→			形 驚くべき，びっくりさせるような
0886 disproportionate [dìsprəpɔ́ːrʃənət]	→			形 不釣り合いな，不均衡な
0887 pagan [péɪgən]	→			形 異教の，異教徒の
0888 promising [prá(ː)məsɪŋ]	→			形 有望な，将来性のある
0889 resilient [rɪzíliənt]	→			形 回復力のある，弾力のある
0890 voluntary [vá(ː)ləntèri]	→			形 無償の，ボランティアの，自発的な
0891 appalling [əpɔ́ːlɪŋ]	→			形 ぞっとさせる，恐ろしい
0892 far-reaching [fàːrríːtʃɪŋ]	→			形 広範囲にわたる，遠大な
0893 forlorn [fərlɔ́ːrn]	→			形 寂しげな，悲しげな
0894 grassroots [grǽsrúːts]	→			形 草の根の，民衆の
0895 long-standing [lɔ̀(ː)ŋstǽndɪŋ]	→			形 長年の，長期にわたる
0896 ideally [aɪdíːəli]	→			副 理想的には，理想的に
0897 individually [ìndɪvídʒuəli]	→			副 一つ一つを見れば，個別に
0898 inherently [ɪnhíərəntli]	→			副 本来的に，本質的に
0899 predominantly [prɪdá(ː)mɪnəntli]	→			副 主として，主に
0900 remarkably [rɪmάːrkəbli]	→			副 驚くほど，驚くべきことに

例 文	訳
0861 During the Cold War, the policy of (c) was designed to halt the spread of communism.	冷戦中, 封じ込め政策は共産主義の拡大を止めることを目的としていた。
0862 The (d) of the government's economic strategy was that it caused a rise in the inflation rate.	政府の経済戦略の欠点は, インフレ率の上昇を引き起こしたことだった。
0863 The invention of the (p) transformed primitive agriculture, making it much more productive.	すきの発明は初期段階の農業を一変させ, 生産性が大きく向上した。
0864 The government was a major (s) in the automobile company, but it did not own it outright.	政府はその自動車会社の大出資者だったが, 完全に所有していたわけではなかった。
0865 The scientist confessed that at first he had been something of a (s) concerning global warming.	その科学者は, 最初は地球温暖化に関して少なからず懐疑的だったと告白した。
0866 Many experts criticized his (m), arguing that it was based on outdated theories of psychology.	多くの専門家が, 彼の方法論は時代遅れの心理学理論に基づいていると論じて批判した。
0867 The famous scholar retired from (a) and became a full-time writer for magazines.	その有名な学者は学究的世界から引退し, 雑誌の専任ライターになった。
0868 The (d) of the Soviet Union marked the end of the Cold War.	ソビエト連邦の没落は冷戦の終わりを告げた。
0869 Nuclear weapons formed the (k) of the country's defense policy.	核兵器がその国の防衛政策の要となった。
0870 The bribery scandal was (i) **in** the collapse of the conservative government.	その贈収賄事件は保守政府の崩壊に大きな役割を果たした。
0871 The vast majority of animal species are (i) ones.	動物種の大多数は無脊椎種である。
0872 The professor argued that (i) journalists are essential to a healthy democracy.	健全な民主主義社会には調査報道記者が必須だと教授は主張した。
0873 Ever since the 1960s, Chinese (m) arts have been popular in the West.	1960年代からずっと中国の格闘技は西洋で人気がある。
0874 Despite their importance, (m) politics rarely attract the attention of the national media.	地方自治政治は, その重要性にもかかわらずめったに全国メディアに注目されない。
0875 The young man had wonderful (o) skills, and as a result he rapidly moved up in the company.	その若い男性は素晴らしい組織管理スキルを持ち, その結果会社でとんとん拍子に出世した。
0876 He said the meeting had been absolutely (p) because they spent most of it going over earlier discussions.	会議はほとんどの時間を以前の議論の見直しに費やしたので完全に無意味だった, と彼は言った。
0877 The chairman believed that doing nothing was (p) **to** making a damaging mistake.	実害のある間違いを犯すより何もしない方が好ましいと議長は考えていた。
0878 He lived in a (p) suburb full of big houses with beautiful gardens.	彼は美しい庭付きの大きな家が立ち並ぶ裕福な郊外に住んでいた。
0879 Though the bear is of (r) age, it seems unconcerned about finding a mate.	そのクマは繁殖年齢だが, つがいの相手を見つけることに関心がないようだ。
0880 It is not always easy for psychiatrists to decide if a patient is (s) or not.	患者が正気かどうかを精神科医が判断するのは必ずしも簡単ではない。

解答 0861 containment 0862 downside 0863 plow 0864 stakeholder 0865 skeptic 0866 methodology 0867 academia
0868 downfall 0869 keystone 0870 instrumental 0871 invertebrate 0872 investigative 0873 martial 0874 municipal
0875 organizational 0876 pointless 0877 preferable 0878 prosperous 0879 reproductive 0880 sane

学習日　　　　　月　　　日

単語	1回目	2回目	3回目	意 味
0901 postulate [pá(:)stʃəlèɪt]	→		↓	動 (postulate that ... で) …と仮定する
0902 reevaluate [rì:ɪvǽljuèɪt]	→		↓	動 を改めて評価する, を再 査定する
0903 reexamine [rì:ɪgzǽmɪn]	→		↓	動 を再検査する, を再検討 する
0904 reissue [rì:íʃu:]	→		↓	動 を再発行する, を復刊す る
0905 revolutionize [rèvəlú:ʃənàɪz]	→		↓	動 に革命 [大変革] を起こ す
0906 segregate [ségrɪgèɪt]	→		↓	動 を隔離する, を分離する
0907 derive [dɪráɪv]	→		↓	動 (be derived で) 由来す る〈from ~に〉, を受け継 ぐ〈from ~から〉
0908 intervene [ìnṯərvíːn]	→		↓	動 調停する〈in ~を〉, 仲裁 する
0909 elaborate [ɪlǽbərèɪt]	→		↓	動 詳述する〈on ~につい て〉
0910 uphold [ʌ̀phóʊld]	→		↓	動 を守る, を支持する
0911 entrust [ɪntrʌ́st]	→		↓	動 を預ける〈to ~に〉, を委 ねる
0912 entail [ɪntéɪl]	→		↓	動 を (必然的に) 伴う, を余儀なくさせる
0913 induce [ɪndjú:s]	→		↓	動 を仕向ける〈to do ~する ように〉, に (説得して) させる
0914 expel [ɪkspél]	→		↓	動 を追放する〈from ~か ら〉
0915 soar [sɔ:r]	→		↓	動 (価格が) 急騰する, 舞 い上がる
0916 enroll [ɪnróʊl]	→		↓	動 登録する〈in ~に〉, 入学 [入会] する
0917 surpass [sərpǽs]	→		↓	動 を上回る
0918 merge [mə:rdʒ]	→		↓	動 (を) 合併する〈with ~と〉
0919 intrigue [ɪntrí:g]	→		↓	動 (be intrigued で) 興味を そそられる〈to do ~す ることに〉, 陰謀を企てる
0920 penetrate [pénətrèɪt]	→		↓	動 に侵入する, を貫通する

例　文	訳
0881 The university was highly (s　　　　　) when it came to admitting new students.	新入生を入学させることとなると，その大学は非常に選択が厳格だった。
0882 There was a (s　　　　　) contrast between the food served in his boarding school and the food he ate at home.	彼が寄宿学校で出される食事と家で食べる食事はまったく対照的だった。
0883 The (s　　　　　) advantages of an alliance with such a powerful nation were obvious to everyone.	それほどの強国を加えた同盟の戦略的利点は誰の目にも明らかだった。
0884 The region boasts many (t　　　　　) springs which attract thousands of visitors every year.	その地方は毎年何千人もの客を呼ぶ多くの温泉が名物だ。
0885 The residents of the remote mountain village were said to live to (a　　　　　) ages.	その辺ぴな山村の住民は驚くべき年齢まで生きると言われていた。
0886 The (d　　　　　) number of wealthy students attending elite universities suggests the advantages of wealth.	エリート大学に通う裕福な学生の不釣り合いな数は，富の利点を示唆している。
0887 Many (p　　　　　) festivals survived in a disguised form in Christian Europe.	キリスト教ヨーロッパでは，多くの異教の祭りが偽装した形で続けられた。
0888 One of the most (p　　　　　) areas of medical research today is the field of genetics.	今日の医学研究で最も有望な領域の1つは遺伝学の分野だ。
0889 An ecosystem rich in biodiversity is more (r　　　　　) than one with low levels of biodiversity.	生物多様性に富む生態系の方が，生物多様性の低い生態系より回復力がある。
0890 Participating in (v　　　　　) charity work while in school can help students enter good colleges.	在学中に無償の慈善活動に参加すると，生徒がいい大学に入るのに役立ち得る。
0891 The armies of many different countries have carried out (a　　　　　) acts of violence during wartime.	多くのさまざまな国の軍隊が，戦時中にぞっとするような暴力行為を行ってきた。
0892 The discovery of antibiotics had (f　　　　　) consequences for the treatment of many diseases.	抗生物質の発見は，多くの病気の治療に広範な影響があった。
0893 He noticed the (f　　　　　) figure of a small child standing alone on the platform.	駅のホームに1人で立つ小さな子供の寂しげな姿に彼は気付いた。
0894 A powerful (g　　　　　) campaign for free elections started in the capital and quickly spread to the provinces.	自由選挙を求める強力な草の根キャンペーンが首都で始まり，すぐに各地方に広がった。
0895 The two companies were involved in a (l　　　　　) legal conflict over the rights to a patent.	2社はある特許の権利を巡って長年にわたり法廷で争っていた。
0896 (I　　　　　), healthcare should be free for everyone, but this is often difficult to achieve in practice.	理想的には医療は誰にでも無料であるべきだが，実際に達成するのは困難なことが多い。
0897 It is hard to assess teachers fairly because students (i　　　　　) often have very different opinions of them.	生徒一人一人の教師に対する意見はしばしば非常に異なるので，教師を公正に評価するのは難しい。
0898 Some narcotics are not (i　　　　　) bad for the health, but they need to be used in small amounts.	麻酔薬には本来的に健康に有害ではないものもあるが，少量で用いる必要がある。
0899 The island's population now (p　　　　　) consists of migrants from the mainland.	その島の住人は今では主として本土からの移民で構成されている。
0900 Making wine was not a local tradition in the area, but the wine they produced was (r　　　　　) good.	ワイン造りはその地域固有の伝統ではなかったが，そこで作られたワインは驚くほどおいしかった。

単語編

でる度
B
↓
0901
〜
0920

解答 0881 selective　0882 stark　0883 strategic　0884 thermal　0885 astonishing　0886 disproportionate　0887 pagan
0888 promising　0889 resilient　0890 voluntary　0891 appalling　0892 far-reaching　0893 forlorn　0894 grassroots
0895 long-standing　0896 Ideally　0897 individually　0898 inherently　0899 predominantly　0900 remarkably

学習日　　　月　　　日

単語	1回目	2回目	3回目	意 味
0921 **inject** [ɪndʒékt]	→			動 を注射する〈into 〜に〉，を注入する
0922 **erupt** [ɪrʌ́pt]	→			動 噴火する，（感情が）爆発する，（戦争が）勃発する
0923 **commence** [kəméns]	→			動 始まる
0924 **specify** [spésəfàɪ]	→			動 を具体的に述べる
0925 **tackle** [tǽkl]	→			動 に取り組む
0926 **instigate** [ínstɪgèɪt]	→			動 に着手する，を扇動する
0927 **excavate** [ékskəvèɪt]	→			動 を発掘する
0928 **alleviate** [əlíːvièɪt]	→			動 （苦痛など）を和らげる
0929 **shun** [ʃʌn]	→			動 を避ける
0930 **evade** [ɪvéɪd]	→			動 を避ける
0931 **recur** [rɪkə́ːr]	→			動 再び起こる
0932 **bestow** [bɪstóu]	→			動 （称号・栄誉など）を与える〈on 〜に〉，を授ける
0933 **obstruct** [əbstrʌ́kt]	→			動 を妨害する
0934 **instill** [ɪnstíl]	→			動 を教え込む〈in, into 〜に〉
0935 **ensue** [ɪnsjúː]	→			動 結果として起こる
0936 **stabilize** [stéɪbəlàɪz]	→			動 を安定させる
0937 **dub** [dʌb]	→			動 （dub O C で）O を C と呼ぶ
0938 **ravage** [rǽvɪdʒ]	→			動 （国など）を荒らす，を略奪する
0939 **impede** [ɪmpíːd]	→			動 を妨げる，を遅らせる
0940 **disdain** [dɪsdéɪn]	→			動 （disdain to *do* で）〜することを潔しとしない，を軽蔑する

例　文	訳
0901 The theory (p　　　　　　) **that** the main cause of inflation was an increase in the supply of money into the economy.	その理論は，インフレの主因は経済への貨幣供給の増加だと仮定した。
0902 The changing international situation has led many countries to (r　　　　　　) their traditional alliances.	国際情勢の変化により，多くの国が古くからの同盟を見直している。
0903 When the scientist (r　　　　　　) the evidence, he found several mistakes in the calculations.	証拠を再検証したその科学者は，計算にいくつかの誤りを見つけた。
0904 A new company ID card was (r　　　　　　) to her, which allowed her increased access to different areas in the building.	会社の新しいIDカードが再発行され，彼女はビルのいろいろな区域にもっと立ち入れるようになった。
0905 His theories became widely accepted by academics, eventually (r　　　　　　) the field of economics.	彼の理論は広く学界に受け入れられるようになり，最終的に経済学の分野に革命を起こした。
0906 The patients who had caught the infectious disease were (s　　　　　　) in a separate ward.	その感染症にかかった患者は別の病棟に隔離された。
0907 Many English words **are** (d　　　　　　) **from** Latin.	多くの英単語はラテン語に由来する。
0908 I asked my lawyer to (i　　　　　　) **in** the dispute.	私は弁護士に，その紛争を調停してくれるように依頼した。
0909 The committee asked her to (e　　　　　　) **on** her proposals for reform.	委員会は彼女に，改革の提案について詳述するように依頼した。
0910 The principal promised to (u　　　　　　) the school's tradition of excellence.	校長は卓越性という学校の伝統を守ることを約束した。
0911 Before he left, the man (e　　　　　　) the key to his safe **to** his deputy.	出発する前に，男は代理人に金庫の鍵を預けた。
0912 At the interview, the girl took the chance to ask just what the job (e　　　　　　).	面接で，少女は機会を捉えてその仕事に伴う内容は一体何なのかを尋ねてみた。
0913 The medicine helped (i　　　　　　) the patient **to fall** asleep before his surgery.	その薬は，手術の前に患者が眠りに落ちるよう仕向けるのに役立った。
0914 After the boy was caught cheating, he was (e　　　　　　) **from** the school.	カンニングが見つかった後，その少年は退学になった。
0915 The value of the company's stock (s　　　　　　) after it was promoted on a website.	あるウェブサイトで取り上げられた後，その会社の株価は急上昇した。
0916 My brother is (e　　　　　　) **in** a physics class for his first year in university.	私の弟は大学初年度に物理学の授業に登録する。
0917 The athlete finally (s　　　　　　) the previous world record in 2009.	ついにその運動選手は，2009年樹立の過去の世界記録を上回った。
0918 When the two companies (m　　　　　　), they became the largest conglomerate in the chemical industry.	両社が合併したことで，化学工業界で最大の複合企業が誕生した。
0919 When the mysterious stranger bought the old mansion, the townsfolk **were** (i　　　　　　) **to learn** just who she was.	その謎めいたよそ者が古い豪邸を買ったとき，町民は一体何者なのか知りたい好奇心に駆られた。
0920 The government offices admitted that their computers had been (p　　　　　　) by hackers.	政府官庁はコンピューターがハッカーの侵入を受けたことを認めた。

単語編

でる度
B
↓
0921
〜
0940

解答 0901 postulated　0902 reevaluate　0903 reexamined　0904 reissued　0905 revolutionizing　0906 segregated　0907 derived
0908 intervene　0909 elaborate　0910 uphold　0911 entrusted　0912 entailed　0913 induce　0914 expelled　0915 soared
0916 enrolling　0917 surpassed　0918 merged　0919 intrigued　0920 penetrated

学習日　　　　月　　　　日

単語	1回目	2回目	3回目	意 味
0941 **incite** [ɪnsáɪt]	→			働 を扇動する〈to ~へ〉, を引き起こす
0942 **extol** [ɪkstóʊl]	→			働 を激賞する
0943 **burgeon** [bə́:rdʒən]	→			働 急成長する, (植物が) 芽を出す
0944 **penitentiary** [pènɪténʃəri]	→			图 ▇ 刑務所
0945 **psychopathy** [saɪká(:)pəθi]	→			图 精神病質
0946 **ringleader** [ríŋlì:dər]	→			图 首謀者
0947 **zooplankton** [zòʊəplǽŋktən]	→			图 動物プランクトン
0948 **feat** [fi:t]	→			图 偉業
0949 **recipient** [rɪsípiənt]	→			图 受賞者, 受取人
0950 **duration** [djʊəréɪʃən]	→			图 継続 [持続] 期間
0951 **remedy** [rémədi]	→			图 治療 (薬)〈for ~の〉, 治療法
0952 **plight** [plaɪt]	→			图 苦境
0953 **surge** [sə:rdʒ]	→			图 (感情などの) 高まり, (価値などの) 急騰
0954 **artifact** [á:rţɪfæ̀kt]	→			图 工芸品
0955 **disposal** [dɪspóʊzəl]	→			图 処分
0956 **deficit** [défəsɪt]	→			图 赤字
0957 **deduction** [dɪdʌ́kʃən]	→			图 控除 (額)〈from ~からの〉, 差し引き, 推論, 演繹法
0958 **entrepreneur** [à:ntrəprəná:r]	→			图 起業家
0959 **monopoly** [məná(:)pəli]	→			图 独占 (権), 専売 (権)
0960 **transaction** [trænsǽkʃən]	→			图 取引

例 文	訳
0921 The doctor (i　　　　　) the vaccine **into** the patient's arm.	医師は患者の腕にワクチンを注射した。
0922 Government scientists said that the volcano might (e　　　　　) at any time.	その火山はいつ噴火してもおかしくない，と政府系科学者は述べた。
0923 The term had not yet (c　　　　　) and the campus was empty.	学期はまだ始まっていなかったので，大学構内には人がいなかった。
0924 The inspector (s　　　　　) a number of improvements that were necessary.	その検査員は改良が必要な点をいくつか具体的に述べた。
0925 A team was formed to (t　　　　　) the problem of childhood obesity.	小児肥満の問題に取り組むため，チームが結成された。
0926 The head of the hospital said he would (i　　　　　) an investigation into the doctor's conduct.	院長はその医師の品行に関する調査に着手すると言った。
0927 All work on the new building was stopped while archaeologists (e　　　　　) the site.	考古学者たちが用地を発掘する間，新しいビル建設の作業はすべてストップした。
0928 The medicine could not (a　　　　　) his pain.	その薬は彼の痛みを和らげることができなかった。
0929 Even after he was released from prison, he was (s　　　　　) by his former friends.	彼は刑務所から出た後も，以前の友人たちに避けられた。
0930 In order to (e　　　　　) the police, the fugitive wore a disguise.	警官を避けるために，逃亡者は変装した。
0931 Doctors hoped her illness would not (r　　　　　) after a long series of treatments.	一連の長期にわたる治療の後，彼女の病気が再発しないことを医師たちは願った。
0932 His family still owns the land that the king (b　　　　　) **on** them in the 17th century.	彼の一家は，17世紀に王が一家に与えた土地をいまだに所有している。
0933 The government was accused of trying to (o　　　　　) the inquiry.	政府はその調査を妨害しようとしたことを非難された。
0934 We always try to (i　　　　　) strong moral values **in** our children.	私たちは常に子供たちに強い倫理観を教え込もうとする。
0935 She spoke her mind clearly, not caring what might (e　　　　　).	彼女は何が結果として起きるかを気にせず，気持ちをはっきりと話した。
0936 The government introduced measures to (s　　　　　) the price of oil, which had been fluctuating wildly.	政府は激しく変動していた石油価格を安定させる政策を導入した。
0937 Shortly after his commercial success, the singer was (d　　　　　) "The King of Rock and Roll."	商業的成功を手にしてから間もなく，その歌手は「ロックンロールの王様」と呼ばれた。
0938 The area was (r　　　　　) by storms during the winter months.	その地域は冬の間に襲った嵐で荒廃した。
0939 The weather (i　　　　　) our progress so much that we gave up work for the day.	天候が大幅に私たちの進捗を妨げたので，私たちはその日の仕事を断念した。
0940 She said that she (d　　　　　) **to answer** such an impertinent question.	そのような不作法な質問に答えることは断る，と彼女は言った。

解答 0921 injected　0922 erupt　0923 commenced　0924 specified　0925 tackle　0926 instigate　0927 excavated　0928 alleviate
0929 shunned　0930 evade　0931 recur　0932 bestowed　0933 obstruct　0934 instill　0935 ensue　0936 stabilize　0937 dubbed
0938 ravaged　0939 impeded　0940 disdained

学習日　　　月　　　日

単語	1回目	2回目	3回目	意 味
0961 **setback** [sétbæk]	→			图 妨げ，支障，挫折
0962 **mortgage** [mɔ́ːrgɪdʒ]	→			图 住宅ローン，抵当
0963 **patriot** [péɪtriət]	→			图 愛国者
0964 **legislature** [lédʒəslèɪtʃər]	→			图 議会，立法府
0965 **inflammation** [ìnfləméɪʃən]	→			图 炎症，赤くはれること
0966 **toll** [toʊl]	→			图 死傷者数，通行料
0967 **sanitation** [sæ̀nɪtéɪʃən]	→			图 公衆衛生
0968 **captive** [kǽptɪv]	→			图 監禁された人，捕虜
0969 **triumph** [tráɪʌmf]	→			图 大勝利
0970 **backlash** [bǽklæ̀ʃ]	→			图 反発〈against 思想などへの〉，反動，（機械の）緩み
0971 **hub** [hʌb]	→			图 中心，商業や輸送の中心
0972 **vicinity** [vəsínəti]	→			图 近隣
0973 **longevity** [lɑ(ː)ndʒévəti]	→			图 長寿，長命
0974 **entity** [éntəti]	→			图 独立体，存在，本質
0975 **oversight** [óʊvərsàɪt]	→			图 見落とし，監督，管理
0976 **expenditure** [ɪkspéndɪtʃər]	→			图 支出〈on, for ～への〉，消費
0977 **embargo** [ɪmbɑ́ːrgoʊ]	→			图 輸出入禁止，出入港禁止命令，禁止
0978 **confinement** [kənfáɪnmənt]	→			图 監禁，制限
0979 **over-the-counter** [òʊvərðəkáʊntər]	→			圈 （薬が処方箋なしで）店頭で買える，市販の
0980 **sugary** [ʃʊ́gəri]	→			圈 砂糖を含んだ，甘ったるい

例　文	訳
0941 The leader of the protest movement tried to (i　　　　　　) the counterprotesters **to** violence.	抗議運動の指導者は，暴力に訴えるよう，抗議に反対する人々を扇動しようとした。
0942 The most distinguished people at the conference (e　　　　　　) his contribution.	その会議にいた最も著名な人たちが彼の貢献を激賞した。
0943 As the market for exotic spices (b　　　　　　), the company made a fortune.	外国産香辛料の市場が急成長すると，その会社は一財産を築いた。
0944 There was a large (p　　　　　　) on the edge of town which housed more than 200 convicted criminals.	町の外れに，200人以上の既決囚を収容する大きな刑務所があった。
0945 In general, (p　　　　　　) is used to refer to a mental illness in which people behave in an antisocial way.	一般に，精神病質は人が反社会的な振る舞いをする精神病を指して用いられる。
0946 The prosecutor accused the man of being the (r　　　　　　) of a criminal gang.	検察官は，犯罪集団の首謀者だとしてその男性を告発した。
0947 The oceans are full of (z　　　　　　) that comprise the diet of many other marine creatures.	海にはほかの多くの海洋生物の餌になる動物プランクトンがたくさんいる。
0948 Very few climbers have managed the (f　　　　　　) of climbing Mount Everest.	エベレスト登頂の偉業を成し遂げた登山家はごくわずかしかいない。
0949 The (r　　　　　　) of the Nobel Prize for literature has been announced.	ノーベル文学賞の受賞者が発表された。
0950 The politician was imprisoned for the (d　　　　　　) of the war.	その政治家は，戦争の間ずっと投獄されていた。
0951 Honey and lemon tea is a traditional (r　　　　　　) **for** a sore throat.	蜂蜜入りのレモンティーは，のどの痛みの伝統的治療薬である。
0952 Moved by the (p　　　　　　) of the refugees, the millionaire donated a large sum to help them.	難民の苦境に心を動かされて，その富豪は彼らの援助のために多額の寄付をした。
0953 The girl felt a (s　　　　　　) of excitement when she finally sat down to watch the newly released movie.	その新作映画を見るためにようやく席に着いたとき，少女は興奮の高まりを覚えた。
0954 Various primitive (a　　　　　　) were discovered by the archaeologists.	多種多様な原始時代の工芸品がその考古学者たちによって発見された。
0955 The official was responsible for the (d　　　　　　) of unwanted files.	その職員は不要なファイルの処分を担当していた。
0956 The nation had to take steps to reduce the national (d　　　　　　).	その国は国の赤字を減らす対策を講じなければならなかった。
0957 Citizens with school-age children receive a (d　　　　　　) **from** their tax liability.	就学年齢の子供がいる市民は，納税額から控除される。
0958 In capitalist societies, (e　　　　　　) play a very important role.	資本主義社会において起業家はとても重要な役割を果たす。
0959 The company has recently been accused of forming a (m　　　　　　).	最近その会社は，独占を行ったとして告発されている。
0960 The (t　　　　　　) turned out to be very profitable for the company.	その取引は会社にとって大きな利益をもたらす結果となった。

単語編

でる度 **B**

↓

0961
〜
0980

解答 **0941** incite　**0942** extolled　**0943** burgeoned　**0944** penitentiary　**0945** psychopathy　**0946** ringleader　**0947** zooplankton
0948 feat　**0949** recipient　**0950** duration　**0951** remedy　**0952** plight　**0953** surge　**0954** artifacts　**0955** disposal　**0956** deficit
0957 deduction　**0958** entrepreneurs　**0959** monopoly　**0960** transaction

学習日　　　　月　　　日

単語	1回目	2回目	3回目	意味
0981 **intrinsic** [ɪntrínsɪk]	→			形 固有の，本質的な
0982 **subtle** [sʌ́tl]	→			形 微妙な，鋭い
0983 **susceptible** [səséptəbl]	→			形 感染しやすい〈to ～に〉，影響されやすい
0984 **epidemic** [èpɪdémɪk]	→			形 まん延している，伝染性の
0985 **communal** [kəmjúːnəl]	→			形 共同体の，共有の
0986 **conspicuous** [kənspíkjuəs]	→			形 人目を引く
0987 **medieval** [mìːdíːvəl]	→			形 中世の
0988 **explicit** [ɪksplísɪt]	→			形 明白な，あからさまな
0989 **formidable** [fɔ́ːrmɪdəbl]	→			形 (敵などが)手ごわい，(仕事などが)大変な
0990 **rash** [ræʃ]	→			形 軽率な，無謀な
0991 **barren** [bǽrən]	→			形 不毛の，味気ない
0992 **chaotic** [keɪɑ́(ː)tɪk]	→			形 無秩序の
0993 **contradictory** [kà(ː)ntrədíktəri]	→			形 矛盾している
0994 **rigorous** [rígərəs]	→			形 厳しい
0995 **immaculate** [ɪmǽkjʊlət]	→			形 汚れのない，欠点のない
0996 **robust** [roʊbʌ́st]	→			形 強健な
0997 **treacherous** [trétʃərəs]	→			形 不誠実な，裏切りの，当てにならない
0998 **devious** [díːviəs]	→			形 不誠実な
0999 **virtually** [vɚ́ːrtʃuəli]	→			副 事実上，実質的には
1000 **narrowly** [nǽroʊli]	→			副 かろうじて

例　文	訳
0961 The poor sales were a serious (s　　　　　　) for the company.	売り上げの低迷は，その会社にとって深刻な痛手となった。
0962 The young couple managed to buy a house by accepting a 30-year (m　　　　　　).	若い夫婦は30年の住宅ローンを組んで，なんとか家を購入することができた。
0963 One of her ancestors was a famous American (p　　　　　　) in the Revolutionary War.	彼女の先祖の1人は，独立戦争時の有名なアメリカの愛国者だった。
0964 Opinion polls showed that the (l　　　　　　) was increasingly unpopular.	世論調査は議会がますます人気がなくなりつつあることを示した。
0965 The tear gas caused severe (i　　　　　　) of the eyes.	催涙ガスによって目にひどい炎症が起きた。
0966 The death (t　　　　　　) from the accident continued to climb.	その事故での死者の人数は増え続けた。
0967 Improvements in (s　　　　　　) contributed to the disease's eradication.	公衆衛生の改善がその病気の撲滅に寄与した。
0968 The man had kept his daughter a (c　　　　　　) in her own home.	その男は自分の娘を娘自身の家に監禁していた。
0969 The fans were celebrating the (t　　　　　　) of their team in the championships.	ファンたちは自分たちのチームの決勝戦での大勝利を祝福していた。
0970 Many feminists complained that there had been a (b　　　　　　) **against** policies designed to help women.	女性を支援しようとする諸政策に対する反発があった，と多くのフェミニストは不満を表した。
0971 New York is not the American capital, but many people consider it to be the (h　　　　　　) of modern American life.	ニューヨークは米国の首都ではないが，現代の米国の生活の中心だと多くの人は考えている。
0972 The only drawback to the new house was there were no shops in the immediate (v　　　　　　).	新しい家の唯一の欠点は，すぐ近所に店が1軒もないことだった。
0973 In Japan, the pine tree is a symbol of (l　　　　　　).	日本では，松の木は長寿の象徴だ。
0974 The university's publisher is a separate (e　　　　　　) from the university and manages its own finances.	その大学の出版局は大学とは別個の独立体で，独自に財務を行っている。
0975 By an (o　　　　　　), he failed to grade one of the students' essays.	見落としとして，彼は生徒の作文の成績を1人分付け損なった。
0976 The new administration announced an increase in its (e　　　　　　) **on** health.	新政府は保健に対する支出の増額を発表した。
0977 The United Nations imposed a trade (e　　　　　　) on the nation.	国連はその国に対して禁輸措置を科した。
0978 After only a week of solitary (c　　　　　　), even strong men can become weak.	独房での監禁が1週間続くだけで，屈強な男も衰弱し得る。
0979 In general, (o　　　　　　) painkillers are very weak in their effect.	一般に，店頭で買える鎮痛剤は効き目がとても弱い。
0980 The harmful effects of (s　　　　　　) drinks on the health is now widely recognized by people.	砂糖入り飲料が健康に与える有害な影響は，今では人々に広く認識されている。

単語編

でる度
B
↓
0981
〜
1000

解答 0961 setback　0962 mortgage　0963 patriot　0964 legislature　0965 inflammation　0966 toll　0967 sanitation　0968 captive
0969 triumph　0970 backlash　0971 hub　0972 vicinity　0973 longevity　0974 entity　0975 oversight　0976 expenditure
0977 embargo　0978 confinement　0979 over-the-counter　0980 sugary

学習日　　　月　　　日

単語	1回目	2回目	3回目	意味
1001 **incense** [ɪnséns]	→			動 を激怒させる
1002 **appease** [əpíːz]	→			動 をなだめる
1003 **encroach** [ɪnkróʊtʃ]	→			動 侵入する〈on ～に〉
1004 **deviate** [díːvièɪt]	→			動 逸脱する〈from ～から〉
1005 **disband** [dɪsbǽnd]	→			動 (軍隊・組織などが) 解散する
1006 **eradicate** [ɪrǽdɪkèɪt]	→			動 を根絶する〈from ～から〉
1007 **gloat** [gloʊt]	→			動 ほくそ笑む, さも満足そうに眺める
1008 **engender** [ɪndʒéndər]	→			動 を生じさせる
1009 **implicate** [ímplɪkèɪt]	→			動 を連座させる〈in 犯罪などに〉, を意味する
1010 **fumble** [fʌ́mbl]	→			動 手探りする〈for ～を捜して〉
1011 **exemplify** [ɪgzémplɪfàɪ]	→			動 の実例となる, を例証する
1012 **brandish** [brǽndɪʃ]	→			動 を振り回す
1013 **endow** [ɪndáʊ]	→			動 に与える〈with ～を〉, に寄贈する〈with ～を〉
1014 **eschew** [ɪstʃúː]	→			動 (好ましくないことなど) を避ける
1015 **hypothesize** [haɪpá(ː)θəsàɪz]	→			動 (hypothesize that ... で) …という仮説を立てる
1016 **consecrate** [ká(ː)nsəkrèɪt]	→			動 を奉献する
1017 **downplay** [dàʊnpléɪ]	→			動 を実際より控えめに話す
1018 **hoard** [hɔːrd]	→			動 を (ひそかに) 蓄える
1019 **assemble** [əsémbl]	→			動 を組み立てる, (人・物) を集める
1020 **dissolve** [dɪzá(ː)lv]	→			動 消える, 消滅する, 溶ける

例　文	訳
0981 Humans and some apes have an (i 　　　　) ability to walk on two legs.	人類とある種の類人猿は二足歩行する<u>固有の</u>能力を持っている。
0982 He learned to recognize the (s 　　　　) differences between one butterfly and another.	彼はチョウと別のチョウの<u>微妙な</u>違いを見分けられるようになった。
0983 People with a poor diet are especially (s 　　　　) **to** colds and the flu.	貧弱な食生活をしている人たちは，特に風邪とインフルエンザに<u>感染しやすい</u>。
0984 The report said that drug use was (e 　　　　) among the prison population.	その報告書には，薬物の使用が囚人たちに<u>まん延している</u>ことが記されていた。
0985 Religious cults often experiment with (c 　　　　) living.	カルト宗教は，しばしば実験的に<u>共同</u>生活を行う。
0986 His purple and pink tie certainly made him (c 　　　　) in a crowd.	彼は紫とピンクのネクタイをしていたので，確かに人混みの中で<u>人目を引いた</u>。
0987 The building looked (m 　　　　), but it was actually not that old.	それは<u>中世</u>の建物のように見えたが，実はそれほど古くはなかった。
0988 The only response to my request was an (e 　　　　) "no."	私の要請に対する唯一の反応は，<u>明白な</u>「ノー」であった。
0989 The golfer was nervous because he knew that his opponent was a (f 　　　　) player.	そのゴルファーは，対戦相手が<u>手ごわい</u>プレーヤーだと知っていたので，神経質になっていた。
0990 In times of crisis, one must be swift but never be (r 　　　　).	危機にあっては，人は敏速であらねばならないが，決して<u>軽率</u>であってはならない。
0991 The deserts of Arabia are vast, (b 　　　　) landscapes.	アラビアの砂漠は広大で<u>荒涼とした</u>風景である。
0992 A (c 　　　　) mess of clothes and books lay on the floor.	衣服と本が<u>無秩序な</u>状態で床に散らかっていた。
0993 Many people pointed out how (c 　　　　) his arguments were.	多くの人は彼の論拠がいかに<u>矛盾している</u>かを指摘した。
0994 Learning medical science is usually thought to be a (r 　　　　) intellectual challenge.	医学を学ぶことは<u>厳しい</u>知的な試練の場だと普通は考えられている。
0995 That politician was elected because of his (i 　　　　) reputation.	その政治家は<u>汚れのない</u>名声のおかげで当選した。
0996 Even at the age of eighty, the painter was intellectually and physically (r 　　　　).	80歳になってもその画家は知的にも肉体的にも<u>強健</u>だった。
0997 He made a (t 　　　　) speech in which he attacked his former boss.	彼は以前の上司を攻撃する<u>不誠実な</u>スピーチをした。
0998 Few people believed the man's (d 　　　　) explanations for his behavior.	自らの行動についての男性の<u>不誠実な</u>弁明を信じる者はほとんどいなかった。
0999 The DVD was so popular that it became (v 　　　　) unobtainable for a time.	そのDVDは人気があり過ぎて，しばらくの間<u>事実上</u>入手不可能になった。
1000 The driver (n 　　　　) avoided running into the deer on the road.	運転手は路上のシカに衝突するのを<u>かろうじて</u>避けた。

解答 **0981** intrinsic **0982** subtle **0983** susceptible **0984** epidemic **0985** communal **0986** conspicuous **0987** medieval
0988 explicit **0989** formidable **0990** rash **0991** barren **0992** chaotic **0993** contradictory **0994** rigorous **0995** immaculate
0996 robust **0997** treacherous **0998** devious **0999** virtually **1000** narrowly

学習日　　　月　　　日

単　語	1回目	2回目	3回目	意　味
1021 **flock** [flɑ(:)k]	→			動 群れを成して移動する〈to ～に〉
1022 **simplify** [símpləfài]	→			動 を簡単にする, を単純化する
1023 **propagate** [prá(:)pəgèit]	→			動 を広める
1024 **rout** [raʊt]	→			動 を完敗させる
1025 **succumb** [səkám]	→			動 負ける〈to ～に〉
1026 **revert** [rɪvə́:rt]	→			動 (財産などが) 復帰する〈to ～に〉, 戻る〈to 元の状態に〉
1027 **reciprocate** [rɪsíprəkèit]	→			動 に返礼する, を交換する
1028 **relegate** [réligèit]	→			動 を追いやる〈to ～に〉, を委託する〈to 人に〉
1029 **supplant** [səplǽnt]	→			動 の地位を奪い取る
1030 **lament** [ləmént]	→			動 を嘆き悲しむ
1031 **exasperate** [ɪgzǽspərèit]	→			動 を憤慨させる
1032 **tenet** [ténɪt]	→			名 信条
1033 **perimeter** [pərímətər]	→			名 周囲, 周辺, (軍の)防御線地帯
1034 **jurisdiction** [dʒʊ̀ərɪsdíkʃən]	→			名 管轄権, 支配(権), 裁判権
1035 **precursor** [prɪkə́:rsər]	→			名 前兆, 先駆者
1036 **prevalence** [prévələns]	→			名 普及
1037 **referendum** [rèfəréndəm]	→			名 国民投票
1038 **velocity** [vəlá(:)səti]	→			名 速度, 高速
1039 **leverage** [lévərɪdʒ]	→			名 影響力
1040 **fugitive** [fjú:dʒətɪv]	→			名 逃亡者, 脱走者

例 文	訳
1001 Many of the soldiers were (i) by rumors claiming that their enemy had started producing banned weapons.	敵が禁止された兵器の生産を始めたと断じるうわさに兵士の多くが激怒した。
1002 The manager tried to (a) the angry customer.	支配人は怒った客をなだめようとした。
1003 The plane was shot down because it (e) **on** enemy territory.	その飛行機は敵の領域に侵入したので撃ち落とされた。
1004 The soldiers were warned not to (d) **from** their instructions in any way.	兵士たちは決して指示から逸脱することのないよう注意された。
1005 The rebel organization announced that they would (d) and give up their weapons.	反乱組織は解隊して武器を捨てると宣言した。
1006 Smallpox was completely (e) **from** the village.	天然痘はその村から完全に根絶された。
1007 His enemies within the company (g) when he failed to win the promotion.	彼が昇進できなかったとき，社内のライバルたちはほくそ笑んだ。
1008 Everyone hoped that our research would (e) further efforts to cure cancer.	われわれの研究ががん治療のさらなる努力を喚起することを，皆が期待した。
1009 The statement he gave to the police (i) many important businessmen.	彼は警察での供述で，多くの有力な実業家の関与を認めた。
1010 The woman (f) in her bag **for** the key to the front door.	その女性はかばんの中を手探りして玄関のドアの鍵を捜した。
1011 His paintings are considered to (e) the style known as abstract expressionism.	彼の絵画は，抽象表現主義として知られる様式の好例だと考えられている。
1012 The man was arrested for (b) a knife during the argument.	男性は言い争いの間にナイフを振り回して逮捕された。
1013 The United States Declaration of Independence says that all men are (e) **with** certain rights.	すべての人間には一定の権利が与えられている，とアメリカ独立宣言に書かれている。
1014 The man did not (e) even blackmail to achieve his ends.	その男は目的を達成するためなら恐喝さえいとわなかった。
1015 The doctor (h) **that** the infection was carried by water.	その医師は，その感染症は水が媒介しているという仮説を立てた。
1016 The bishop performed a ceremony to (c) the new church.	司教は新しい教会を奉献するための儀式を行った。
1017 To prevent a panic, the expert (d) the danger of the disease.	パニックを防ぐため，専門家はその病気の危険性を実際より控えめに話した。
1018 He (h) money for many years, and eventually died wealthy but miserable.	彼は長年お金をこっそり蓄えて，最後には裕福だが惨めな死に方をした。
1019 Although the products were labeled "Made in the USA," they had actually only been (a) there.	それらの製品には「米国製」というラベルが付いていたが，実は米国で組み立てられただけだった。
1020 Over time, the feelings of enmity between the two nations (d), and they became close allies.	時とともに両国間の敵対感情は消え，両国は緊密な同盟国になった。

単語編

でる度 **B**
↓
1021
〜
1040

解答 1001 incensed　1002 appease　1003 encroached　1004 deviate　1005 disband　1006 eradicated　1007 gloated
1008 engender　1009 implicated　1010 fumbled　1011 exemplify　1012 brandishing　1013 endowed　1014 eschew
1015 hypothesized　1016 consecrate　1017 downplayed　1018 hoarded　1019 assembled　1020 dissolved

学習日　　　　月　　　　日

単語	1回目	2回目	3回目	意 味
1041 **hoax** [hóʊks]	→			名 作り話，悪ふざけ
1042 **conglomerate** [kənglá(:)mərət]	→			名 巨大複合企業，コングロマリット
1043 **echelon** [éʃəlà(:)n]	→			名 地位，（組織などの）階層
1044 **aversion** [əvə́:rʒən]	→			名 嫌悪感〈to ～への〉
1045 **deportation** [dì:pɔːrtéɪʃən]	→			名 国外追放
1046 **conjecture** [kəndʒéktʃər]	→			名 憶測，推測
1047 **deluge** [délju:dʒ]	→			名 大洪水，豪雨
1048 **hindrance** [híndrəns]	→			名 障害物〈to ～の〉，邪魔になるもの
1049 **clique** [kli:k]	→			名 小集団，派閥
1050 **condolence** [kəndóʊləns]	→			名 お悔やみ，弔辞，哀悼
1051 **amenity** [əmí:nəti]	→			名 生活を快適にするもの，快適さ
1052 **complacency** [kəmpléɪsənsi]	→			名 自己満足，独り善がり
1053 **charlatan** [ʃá:rlətən]	→			名 ぺてん師，大ぼら吹き
1054 **felony** [féləni]	→			名 重罪
1055 **anesthetic** [æ̀nəsθéṭɪk]	→			名 麻酔薬，麻酔剤
1056 **persecution** [pə̀:rsɪkjú:ʃən]	→			名 迫害
1057 **basin** [béɪsən]	→			名 盆地
1058 **chaos** [kéɪɑ(:)s]	→			名 無秩序，大混乱
1059 **formula** [fɔ́:rmjʊlə]	→			名 公式〈for ～の〉
1060 **holder** [hóʊldər]	→			名 所有者〈of 土地・権利などの〉，所持者

✖ Unit 52の復習テスト　わからないときは前Unitで確認しましょう。

例文	訳
1021 Tourists from all over the world (f) **to** Paris every year to see the famous sights.	世界中からの観光客が，有名な名所を見るために毎年パリに詰めかける。
1022 In the past, many children read (s) versions of classic literature, but now they have gone out of fashion.	昔は多くの子供が名作文学の簡易版を読んでいたが，今では廃れてしまった。
1023 He suspected his colleague of (p) the idea that he was lazy.	彼は自分が怠惰であると同僚が吹聴しているのではないかと疑った。
1024 The leader announced a great victory, saying that the army had completely (r) the enemy.	当軍は完全に敵軍を敗走させたと言って，指揮官は大勝利を宣言した。
1025 The man finally (s) **to** temptation and smoked a cigarette.	その男性はついに誘惑に負けてタバコを吸った。
1026 On his death, the house would (r) **to** its original owners.	彼の死によって，家は元の所有者に復帰することになった。
1027 He felt obligated to (r) the giving of any gifts he received.	彼は受け取ったすべての贈り物に返礼しなければならない義務があると感じた。
1028 The once-great star was (r) **to** a reserve position on the national soccer team.	かつての偉大なスターは，サッカーの代表チームの控えの地位に追いやられた。
1029 The prime minister suspected the man of trying to (s) him.	首相は，その男が自分の地位を奪い取ろうとしているのではと疑った。
1030 People around the world (l) the death of the legendary actor.	世界中の人々がその伝説的俳優の死を嘆き悲しんだ。
1031 She was so (e) by her husband's complaints that she slammed the door.	彼女は夫の言う不満にとても憤慨したので，ドアをばたんと閉めた。
1032 One of the (t) of liberalism is a belief in freedom of speech.	自由主義の信条の1つは言論の自由を信じることである。
1033 The (p) of the base was regularly patrolled by guards.	基地の周囲は警備兵が定期的に巡回していた。
1034 The police could not make an arrest because they lacked legal (j) in the area.	警察はその地域での法律上の管轄権を持たなかったため逮捕できなかった。
1035 When the wind grew stronger, we knew it was a (p) of the coming hurricane.	風が次第に強まると，接近するハリケーンの前兆だとわかった。
1036 The (p) of computers has both merits and disadvantages.	コンピューターの普及には長所と短所の両方がある。
1037 A local (r) in California approved the use of marijuana for medicinal purposes.	カリフォルニアの住民投票は医薬用にマリファナを使用することを認めた。
1038 Technical developments have increased the (v) of trains.	技術的進歩が列車の速度を高めた。
1039 The man insisted that he had no (l) on the present administration.	その男性は，自分は現政権に影響力を持たないと主張した。
1040 How could anyone know that such a nice young man was a (f) from justice?	あんな立派な若者が逃亡犯だったなんて，いったい誰が気付くだろうか。

単語編

でる度
B
↓
1041
〜
1060

解答 1021 flock　1022 simplified　1023 propagating　1024 routed　1025 succumbed　1026 revert　1027 reciprocate
1028 relegated　1029 supplant　1030 lamented　1031 exasperated　1032 tenets　1033 perimeter　1034 jurisdiction　1035 precursor
1036 prevalence　1037 referendum　1038 velocity　1039 leverage　1040 fugitive

学習日　　　　月　　　日

単語	1回目	2回目	3回目	意味
1061 liberty [líbərţi]	→			图自由
1062 mankind [mænkáɪnd]	→			图人類
1063 modernization [mὰ(:)dərnəzéɪʃən]	→			图近代化, 現代化
1064 questionnaire [kwèstʃənéər]	→			图アンケート
1065 stroke [stroʊk]	→			图脳卒中
1066 tomb [tu:m]	→			图墓
1067 morsel [mɔ́:rsəl]	→			图一口, わずか
1068 maneuver [mənú:vər]	→			图策略
1069 intricate [íntrɪkət]	→			形複雑な
1070 pertinent [pə́:rtənənt]	→			形適切な, 関連する
1071 rampant [ræmpənt]	→			形はびこる, 荒々しい
1072 void [vɔɪd]	→			形ない⟨of ~の⟩, 空の
1073 volatile [vá(:)ləţəl]	→			形(状況などが)不安定な, (気性などが)激しやすい, 揮発性の
1074 caustic [kɔ́:stɪk]	→			形辛辣な
1075 candid [kǽndɪd]	→			形率直な
1076 avid [ǽvɪd]	→			形熱心な, 渇望している
1077 apathetic [æ̀pəθéṭɪk]	→			形無関心な
1078 erroneous [ɪróʊniəs]	→			形誤った, 間違った
1079 buoyant [bɔ́ɪənt]	→			形活気がある, 浮かんでいる
1080 gregarious [grɪɡéəriəs]	→			形群れを成す, 社交的な

例　文	訳
1041 The UFO sighting turned out to be a student (h　　　　　).	UFOの目撃情報は生徒の<u>作り話</u>だと判明した。
1042 His small business was taken over by a huge (c　　　　　).	彼の小さな会社は<u>巨大複合企業</u>に買収された。
1043 People from the company's higher (e　　　　　) rarely visited the branch.	会社で高い<u>地位</u>にいる人はめったにその支社を訪れなかった。
1044 The woman said she had an (a　　　　　) **to** people smoking near her.	その女性は，自分のそばで喫煙する人に<u>嫌悪感</u>を抱くと言った。
1045 The government announced the immediate (d　　　　　) of five diplomats.	政府は5人の外交官を直ちに<u>国外追放</u>すると発表した。
1046 The defense attorney insisted that his client be convicted on facts, not on (c　　　　　).	依頼人は<u>憶測</u>ではなく事実に基づいて判決を受けるべきだ，と被告側弁護士は主張した。
1047 The biblical story describes a great (d　　　　　) that floods the Earth.	その聖書の物語は，地上に氾濫する<u>大洪水</u>を描いている。
1048 The greatest (h　　　　　) **to** their studies was a lack of up-to-date textbooks.	彼らの勉学の<u>最大の障害</u>は，最新の教科書が不足していることだった。
1049 The group of boys formed an exclusive (c　　　　　) in the school.	少年のグループは学校で排他的な<u>小集団</u>を作った。
1050 I sent a card to my friend offering my (c　　　　　) over his recent loss.	友人の最近の不幸に対し，私は<u>お悔やみ</u>を述べたカードを送った。
1051 He was used to the (a　　　　　) of luxury hotels, so he was unhappy that the small cottage lacked them.	彼は高級ホテルの<u>快適な設備</u>に慣れていたので，小さい別荘にそれらがないのが不満だった。
1052 The company's (c　　　　　) allowed its rival to grow successful and lure away its clients.	その会社の<u>自己満足</u>のおかげで，ライバル会社は次第に成功し顧客を奪うことができた。
1053 The prince was revealed to be a (c　　　　　) unrelated to royalty.	その王子の正体は王室に関係ない<u>ぺてん師</u>であることが判明した。
1054 Anyone convicted of a (f　　　　　) in the United States may lose some of his rights as a citizen.	米国で<u>重罪</u>で有罪となった者は誰でも，市民としての権利のいくつかを失う可能性がある。
1055 He was given a complete (a　　　　　) before the operation on his stomach.	彼は胃の手術を受ける前に，全身<u>麻酔薬</u>を投与された。
1056 The spokesman denied that any (p　　　　　) of dissidents had taken place.	スポークスマンは反体制派に対するいかなる<u>迫害</u>もなかったと述べた。
1057 The mountains around the city formed a natural (b　　　　　) that became very hot in the summer.	その市の周囲の山々は，夏にはとても暑くなる自然の<u>盆地</u>を形作っていた。
1058 As the civil war spread, the country fell into (c　　　　　) and food was hard to come by.	内戦の拡大とともにその国は<u>無秩序</u>に陥り，食料はなかなか手に入らなかった。
1059 The mathematician created a complex (f　　　　　) **for** predicting future interest rates.	その数学者は将来の利率を予測<u>する</u>複雑な<u>公式</u>を作った。
1060 The job advertisement said that only (h　　　　　) **of** university degrees need apply.	その求人広告には，大学の学位の<u>保有者</u>だけが応募する必要があると書かれていた。

解答 1041 hoax　1042 conglomerate　1043 echelons　1044 aversion　1045 deportation　1046 conjecture　1047 deluge
1048 hindrance　1049 clique　1050 condolences　1051 amenities　1052 complacency　1053 charlatan　1054 felony　1055 anesthetic
1056 persecution　1057 basin　1058 chaos　1059 formula　1060 holders

学習日　　　　　月　　　日

単 語	1回目	2回目	3回目	意 味
1081 **circumstantial** [sə̀:rkəmstǽnʃəl]	→			形 状況的な，付随的な
1082 **frivolous** [frívələs]	→			形 軽薄な，ふまじめな，くだらない
1083 **idyllic** [aɪdílɪk]	→			形 牧歌的な，のどかで美しい
1084 **fervent** [fə́:rvənt]	→			形 熱烈な
1085 **diminutive** [dɪmínjuṭɪv]	→			形 小さい
1086 **euphoric** [juːfɔ́(:)rɪk]	→			形 幸福感にあふれた
1087 **fastidious** [fæstídiəs]	→			形 好みのうるさい，気難しい，神経質な
1088 **adjunct** [ǽdʒʌŋkt]	→			形 非常勤の，補助の
1089 **frigid** [frídʒɪd]	→			形 酷寒の，冷淡な
1090 **cynical** [sínɪkəl]	→			形 冷笑的な，シニカルな
1091 **insufficient** [ìnsəfíʃənt]	→			形 十分でない，足りない〈to do ～するのに，for ～に〉
1092 **swift** [swɪft]	→			形 (反応などが)即座の，速やかな，(動きが)非常に速い
1093 **tolerant** [tá(:)lərənt]	→			形 寛容な，寛大な
1094 **menial** [míːniəl]	→			形 (仕事が)単純で退屈な，卑しい
1095 **lethargic** [ləθá:rdʒɪk]	→			形 気だるい，昏睡状態の
1096 **momentous** [moʊméntəs]	→			形 重大な
1097 **irascible** [ɪrǽsəbl]	→			形 短気な
1098 **intriguing** [ɪntríːgɪŋ]	→			形 興味をそそる，陰謀をたくらむ
1099 **inveterate** [ɪnvéṭərət]	→			形 常習的な
1100 **statistically** [stətístɪkəli]	→			副 統計的に

例 文	訳
1061 Since the collapse of many totalitarian regimes, the importance of civil (l) has been increasingly recognized.	多くの全体主義政権の崩壊以来，市民的<u>自由</u>の重要性の認識が次第に高まっている。
1062 In recent years, great progress has been made in tracing the early movements of (m).	近年，<u>人類</u>の初期の移動を跡付ける上で大きな進歩があった。
1063 The kind of (m) that means the destruction of the natural environment has been increasingly questioned.	自然環境の破壊をもたらすような<u>近代化</u>に対する疑問の声が高まっている。
1064 As they left the movie theater, they were asked to fill out a (q) concerning the film.	映画館を出る際，彼らはその映画に関する<u>アンケート</u>に記入してほしいと言われた。
1065 In the middle of delivering a lecture, the elderly scholar suffered a (s) and died.	講義をしている途中でその年配の学者は<u>脳卒中</u>を起こし，亡くなった。
1066 There was a line of stone (t) in the cathedral containing the bodies of medieval kings.	大聖堂には，中世の王たちの遺体を納めた<u>墓石</u>が並んでいた。
1067 She ate a (m) of cake and declared herself full.	彼女はケーキを<u>一口</u>食べて，満腹だとはっきり言った。
1068 The company's clever (m) in the market solidified its monopoly.	その会社は市場における巧みな<u>策略</u>で独占を強化した。
1069 Her mystery novels are (i) puzzles.	彼女のミステリー小説は<u>複雑な</u>パズルそのものだ。
1070 As the judge did not think that the evidence was (p), he threw it out.	判事はその証拠が<u>適切</u>でないと思ったので，不採用とした。
1071 Some say that bribery and extortion are (r) in post-communist Russia.	共産主義後のロシアでは，賄賂とゆすりが<u>はびこっている</u>という話もある。
1072 The area was (v) **of** houses for as far as he could see.	彼が見渡す限り，その地域に家は<u>なかった</u>。
1073 As the housing market was very (v) in the city, the newly-wed couple purchased a house in the suburbs.	市内の住宅市場はとても<u>不安定</u>だったので，その新婚カップルは郊外に家を購入した。
1074 She was offended by her best friend's (c) remarks.	彼女は親友の<u>辛辣な</u>発言に気分を害した。
1075 Political meetings hardly ever seem to be constructive and (c).	政治集会が建設的で<u>率直な</u>ことはほとんどないようだ。
1076 The professor was an (a) reader of detective fiction in his spare time.	その教授は余暇には探偵小説を<u>熱心に</u>読んでいた。
1077 He did his best to stimulate the students, but they remained (a).	彼は生徒たちにやる気を起こさせるために最善を尽くしたが，生徒たちは<u>無関心</u>なままだった。
1078 They came to the (e) conclusion that he was responsible for the accident.	彼らは，その事故の責任が彼にあるという<u>誤っ</u>た結論に達した。
1079 When she won first prize in the speech contest, she felt (b).	彼女はスピーチコンテストで優勝したとき，<u>浮き浮きした</u>気持ちだった。
1080 Dogs are (g) creatures that travel in packs.	犬は群れで移動する<u>群居性の</u>生き物だ。

単語編

でる度 **B**
↓
1081
〜
1100

解答 1061 liberties　1062 mankind　1063 modernization　1064 questionnaire　1065 stroke　1066 tombs　1067 morsel
1068 maneuver　1069 intricate　1070 pertinent　1071 rampant　1072 void　1073 volatile　1074 caustic　1075 candid　1076 avid
1077 apathetic　1078 erroneous　1079 buoyant　1080 gregarious

単語	1回目	2回目	3回目	意 味
1101 ratify [rǽṭəfàɪ]	→			動 を批准する
1102 perpetrate [pə́ːrpətrèɪt]	→			動 (犯罪・過失など)を犯す
1103 nudge [nʌdʒ]	→			動 を(肘で)そっとつつく
1104 revamp [riːvǽmp]	→			動 を改良する, を改訂する
1105 reinstate [rìːɪnstéɪt]	→			動 を復職させる, を元の状態に戻す
1106 pester [péstər]	→			動 を困らせる, を煩わせる
1107 stunt [stʌnt]	→			動 を妨げる
1108 negate [nɪgéɪt]	→			動 を否定する
1109 smear [smɪər]	→			動 を塗りつける, (名誉など)を汚す
1110 splurge [splə́ːrdʒ]	→			動 をぜいたくに使う〈on ~に〉
1111 anchor [ǽŋkər]	→			動 (船)のいかりを下ろす, を停泊させる, を固定する
1112 bypass [báɪpæs]	→			動 (手続きなど)を避ける, を無視する
1113 deem [diːm]	→			動 (deem O C で) OをCだと考える[判断する]
1114 multiply [mʌ́ltɪplàɪ]	→			動 増殖する, 繁殖する
1115 trim [trɪm]	→			動 を削減する, (余分なもの)を切り取る
1116 envelop [ɪnvéləp]	→			動 を包む〈in ~で〉, を覆い隠す
1117 hasten [héɪsən]	→			動 (hasten to do で)急いで~する
1118 preside [prɪzáɪd]	→			動 議長を務める〈over, at ~で〉, 管理する〈over ~を〉
1119 transgression [trænsgréʃən]	→			名 違反
1120 stalemate [stéɪlmèɪt]	→			名 膠着状態

例文	訳
1081 The police decided not to prosecute as they could only find (c　　　　　) evidence against him.	警察は彼に対する状況証拠しか見つけられなかったので, 起訴しないことに決定した。
1082 The lecturer said that he would not answer such a (f　　　　　) question.	そんな軽薄な質問には答えるつもりはない, と講師は言った。
1083 My siblings and I share an (i　　　　　) memory of our childhood on the farm.	私と兄弟姉妹は農場で過ごした子供時代の牧歌的な思い出を共有している。
1084 The letter from the king was (f　　　　　) proclamations of love.	王からの手紙は熱烈な愛の宣言だった。
1085 Jockeys must be of (d　　　　　) size for their horses to be competitive.	自分の乗る馬が力を発揮するためには, 騎手は小柄な必要がある。
1086 The townspeople became (e　　　　　) when the local team won.	地元チームが勝って町民は幸福感でいっぱいになった。
1087 The new employee's (f　　　　　) attention to detail is often a waste of time.	その新しい従業員は細かな点にこだわるが, 時間の浪費であることが多い。
1088 He found a job as an (a　　　　　) professor, but he wanted to become a permanent staff member.	彼は非常勤教授の職を見つけたが, 専任の職員になりたかった。
1089 The winters in the northern American states are extremely (f　　　　　).	アメリカ北部の州の冬は極度の酷寒である。
1090 The hero of the movie was a (c　　　　　) old detective who suddenly rediscovers the ideals of his youth.	その映画の主人公は, 突然若いころの理想を再発見する冷笑的な年老いた探偵だった。
1091 Although the music festival brought in a lot of money, it was (i　　　　　) **to cover** the costs of staging it.	音楽祭の収益は大きかったが, 開催費用を賄うには不十分だった。
1092 The (s　　　　　) response of the government forces took the rebels by surprise, and they were defeated.	政府軍の即座の反応は反乱軍の不意をつき, 反乱軍は破れた。
1093 The local people by and large took a (t　　　　　) attitude towards the newcomers to their area.	現地の人たちは, 地元に新しく来た人たちに概して寛容な態度を取った。
1094 Despite his qualifications, the immigrant doctor was forced to take (m　　　　　) jobs to survive.	その移民の医師は, 資格があるにもかかわらず, 生き延びるために単純労働をせざるを得なかった。
1095 The humid weather made him feel (l　　　　　) and irritable.	じめじめした天気のせいで, 彼は気だるく怒りっぽい気分になった。
1096 The (m　　　　　) decision to go to war was made.	戦争を始めるという重大な決定が下された。
1097 Although he was known as (i　　　　　), his true nature was soft-hearted.	彼は短気だとして知られていたが, 本質は穏和だった。
1098 He bought the book because of its (i　　　　　) cover.	彼は興味をそそる表紙に引かれてその本を購入した。
1099 Few believed his story because he was known to be an (i　　　　　) liar.	彼は常習的なうそつきとして知られていたので, 彼の話を信じる人はほとんどいなかった。
1100 The social scientist demonstrated (s　　　　　) the existence of discrimination.	その社会科学者は差別の存在を統計的に実証した。

単語編

でる度
B

↓

1101
〜
1120

解答 1081 circumstantial　1082 frivolous　1083 idyllic　1084 fervent　1085 diminutive　1086 euphoric　1087 fastidious
1088 adjunct　1089 frigid　1090 cynical　1091 insufficient　1092 swift　1093 tolerant　1094 menial　1095 lethargic　1096 momentous
1097 irascible　1098 intriguing　1099 inveterate　1100 statistically

学習日　　　　月　　　日

単語	1回目	2回目	3回目	意　味
1121 **onslaught** [á(:)nslɔ̀ːt]	→			名 猛攻撃
1122 **solace** [sá(:)ləs]	→			名 慰め〈in ～での〉，癒やし
1123 **pretext** [príːtekst]	→			名 口実
1124 **upstart** [ʌ́pstɑ̀ːrt]	→			名 成り上がり者，成金
1125 **quirk** [kwəːrk]	→			名 奇癖
1126 **respite** [réspət]	→			名 一時的中断〈from ～の〉，休息（期間）
1127 **pollination** [pà(:)lənéɪʃən]	→			名 授粉
1128 **pinnacle** [pínəkl]	→			名 頂点
1129 **reparation** [rèpəréɪʃən]	→			名 償い
1130 **abolition** [æbəlíʃən]	→			名 （制度などの）廃止，奴隷制度廃止
1131 **admiration** [ædməréɪʃən]	→			名 称賛，感嘆
1132 **aftermath** [æftərmæθ]	→			名 結果〈of 重大な出来事の〉，余波
1133 **anonymity** [ænəníməti]	→			名 匿名性
1134 **anthropology** [æ̀nθrəpá(:)lədʒi]	→			名 人類学
1135 **antibody** [ǽnṯibà(:)di]	→			名 抗体
1136 **bulk** [bʌlk]	→			名 大半〈of ～の〉，大部分
1137 **cathedral** [kəθíːdrəl]	→			名 大聖堂，司教座聖堂
1138 **coercion** [kouə́ːrʃən]	→			名 威圧，強制
1139 **confirmation** [kà(:)nfərméɪʃən]	→			名 承認，確認
1140 **contention** [kənténʃən]	→			名 論争，論戦，主張

例文	訳
1101 Congress will often not (r) bills proposed by the president.	議会は大統領が提出した法案を批准しないことがよくある。
1102 The crooked businessman was found guilty of (p) fraud.	その悪徳ビジネスマンは詐欺行為を犯して有罪判決を受けた。
1103 When the meeting opened, my colleague (n) me to be quiet.	会議が始まったとき，同僚は静かにするよう私を肘でそっとつついた。
1104 The company employed a team of PR consultants to (r) its image.	その企業はイメージを一新するためにPRコンサルタントチームを雇った。
1105 The policeman was (r) when the charges against him were shown to be false.	その警察官は自らに対する嫌疑が晴れると復職した。
1106 She told her little brother not to (p) her while she was doing her homework.	彼女は小さな弟に，宿題をしている間は困らせるなと言った。
1107 Years of poor management had (s) the company's profits.	何年にもわたるお粗末な経営が会社の利益を阻害していた。
1108 His research (n) the government's claims that it was uninvolved.	彼の調査は，関与していないという政府の主張を否定した。
1109 The man (s) butter and honey on a chunk of bread.	男は厚切りパンにバターと蜂蜜を塗った。
1110 He (s) most of the inheritance **on** an expensive holiday abroad.	彼は海外での豪華な休暇で遺産のほとんどをぜいたくに使った。
1111 The ship was (a) in the port when the storm hit, so it suffered little damage.	嵐が襲ったとき船は港にいかりを下ろしていたので，ほとんど被害を受けなかった。
1112 The dissidents were able to (b) the official media and reach the public by using the Internet.	反体制派は公式メディアを避け，インターネットを用いて大衆に声を届けることができた。
1113 Any movies that were (d) offensive or obscene by the authorities were immediately banned.	当局が不快またはわいせつと考えた映画はどれも直ちに上映禁止になった。
1114 Once introduced into Australia by settlers, the rabbits rapidly (m) and spread.	入植者によってひとたびオーストラリアに持ち込まれると，そのウサギは急速に増殖し拡大した。
1115 The chairman said that they would have to (t) the workforce if they wanted to stay in business.	会社を継続させたければ従業員を削減しなければならない，と社長は言った。
1116 The whole area was (e) **in** snow, creating a beautiful winter landscape.	地域全体が雪に包まれ，美しい冬の風景を作り出していた。
1117 He told the professor he was dropping out of the class but (h) **to add** that he had enjoyed it.	彼はその授業を受けるのをやめると教授に告げたが，授業は楽しかったと急いで付け加えた。
1118 The head of the department (p) **over** the meetings that were held on Monday mornings.	部長は毎週月曜日の午前中に開かれる会議の議長を務めた。
1119 In the prison, even minor (t) were severely punished.	刑務所では小さな違反でさえ厳しく処罰された。
1120 After days of fighting, the armies reached a (s).	何日間にもわたる戦いの後，両軍は膠着状態に陥った。

単語編

でる度
B
↓
1121
〜
1140

解答 1101 ratify　1102 perpetrating　1103 nudged　1104 revamp　1105 reinstated　1106 pester　1107 stunted　1108 negated
1109 smeared　1110 splurged　1111 anchored　1112 bypass　1113 deemed　1114 multiplied　1115 trim　1116 enveloped　1117 hastened
1118 presided　1119 transgressions　1120 stalemate

学習日　　　月　　　日

単語	1回目	2回目	3回目	意 味
1141 **cruelty** [krúːəlti]	→			图 残酷さ，冷酷さ
1142 **cue** [kjuː]	→			图 (演技などの) きっかけ 〈to *do* ～する〉，キュー，合図
1143 **debut** [deɪbjúː]	→			图 デビュー，初出演，初登場
1144 **determination** [dɪtə̀ːrmɪnéɪʃən]	→			图 決意，固い意志，決定
1145 **deterrent** [dɪtə́ːrənt]	→			图 抑止物，妨害物
1146 **dominance** [dɑ́(ː)mɪnəns]	→			图 優位，支配
1147 **editorial** [èdɪtɔ́ːriəl]	→			图 社説，論説
1148 **endorsement** [ɪndɔ́ːrsmənt]	→			图 承認，是認
1149 **excursion** [ɪkskə́ːrʒən]	→			图 遠足，小旅行
1150 **extremist** [ɪkstríːmɪst]	→			图 過激派，極端主義者
1151 **frustration** [frʌstréɪʃən]	→			图 フラストレーション，欲求不満
1152 **glare** [gleər]	→			图 まぶしい輝き
1153 **groundwater** [gráʊndwɔ̀ːʈər]	→			图 地下水
1154 **homicide** [hɑ́(ː)mɪsàɪd]	→			图 殺人
1155 **imagery** [ímɪdʒəri]	→			图 比喩的表現，詩的表現
1156 **interrogation** [ɪntèrəgéɪʃən]	→			图 尋問，取り調べ
1157 **lecturer** [léktʃərər]	→			图 🇺🇸 非常勤講師，🇬🇧 常勤講師
1158 **legislator** [lédʒəslèɪʈər]	→			图 議員，立法府の一員
1159 **liberation** [lìbəréɪʃən]	→			图 解放
1160 **lieutenant** [luːténənt]	→			图 (米陸海軍・英陸軍などの) 中尉

単語編

でる度
B
↓
1141
〜
1160

例 文	訳
1121 The little town withstood the enemy's (o　　　　　　) for three days.	その小さな町は敵軍の<u>猛攻撃</u>に3日間耐えた。
1122 After his wife died, the man sought (s　　　　　) **in** his work.	妻を亡くしてから，男性は仕事に<u>慰め</u>を求めた。
1123 He called me under the (p　　　　　) of inviting me to a party.	彼はパーティーに招くことを<u>口実</u>に，私に電話をかけてきた。
1124 The king's favorite was considered a mere (u　　　　　) by the other courtiers.	王の<ruby>寵臣<rt>ちょうしん</rt></ruby>は，ほかの廷臣たちからはただの<u>成り上がり者</u>と見なされていた。
1125 One of his (q　　　　　) was to read student essays in the bath.	彼の<u>奇癖</u>の1つは風呂で学生のレポートを読むことだった。
1126 Peacekeeping forces only provided a temporary (r　　　　　) **from** the violence.	平和維持軍は暴力の<u>一時的中断</u>をもたらしただけだった。
1127 Bees play an important role in the (p　　　　　) of many fruit trees.	ミツバチは多くの果樹の<u>授粉</u>に重要な働きをする。
1128 An injury forced the soccer player to retire at the (p　　　　　) of his career.	そのサッカー選手はキャリアの<u>絶頂期</u>にけがで引退を余儀なくされた。
1129 As (r　　　　　) for being late, he offered to pay for the meal.	彼は遅刻の<u>償い</u>として食事代を払うと申し出た。
1130 The opposition party declared its support for the (a　　　　　) of the death penalty.	野党は死刑制度<u>廃止</u>の支持を表明した。
1131 By refusing to leave the capital during the bombing raids, the king won the (a　　　　　) of his people.	爆撃が続く間も首都を離れようとしなかったことで，国王は人民の<u>称賛</u>を勝ち得た。
1132 In the (a　　　　　) **of** the earthquake, many people suffered from cold and hunger.	地震の<u>結果</u>，多くの人が寒さと飢えに苦しんだ。
1133 The (a　　　　　) of social networking services is often abused by people who leave insulting comments.	SNSの<u>匿名性</u>は，侮辱的なコメントを残す人たちによってしばしば悪用される。
1134 Many people see the discipline of (a　　　　　) as closely linked to imperialism.	多くの人は<u>人類学</u>という学問分野は帝国主義と密接に関連すると考えている。
1135 Once the patient has developed sufficient (a　　　　　), he or she becomes immune to the disease.	患者に十分な<u>抗体</u>ができてしまえば，その人はその病気に対する免疫を獲得する。
1136 Although a few students were politically active, the (b　　　　　) **of** them were completely indifferent to politics.	政治に積極的な学生もわずかにいたが，学生の<u>大半</u>は政治にまったく無関心だった。
1137 The great medieval (c　　　　　) of Europe often took more than a century to build.	ヨーロッパの著名な中世の<u>大聖堂</u>は，建てるのにしばしば100年以上を要した。
1138 The minister said that he would use persuasion rather than (c　　　　　) to get the demonstrators to leave.	<u>威圧</u>ではなく説得を用いてデモ隊に帰ってもらう，と大臣は述べた。
1139 The witness provided (c　　　　　) of the defendant's alibi and so helped him to go free.	証人は被告のアリバイを<u>承認</u>し，その結果被告が自由の身になる助けとなった。
1140 The document became a source of bitter (c　　　　　), some saying it was fake and others that it was genuine.	その書類がもとで激しい<u>論争</u>になり，書類は偽物だと言う人も本物だと言う人もいた。

解答 1121 onslaught　1122 solace　1123 pretext　1124 upstart　1125 quirks　1126 respite　1127 pollination　1128 pinnacle
1129 reparation　1130 abolition　1131 admiration　1132 aftermath　1133 anonymity　1134 anthropology　1135 antibodies　1136 bulk
1137 cathedrals　1138 coercion　1139 confirmation　1140 contention

学習日 　　月　　日

単語	1回目	2回目	3回目	意味
1161 **mandate** [mǽndeɪt]	→			图 (選挙で与えられた)権限〈to *do* ～する〉
1162 **maternity** [mətə́ːrnəti]	→			图 (形容詞的に)妊産婦の, 母であること, 母性
1163 **membrane** [mémbreɪn]	→			图 (細胞)膜, 皮膜
1164 **memorial** [məmɔ́ːriəl]	→			图 記念碑〈to ～の〉, 記念(物)
1165 **merger** [mə́ːrdʒər]	→			图 (企業の)合併
1166 **mob** [mɑ(ː)b]	→			图 (集合的に)暴徒, 群衆
1167 **monarchy** [mɑ́(ː)nərki]	→			图 君主制, 君主国
1168 **ulterior** [ʌltíəriər]	→			形 隠された, ずっと遠い
1169 **superfluous** [supə́ːrfluəs]	→			形 過剰の, 余分な
1170 **sporadic** [spərǽdɪk]	→			形 散発的な, 突発的な
1171 **omniscient** [ɑ(ː)mníʃənt]	→			形 博学な, 全知の
1172 **squeamish** [skwíːmɪʃ]	→			形 (血などを見て)すぐ吐き気を催す, 神経質な
1173 **sluggish** [slʌ́gɪʃ]	→			形 活気のない
1174 **poignant** [pɔ́ɪnjənt]	→			形 心を打つ, 痛切な
1175 **predatory** [prédətɔ̀ːri]	→			形 捕食性の, 略奪する
1176 **verbose** [vəːrbóʊs]	→			形 回りくどい
1177 **onerous** [óʊnərəs]	→			形 厄介な, 煩わしい, 骨の折れる
1178 **abusive** [əbjúːsɪv]	→			形 罵倒する, 口汚い
1179 **acidic** [əsídɪk]	→			形 酸性の, 酸を含む
1180 **advantageous** [æ̀dvəntéɪdʒəs]	→			形 有利な, 好都合な

例　文	訳
1141 Many Christian writers have emphasized the (c　　　　　) of the ancient Romans.	多くのキリスト教徒の作家は，古代ローマ人の<u>残酷さ</u>を強調してきた。
1142 The actor waited at the side of the stage for his (c　　　　　) **to enter**.	その俳優は**登場する**<u>きっかけ</u>を舞台袖で待った。
1143 Originally being a model, she made her acting (d　　　　　) only recently.	彼女は元々モデルで，つい最近俳優<u>デビュー</u>を果たした。
1144 The tennis player herself said that her success owed more to (d　　　　　) than natural talent.	自分の成功は持って生まれた才能より<u>決意</u>に負うところが大きい，とそのテニス選手は自ら語った。
1145 Many supporters of capital punishment believe that it is a (d　　　　　) against serious crime.	死刑を支持する多くの人は，死刑は重大犯罪に対する<u>抑止力</u>だと考えている。
1146 The traditional male (d　　　　　) of politics is being challenged by many younger female politicians.	伝統的な政治の男性<u>優位</u>は，多くの若手女性政治家によって異議を突き付けられている。
1147 Many newspapers carried (e　　　　　) condemning the president's intolerant remarks concerning minorities.	多くの新聞が，マイノリティーに関する大統領の不寛容な発言を非難する<u>社説</u>を掲載した。
1148 The government's environmental policy won a lot of (e　　　　　) from climate activists from around the country.	政府の環境政策は全国の気候変動活動家から多くの<u>承認</u>を得た。
1149 The schoolchildren were set to make an (e　　　　　) to a science museum in the city.	児童たちは市の科学博物館への<u>遠足</u>に行く準備ができていた。
1150 The political party had been infiltrated by (e　　　　　) who sought to promote their own radical policies.	その政党には，自分たちの急進的政策を推し進めようとする<u>過激派</u>が潜り込んでいた。
1151 Each time he took the driver's test and failed, his (f　　　　　) grew.	運転免許試験を受けては落ちるたびに，彼の<u>フラストレーション</u>は募った。
1152 In order to reduce (g　　　　　), they covered the gallery's windows with a film of plastic.	まぶしい<u>輝き</u>を減らすため，彼らは美術館の窓をプラスチックフィルムで覆った。
1153 Industrial pollution of (g　　　　　) is a threat to the health of both humans and animals.	<u>地下水</u>の産業汚染は，人間の健康にも動物の健康にも脅威を与える。
1154 The number of (h　　　　　) in some US cities has dropped sharply over the past decade.	米国の一部の都市では，<u>殺人</u>件数が過去10年で激減している。
1155 In the literature class, they discussed the nature (i　　　　　) used by the poet.	彼らは文学の授業で，その詩人が用いた自然の<u>比喩的表現</u>について議論した。
1156 Police (i　　　　　) are now always recorded so as to ensure that only legal methods are used.	合法的な手段だけが確実に用いられるよう，警察の<u>尋問</u>は今では常に録音・録画されている。
1157 The young scholar worked as a (l　　　　　) at various universities.	その若い学者は<u>非常勤講師</u>としてさまざまな大学で働いた。
1158 (L　　　　　) have many other duties apart from debating and passing laws.	法律について討論して可決することのほかに，<u>議員</u>には多くの職務がある。
1159 In its early days, the feminist movement was often called "women's (l　　　　　)."	初期のフェミニスト運動はしばしば「<u>女性解放</u>」と呼ばれた。
1160 A (l　　　　　) is either the lowest or the second lowest rank of officer in an army.	<u>中尉</u>は陸軍将校の最も低い階級または2番目に低い階級だ。

解答 **1141** cruelty　**1142** cue　**1143** debut　**1144** determination　**1145** deterrent　**1146** dominance　**1147** editorials
1148 endorsements　**1149** excursion　**1150** extremists　**1151** frustration　**1152** glare　**1153** groundwater　**1154** homicides
1155 imagery　**1156** interrogations　**1157** lecturer　**1158** Legislators　**1159** liberation　**1160** lieutenant

学習日　　　月　　　日

単語	1回目	2回目	3回目	意 味
1181 **advisory** [ədváɪzəri]	→			形 顧問の，助言を与える
1182 **aquatic** [əkwá:ʈɪk]	→			形 水生の，水の
1183 **capitalist** [kǽpəʈələst]	→			形 資本主義の
1184 **charismatic** [kæ̀rɪzmǽʈɪk]	→			形 カリスマ性のある
1185 **cooperative** [koʊá(:)pərəʈɪv]	→			形 協力的な，協同組合の
1186 **definitive** [dɪfínəʈɪv]	→			形 決定的な，最終的な
1187 **diagnostic** [dàɪəgná(:)stɪk]	→			形 診断の，診断に役立つ
1188 **distinctive** [dɪstíŋktɪv]	→			形 独特の，特徴的な
1189 **doctoral** [dá(:)ktərəl]	→			形 博士の，博士号の
1190 **eventual** [ɪvéntʃuəl]	→			形 最終的な，結局の
1191 **foremost** [fɔ́:rmòʊst]	→			形 一流の，主要な
1192 **heroic** [həróʊɪk]	→			形 英雄的な，勇敢な
1193 **hierarchical** [hàɪərá:rkɪkəl]	→			形 階層制の，階級組織の
1194 **humane** [hjuméɪn]	→			形 人間味のある，思いやりのある
1195 **incoming** [ínkʌ̀mɪŋ]	→			形 到着する，入って来る
1196 **infamous** [ínfəməs]	→			形 悪名[悪評]の高い〈for ～で〉
1197 **insignificant** [ìnsɪgnífɪkənt]	→			形 ささいな，取るに足りない
1198 **interactive** [ìnʈəræktɪv]	→			形 双方向対話型の，対話形式の
1199 **managerial** [mæ̀nədʒíəriəl]	→			形 管理の，経営の
1200 **desperately** [déspərətli]	→			副 どうしても，是が非でも，必死に

例文	訳
1161 The president said that his victory in the election had given him a (m　　　　　) **to expel** illegal immigrants.	大統領は，選挙での勝利によって不法移民を追放する権限を与えられたと語った。
1162 A new law was passed guaranteeing (m　　　　　) leave for all expectant mothers.	すべての妊婦に出産休暇を保証する新法が可決された。
1163 Viruses damage cells by penetrating their (m　　　　　) and entering them.	ウイルスは細胞の膜を貫いて中に入ることによって細胞に損傷を与える。
1164 Every year, the monarch visits the war (m　　　　　) and leaves a wreath in memory of those who died.	君主は毎年戦争記念碑を訪れ，亡くなった人々をしのんで花輪をたむける。
1165 When the two companies announced their (m　　　　　), many employees began to worry about their jobs.	2社が合併を発表すると，多くの従業員が自分の仕事について心配し始めた。
1166 An angry (m　　　　　) gathered in the streets demanding that the government resign.	怒った暴徒が通りに集まり，政府の退陣を要求した。
1167 The British (m　　　　　) has been through periods of extreme unpopularity in the past.	イギリスの君主制は過去にひどい不人気の時期を経てきている。
1168 Their job offer to me was so generous that I suspected an (u　　　　　) motive.	彼らの仕事の条件はあまりに気前がよかったので，私は隠された動機があるのではないかと疑った。
1169 Sometimes we tire of (s　　　　　) rules and regulations.	私たちは時に過度の決まりと規則が嫌になる。
1170 He made only (s　　　　　) efforts to prepare for the entrance examinations.	彼は入試の準備には時たま努力をしただけだった。
1171 The expert had an apparently (o　　　　　) knowledge of his field.	その専門家は自分の分野において博学な知識を持っているようだった。
1172 This movie is not for those who are (s　　　　　).	この映画はすぐに気持ちが悪くなる人には向かない。
1173 The sloth is characterized by its unusually (s　　　　　) movements.	ナマケモノは異常に活気のない動きが特徴だ。
1174 This classic novel is one of the most famous and (p　　　　　) love stories in Western literature.	この古典小説は，西洋文学の中で最も有名で心を打つラブストーリーの1つだ。
1175 Anthropologists still argue over early man's (p　　　　　) nature.	人類学者は初期人類の捕食性を巡って今でも議論している。
1176 I quickly got tired of the author's (v　　　　　) style.	私はその著者のくどい文体にすぐ飽きた。
1177 He found dealing with students' parents an especially (o　　　　　) duty.	生徒たちの親に対応することは特に厄介な仕事だと彼は思った。
1178 After she published her articles, she received many (a　　　　　) comments from members of the public.	記事を発表した後，彼女は一般大衆の人たちから多くの罵倒のコメントを送られた。
1179 One effect of air pollution is to make seas and lakes more (a　　　　　).	大気汚染の影響の1つは，海と湖をより酸性にすることだ。
1180 The study showed that coming from an educated family is (a　　　　　) in life.	その研究は，高学歴の家に生まれることが人生で有利なことだと示していた。

[解答] 1161 mandate　1162 maternity　1163 membranes　1164 memorial　1165 merger　1166 mob　1167 monarchy　1168 ulterior
1169 superfluous　1170 sporadic　1171 omniscient　1172 squeamish　1173 sluggish　1174 poignant　1175 predatory　1176 verbose
1177 onerous　1178 abusive　1179 acidic　1180 advantageous

学習日　　　　月　　　日

単語	1回目	2回目	3回目	意　味
1201 **sow** [soʊ]	→			動 (もめ事などの種)をまく
1202 **omit** [oʊmít]	→			動 を省く〈from ～から〉, を省略する
1203 **assuage** [əswéɪdʒ]	→			動 (不安など)を和らげる, (怒りなど)を静める
1204 **cede** [siːd]	→			動 を譲渡する〈to ～に〉, を割譲する
1205 **coalesce** [kòʊəlés]	→			動 合体する〈into ～に〉, 合 併する
1206 **divulge** [dəvʌ́ldʒ]	→			動 (秘密など)を漏らす〈to ～に〉, を暴く
1207 **domesticate** [dəméstɪkèɪt]	→			動 を家畜化する, を飼いな らす
1208 **douse** [daʊs]	→			動 (火)を放水して消す, (明 かり)を消す
1209 **enchant** [ɪntʃǽnt]	→			動 を魅了する, を魅惑する
1210 **impeach** [ɪmpíːtʃ]	→			動 を弾劾する〈for ～のこと で〉, を告発する
1211 **infringe** [ɪnfríndʒ]	→			動 (を)侵害する〈on 権利な どを〉, (法など)を侵す
1212 **maim** [meɪm]	→			動 の肢体を不自由にする
1213 **misinterpret** [mìsɪntə́ːrprət]	→			動 を誤って解釈する〈as ～ と〉
1214 **outstrip** [àʊtstríp]	→			動 を上回る, に勝る
1215 **overemphasize** [òʊvərémfəsàɪz]	→			動 を強調し過ぎる
1216 **redirect** [rìːdərékt]	→			動 の用途を変える〈to ～ に〉, の方向を変える
1217 **regress** [rɪgrés]	→			動 退化する〈to ～に〉, 後退 する
1218 **reunify** [riːjúːnɪfàɪ]	→			動 を再統一する, を再統合 する
1219 **sequester** [sɪkwéstər]	→			動 を隔離する〈from ～か ら〉
1220 **solidify** [səlídɪfàɪ]	→			動 を固める, を強化する, 固まる

例　文	訳
1181 He worked for the prime minister in an (a ⎵⎵⎵⎵⎵⎵⎵) role.	彼は顧問の役割で総理大臣に仕えた。
1182 Some (a ⎵⎵⎵⎵⎵⎵⎵) mammals, such as dolphins, are highly intelligent.	イルカなど一部の<u>水生哺乳類</u>は非常に知能が高い。
1183 (C ⎵⎵⎵⎵⎵⎵⎵) countries are usually reluctant to allow the state to regulate economic activity.	<u>資本主義国</u>は，国家に経済活動を統制させておくことに普通消極的だ。
1184 She was a (c ⎵⎵⎵⎵⎵⎵⎵) teacher, adored by her students.	彼女は<u>カリスマ性のある</u>教師で，生徒たちに敬愛されていた。
1185 Contrary to his fears, the high school students turned out to be (c ⎵⎵⎵⎵⎵⎵⎵) and friendly.	彼の不安とは逆に，高校生たちは<u>協力的</u>で友好的だとわかった。
1186 Although no (d ⎵⎵⎵⎵⎵⎵⎵) proof for the theory has been found, many scientists assume it is true.	その理論の<u>決定的</u>証拠はまだ見つかっていないが，多くの科学者はそれが正しいと推測している。
1187 Artificial intelligence is increasingly being used as a (d ⎵⎵⎵⎵⎵⎵⎵) tool by doctors.	人工知能は<u>診断</u>ツールとしてますます医師に利用されるようになっている。
1188 The bird could be easily recognized by the (d ⎵⎵⎵⎵⎵⎵⎵) red plumage on its head.	その鳥は頭の<u>独特な</u>赤い羽毛で容易にそれと見分けられた。
1189 The young woman was studying for a (d ⎵⎵⎵⎵⎵⎵⎵) degree in chemistry and planned to become a researcher.	その若い女性は化学の<u>博士</u>号を取るために勉強していて，研究者になるつもりだった。
1190 The scientist had faith in the (e ⎵⎵⎵⎵⎵⎵⎵) success of the project, despite the difficulties she encountered.	その科学者は，<u>直面する困難</u>にもかかわらず，プロジェクトは<u>最終的に</u>成功すると確信していた。
1191 One of the (f ⎵⎵⎵⎵⎵⎵⎵) novelists of the day, he had won many prizes for his work.	彼は当時の<u>一流</u>小説家の1人で，作品に対して多くの賞を受賞していた。
1192 To many people, the lawyer was a (h ⎵⎵⎵⎵⎵⎵⎵) individual who had fought injustice all her life.	多くの人々にとり，その弁護士は生涯不正と闘った<u>英雄的</u>人物だった。
1193 The company had a very (h ⎵⎵⎵⎵⎵⎵⎵) structure, and younger employees rarely mingled with older ones.	その会社は強い<u>階層</u>構造で，年少の社員が年長の社員と打ち解けることはめったになかった。
1194 Many of those who advocated a more (h ⎵⎵⎵⎵⎵⎵⎵) treatment of prisoners were devout Christians.	囚人のより<u>人道的</u>な扱いを主張する人の多くは敬虔なキリスト教徒だった。
1195 (I ⎵⎵⎵⎵⎵⎵⎵) migrants are usually housed in large camps where their applications to enter are processed.	<u>到着した</u>移民は，入国申請が処理される大きな収容所に通例入れられる。
1196 The area around the docks was (i ⎵⎵⎵⎵⎵⎵⎵) **for** its many seedy bars and clubs.	港湾施設周辺の地域は，いかがわしいバーとクラブがたくさんあることで<u>悪名が高かった</u>。
1197 He believes that although vaccinations carry some risks, they are (i ⎵⎵⎵⎵⎵⎵⎵) compared to the advantages.	彼はワクチン接種にある程度のリスクは伴うが，メリットに比べれば<u>ささいな</u>ものだと思っている。
1198 The department prided itself on its small (i ⎵⎵⎵⎵⎵⎵⎵) classes based on discussions between the teacher and the students.	その学部は，教師と学生の議論に基づく<u>双方向対話型</u>の少人数授業を誇りにしていた。
1199 These days, many people in (m ⎵⎵⎵⎵⎵⎵⎵) positions find themselves working longer and longer hours.	近ごろは，<u>管理職</u>の多くの人の労働時間がいつの間にかどんどん長くなっている。
1200 The hospital said that it (d ⎵⎵⎵⎵⎵⎵⎵) needed volunteers to help treat those sick with the disease.	その病気にかかった人たちの治療を手伝うボランティアが<u>どうしても</u>必要だ，とその病院は言った。

解答 1181 advisory　1182 aquatic　1183 Capitalist　1184 charismatic　1185 cooperative　1186 definitive　1187 diagnostic
1188 distinctive　1189 doctoral　1190 eventual　1191 foremost　1192 heroic　1193 hierarchical　1194 humane　1195 Incoming
1196 infamous　1197 insignificant　1198 interactive　1199 managerial　1200 desperately

学習日　　　　月　　　日

	単語	♪ 1回目	◉ 2回目	◉ 3回目	意味
1221	**venerate** [vénərèɪt]	→			動 を敬う〈as ～として〉, を深く尊敬する
1222	**protocol** [próʊt̬əkà(:)l]	→	↓		名 典範, 定まった儀礼
1223	**raid** [reɪd]	→	↓		名 (警察の)手入れ〈on ～ への〉, 急襲
1224	**regeneration** [rɪdʒènəréɪʃən]	→	↓		名 (器官などの)再生, 再建
1225	**rein** [reɪn]	→	↓		名 統制力〈on ～に対する〉, 制御
1226	**retailer** [rí:teɪlər]	→	↓		名 小売業者, 小売商人
1227	**rhetoric** [rét̬ərɪk]	→	↓		名 レトリック, 巧言
1228	**senate** [sénət]	→	↓		名 (通例 the Senate)上院
1229	**shipment** [ʃípmənt]	→	↓		名 発送物, 出荷品, 発送
1230	**shortcoming** [ʃɔ́ːrtkʌ̀mɪŋ]	→	↓		名 欠点, 短所
1231	**shrub** [ʃrʌb]	→	↓		名 低木
1232	**skepticism** [sképtɪsìzm]	→	↓		名 懐疑心, 疑い深さ
1233	**sophistication** [səfìstɪkéɪʃən]	→	↓		名 洗練, 精巧さ
1234	**strand** [strænd]	→	↓		名 (髪の毛の)房
1235	**synthesis** [sínθəsɪs]	→	↓		名 合成, 統合
1236	**taxation** [tækséɪʃən]	→	↓		名 課税, 税制
1237	**tenant** [ténənt]	→	↓		名 借家人, 借地人, テナント
1238	**throne** [θroʊn]	→	↓		名 王位, 王座
1239	**transcript** [trænskrɪ̀pt]	→	↓		名 🇺🇸 成績証明書, (音声を)文字起こししたもの
1240	**vacuum** [vǽkjuəm]	→	↓		名 電気掃除機

例 文	訳
1201 The failed revolution (s) the seeds of the guerrilla movement which sprang up later in the country's jungles.	失敗に終わった革命は，後にその国のジャングルで湧き起こったゲリラ運動の種をまいた。
1202 Certain passages which criticized the government were (o) **from** later editions of the book.	政府を批判したある特定の箇所がその本の以後の版から省かれた。
1203 The foreign minister did his best to (a) public fears of a war breaking out.	戦争が起きるのではないかという大衆の不安を和らげるため，外務大臣は最善を尽くした。
1204 At the end of the war, the defeated country was forced to (c) the islands **to** its neighbor.	戦争が終わると，敗戦国はその島々を隣国に譲渡せざるを得なかった。
1205 The different environmental groups finally (c) **into** one large organization.	さまざまな環境団体は最終的に合体して1つの大きな組織になった。
1206 The secretary refused to (d) the chairman's home telephone number but agreed to pass on a message.	秘書は社長の自宅の電話番号を漏らすことは拒否したが，メッセージを伝えることには同意した。
1207 (D) animals, such as cows and horses, have played a huge role in human history.	牛や馬などの家畜化された動物は人間の歴史において非常に大きな役割を果たしてきた。
1208 The firefighters attempted to (d) the flames, but they were unsuccessful and the house burned down.	消防士たちは炎を消火しようとしたがうまくいかず，家は全焼した。
1209 When she went out on the balcony, she was (e) by the beautiful view of the mountains.	バルコニーに出た彼女は山々の美しい眺めに魅了された。
1210 The governor of the state was (i) **for** taking bribes from local businessmen.	州知事は地元の実業家から賄賂を受け取ったとして弾劾された。
1211 Many people denounced the new law for (i) **on** the right to privacy.	多くの人が新法はプライバシーの権利を侵害していると非難した。
1212 In the hospital, there were many soldiers who had been (m) during the war.	病院には戦争中に体が不自由になった多くの兵士がいた。
1213 Many people (m) the comedy **as** racist when in fact it was satirizing racist attitudes.	その喜劇は実際は人種差別的な態度を風刺していたが，多くの人は人種差別的だと誤って解釈した。
1214 The demand for tickets to the concert far (o) the number of seats available.	そのコンサートのチケットの需要は，用意できる座席数をはるかに上回った。
1215 Universities naturally have a tendency to (o) their strengths and to downplay their weaknesses.	そもそも大学には，強みを過度に強調し弱みを軽く見せる傾向がある。
1216 The government decided to (r) some of its foreign aid **to** the defense budget.	政府は海外援助の一部を防衛予算に回すことに決めた。
1217 As the Roman Empire collapsed, some parts of Europe (r) **to** a more primitive lifestyle.	ローマ帝国が崩壊すると，ヨーロッパの一部地域はより原始的な生活様式に退化した。
1218 After America's Civil War, the most pressing need was to (r) the divided nation.	アメリカ南北戦争後の最も緊急の必要は，分裂した国家を再統一することだった。
1219 In the new reality show, ten ordinary people were (s) **from** their daily lives and placed on a tropical island.	その新しいリアリティー番組では，一般人10人が日常生活から隔離され熱帯の島に置かれた。
1220 The government gradually (s) its control of the rebel territory.	政府は反乱軍の領土の支配を徐々に固めた。

単語編

でる度

B

↓

1221
〜
1240

解答 1201 sowed　1202 omitted　1203 assuage　1204 cede　1205 coalesced　1206 divulge　1207 Domesticated　1208 douse
1209 enchanted　1210 impeached　1211 infringing　1212 maimed　1213 misinterpreted　1214 outstripped　1215 overemphasize
1216 redirect　1217 regressed　1218 reunify　1219 sequestered　1220 solidified

学習日　　　月　　　日

単語	1回目	2回目	3回目	意　味
1241 **vulnerability** [vÀlnərəbíləţi]	→	↓		图 受けやすいこと〈to 批判 などを〉，かかりやすい こと〈to 病気に〉
1242 **additive** [ǽdəţɪv]	→	↓		图 添加物
1243 **billionaire** [bìljənéər]	→	↓		图 億万長者
1244 **Christianity** [krìstʃiǽnəţi]	→	↓		图 キリスト教
1245 **clot** [klɑ(:)t]	→	↓		图 (血などの)塊，凝血
1246 **condominium** [kà(:)ndəmíniəm]	→	↓		图 ■ 分譲マンション
1247 **dealership** [díːlərʃɪp]	→	↓		图 ディーラー，特約店
1248 **foe** [foʊ]	→	↓		图 敵
1249 **fund-raising** [fÁndrèɪzɪŋ]	→	↓		图 資金集め
1250 **insurgency** [ɪnsə́ːrdʒənsi]	→	↓		图 暴動，反乱
1251 **nausea** [nɔ́ːziə]	→	↓		图 吐き気
1252 **patriotism** [péɪtriətìzm]	→	↓		图 愛国心
1253 **replica** [réplɪkə]	→	↓		图 レプリカ，複製
1254 **squeak** [skwiːk]	→	↓		图 きいきいという音 [声]，金切り声
1255 **vaccination** [væksɪnéɪʃən]	→	↓		图 ワクチン接種
1256 **wrinkle** [ríŋkl]	→	↓		图 (顔・布などの)しわ
1257 **migrant** [máɪɡrənt]	→	↓		图 移住者
1258 **accolade** [ǽkəlèɪd]	→	↓		图 称賛，賛美
1259 **bigotry** [bíɡətri]	→	↓		图 偏狭，頑迷
1260 **burglar** [bə́ːrɡlər]	→	↓		图 強盗，泥棒

例　文	訳
1221 The old man was (v) by many younger athletes **as** the greatest athlete of the century.	その老人はその世紀の最も偉大なアスリートとして多くの年下のアスリートに<u>敬</u>われていた。
1222 Official (p) made it difficult for the king to comment on the rumors about his marriage.	公式典範があるため，王が自らの結婚に関するうわさについてコメントするのは難しかった。
1223 At midnight, the police carried out a (r) **on** the nightclub, looking for illegal drugs.	午前0時に警察はそのナイトクラブに<u>手入れ</u>を行い，違法薬物を捜索した。
1224 Cell (r) occurs naturally in both plants and animals.	細胞の<u>再生</u>は植物でも動物でも自然に生じる。
1225 She was a strict mother who kept a tight (r) **on** her children's behavior.	彼女は子供たちの振る舞い<u>を厳しく統制</u>する厳格な母親だった。
1226 During the economic recession, many small (r) went bankrupt.	不況の間に多くの小規模<u>小売業者</u>が倒産した。
1227 The politician used emotive (r) to appeal to the audience.	その政治家は聴衆に訴えるため，感情をあおる<u>レトリック</u>を用いた。
1228 After years of serving in local government, he was able to win a seat in the (S).	長年地方自治で働いた後，彼は<u>上院</u>の議席を獲得することができた。
1229 The customs officials used dogs to check all incoming (s) for concealed narcotics.	麻薬が隠されていないか，税関の役人は犬を使ってすべての到着する<u>発送物</u>を調べた。
1230 Critics were quick to point out the (s) of her research, which relied on a very small body of evidence.	批判者たちは，ほんのわずかの証拠に依拠する彼女の研究の<u>欠点</u>をすかさず指摘した。
1231 In general, (s) are tougher and need less care than other kinds of plants.	一般に，<u>低木</u>の方がほかの種類の植物より丈夫で，手入れもそれほど必要ない。
1232 His claim that alien beings had visited the Earth was met with widespread (s).	宇宙人が地球を訪れたことがあるという彼の主張には広く<u>疑い</u>が向けられた。
1233 The (s) of the young boy's language amazed everyone at the party.	その若い少年の言葉遣いの<u>洗練</u>は，パーティーにいたみんなを驚かせた。
1234 When she found (s) of hair in the bath, she felt quite disgusted.	彼女は風呂で髪の<u>房</u>を見つけてとてもむかついた。
1235 Chemical (s) has led to the creation of many useful new products.	<u>化学合成</u>によって多くの有用な新製品が創出されている。
1236 Conservative governments often lower the (t) of large companies, arguing that it allows the system of capitalism to flourish.	保守政府はしばしば大企業への<u>課税</u>を引き下げ，そうすれば資本主義制度が繁栄できると主張する。
1237 When the landlord once again raised the rent, many (t) responded by withholding their payments.	家主が家賃を再び上げると，多くの<u>借家人</u>は支払いを保留することで対応した。
1238 When the young prince came to the (t), he soon showed himself to be a wiser man than his father.	若い王子は<u>王位</u>に就くと，父親より賢明な人物であることをすぐに証明した。
1239 Applicants were asked to produce an official (t) of their high school grades.	応募者は，高校の成績の正式な<u>成績証明書</u>を提示するよう求められた。
1240 The inventor designed a new kind of (v) cleaner, which quickly became a hit around the world.	その発明家は新しいタイプの電気掃除機を設計し，すぐに世界中でヒット商品になった。

単語編

でる度
B
↓
1241
〜
1260

解答 1221 venerated　1222 protocol　1223 raid　1224 regeneration　1225 rein　1226 retailers　1227 rhetoric　1228 Senate
1229 shipments　1230 shortcomings　1231 shrubs　1232 skepticism　1233 sophistication　1234 strands　1235 synthesis
1236 taxation　1237 tenants　1238 throne　1239 transcript　1240 vacuum

学習日　　　　月　　　日

単語	1回目	2回目	3回目	意 味
1261 **by-product** [báɪprà(:)dəkt]	→			图 副産物
1262 **conservationist** [kà(:)nsərvéɪʃənɪst]	→			图 自然保護論者
1263 **consternation** [kà(:)nstərnéɪʃən]	→			图 仰天, 驚愕
1264 **criminality** [krìmɪnǽləṭi]	→			图 犯罪性, 犯罪行為
1265 **multicultural** [mÀltikÁltʃərəl]	→			形 多文化の
1266 **multinational** [mÀltinǽʃənəl]	→			形 多国籍の
1267 **nasty** [nǽsti]	→			形 (病気などが) 重い, 不快な, 意地悪な
1268 **optimal** [á(:)ptɪməl]	→			形 最善の, 最適な
1269 **organized** [ɔ́:rɡənàɪzd]	→			形 (人が) てきぱきとした, (活動などが) 組織された
1270 **parliamentary** [pà:rləmén̩ṭəri]	→			形 議会の, 議会制の
1271 **pivotal** [pívəṭəl]	→			形 極めて重要な〈to ～に〉, 決定的な, 中心的な
1272 **postwar** [pòʊstwɔ́:r]	→			形 戦後の
1273 **prestigious** [prestí:dʒəs]	→			形 名声の高い, 威信のある
1274 **residual** [rɪzídʒuəl]	→			形 残りの, 残余の
1275 **tangible** [tǽndʒəbl]	→			形 明白な, 確実な
1276 **tribal** [tráɪbəl]	→			形 部族の
1277 **unavoidable** [Ànəvɔ́ɪdəbl]	→			形 避けられない, 不可避の
1278 **vertical** [vɔ́:rṭɪkəl]	→			形 垂直の, 縦の
1279 **viable** [váɪəbl]	→			形 実行可能な, 実現性のある
1280 **virgin** [vɔ́:rdʒən]	→			形 人跡未踏の, 処女の, 童貞の

例　文	訳
1241 Illegal immigrants suffer from a (v　　　　　) **to** blackmail and so often have to accept poor working conditions.	不法移民には恐喝を受けやすい弱みがあるので，しばしば劣悪な労働条件を受け入れざるを得ない。
1242 Recently, more people have started to check what (a　　　　　) foodstuffs contain.	最近は，食料品にどんな添加物が含まれているかを確認し始める人が増えている。
1243 When his first song was a worldwide hit, the young singer became a (b　　　　　) overnight.	デビュー曲が世界中でヒットすると，その若い歌手は一夜にして億万長者になった。
1244 (C　　　　　) is usually said to have the most followers of any religion.	キリスト教はあらゆる宗教の中で最も信者が多いと普通言われる。
1245 Blood (c　　　　　) in the brain can be dangerous, as they are a cause of strokes.	脳の血栓は脳卒中の原因になるので危険なことがある。
1246 Many (c　　　　　) had been built along the seafront in order to take advantage of the view.	眺めを活用するために，海沿いの地域には多くの分譲マンションが建てられていた。
1247 Most towns in the United States have at least one car (d　　　　　).	米国のほとんどの町には，車のディーラーが少なくとも1軒はある。
1248 The politician infuriated his many (f　　　　　) by easily winning a third election.	その政治家は3度目の選挙で楽勝して多くの敵を激怒させた。
1249 A big (f　　　　　) dinner was held to support the building of a new wing at the hospital.	病院の新病棟建設を支援するため，盛大な資金集め夕食会が開かれた。
1250 When an (i　　　　　) broke out in the north of the country, the government immediately sent in troops.	国の北部で暴動が起きると，政府は直ちに軍隊を派遣した。
1251 One of the side effects of the medicine was an intense feeling of (n　　　　　).	その薬の副作用の1つは，強い吐き気を感じることだった。
1252 In many countries, older people worry about a lack of (p　　　　　) among the young.	多くの国の年配の人たちは若者の間に愛国心がないことを心配している。
1253 In the local market, there were stalls selling cheap (r　　　　　) of ancient coins and statues.	地元の市場では，いくつもの露店で大昔の硬貨と彫像の安っぽいレプリカを売っていた。
1254 The boy heard some (s　　　　　) coming from the cupboard, and when he opened it, there was a mouse inside.	食器棚からきいきいという音が聞こえたので少年が開けてみると，中にネズミがいた。
1255 These days, many false rumors about the dangers of (v　　　　　) are being spread on the Internet.	近ごろは，ワクチン接種の危険性に関する多くのデマがネット上で広まっている。
1256 Getting (w　　　　　) is an inevitable part of human aging.	しわができるのは人の加齢の避けられない要素だ。
1257 When there is a downturn in the economy, (m　　　　　) are usually among the first to be affected.	景気が下降しているとき，移住者はたいてい最初に影響を受ける人たちの中にいる。
1258 The old actor received many (a　　　　　) for his performance in the film.	その老優はその映画での演技で多くの称賛を受けた。
1259 The minority leader accused the police of (b　　　　　) and discrimination.	そのマイノリティーの指導者は警察の偏狭さと差別を非難した。
1260 While she was away, (b　　　　　) broke into her house and stole most of her jewelry.	彼女の留守中に強盗が家に侵入し，宝石をほとんど盗んだ。

単語編

でる度
B
↓
1261
〜
1280

解答 1241 vulnerability　1242 additives　1243 billionaire　1244 Christianity　1245 clots　1246 condominiums　1247 dealership
1248 foes　1249 fund-raising　1250 insurgency　1251 nausea　1252 patriotism　1253 replicas　1254 squeaks　1255 vaccinations
1256 wrinkles　1257 migrants　1258 accolades　1259 bigotry　1260 burglars

学習日　　　月　　　日

単語	1回目	2回目	3回目	意味
1281 **wary** [wéəri]	→			形 用心深い〈of ~に〉, 注意深い
1282 **delinquent** [dɪlíŋkwənt]	→			形 🇺🇸 未納の, 非行の
1283 **frustrating** [frʌ́streɪtɪŋ]	→			形 欲求不満を起こさせる
1284 **immoral** [ɪmɔ́(ː)rəl]	→			形 不道徳な, ふしだらな
1285 **inspiring** [ɪnspáɪərɪŋ]	→			形 奮い立たせる, 鼓舞する
1286 **interstate** [ìntərstéɪt]	→			形 (主に米国の)各州間の
1287 **misleading** [mìslíːdɪŋ]	→			形 誤解させる, 判断を誤らせる
1288 **qualified** [kwá(ː)lɪfàɪd]	→			形 適任の〈for ~に〉, 資格のある〈for ~の〉
1289 **slack** [slæk]	→			形 緩んだ, たるんだ, 怠慢な
1290 **unconstitutional** [ʌ̀nkà(ː)nstətjúːʃənəl]	→			形 違憲の, 憲法違反の
1291 **unilateral** [jùːnɪlǽt̬ərəl]	→			形 (決定などが)一方的な
1292 **autonomous** [ɔːtá(ː)nəməs]	→			形 自律的な, 自立した, (車が)自動運転の
1293 **arid** [ǽrɪd]	→			形 ひどく乾燥した
1294 **asexual** [eɪsékʃuəl]	→			形 無性の, 生殖器のない
1295 **astounding** [əstáʊndɪŋ]	→			形 仰天するような
1296 **benevolent** [bənévələnt]	→			形 善意の
1297 **canine** [kéɪnàɪn]	→			形 犬の
1298 **cardiopulmonary** [kàːrdioupʌ́lmənèri]	→			形 心肺の
1299 **conscientious** [kà(ː)nʃiénʃəs]	→			形 誠実な, 念入りな
1300 **radically** [rǽdɪkəli]	→			副 根本的に, 徹底的に

単語編

でる度 **B**
↓
1281
〜
1300

例　文	訳
1261 The waste generated as a (b　　　　　　) when making leather is very harmful to the environment.	革を作る際に副産物として生じる廃棄物は環境に非常に有害だ。
1262 In his later years, the philosopher became a leading (c　　　　　　) and a critic of industrial capitalism.	その哲学者は晩年，自然保護派の指導者となり産業資本主義を批判するようになった。
1263 To the (c　　　　　　) of the audience, the professor tripped and fell off the stage.	聴衆が仰天したことに，教授はつまずいてステージから落ちた。
1264 Immigrants became unfairly identified with (c　　　　　　) and suffered much discrimination as a result.	移民は犯罪性と不当に同一視されるようになり，その結果ひどい差別を被った。
1265 Implementing (m　　　　　　) education brings with it many unforeseen challenges.	多文化教育の実行には多くの思いがけない困難が付き物だ。
1266 The industry is dominated by a handful of huge (m　　　　　　) corporations.	その産業は一握りの巨大多国籍企業が牛耳っている。
1267 During the rugby match, he suffered a (n　　　　　　) cut to the eye and had to retire from the game.	ラグビーの試合中，彼は目にひどい切り傷を負い，試合を途中退場しなければならなかった。
1268 For (o　　　　　　) results, the diet should be combined with regular exercise such as jogging.	最善の結果を得るには，食事はジョギングなどの定期的運動と組み合わせるべきだ。
1269 The new secretary was an extremely (o　　　　　　) person and much more efficient than her boss.	新しい秘書はものすごくてきぱきとした人で，上司よりはるかに有能だった。
1270 Under a (p　　　　　　) system, the prime minister is usually the leader of the party which gets the most votes.	議会制度の下では，通例総理大臣は最も多く票を得た政党のリーダーだ。
1271 He believed that effective advertising would be (p　　　　　　) **to** the success of the new product.	新製品の成功には効果的な広告が極めて重要になると彼は考えていた。
1272 In many Western countries, social democratic parties won power in the immediate (p　　　　　　) period.	多くの西洋諸国で，戦後間もない時期は社会民主主義政党が権力を握った。
1273 Entering a (p　　　　　　) university is often the first step to a successful career.	名門大学に入ることは，しばしばキャリアの成功への第一歩だ。
1274 After the strike was over, there was still some (r　　　　　　) ill feeling between the workers and the management.	ストライキが終わった後，労使間にはまだ少ししこりが残っていた。
1275 Although the cut in tariffs was welcomed, it has yet to have (t　　　　　　) effects on the economy.	関税削減は歓迎されたが，経済への明白な効果はまだ出ていない。
1276 In some African countries, (t　　　　　　) chiefs continue to play a role in government.	一部のアフリカの国では，部族の長が政治において役割を担い続けている。
1277 Any radical policy on inflation is likely to have (u　　　　　　) negative consequences.	インフレに関するどんな急進的な政策もおそらく悪影響をもたらすことは避けられない。
1278 In some areas with limited space, farmers have begun growing plants on shelves arranged in a (v　　　　　　) fashion.	スペースが限られた一部の地域では，農家は垂直に配置した棚で植物を育て始めている。
1279 Although his invention attracted a lot of attention, it is still too expensive to be commercially (v　　　　　　).	彼の発明は大きな注目を集めたが，商業的に実現可能になるにはやはりお金がかかり過ぎる。
1280 Early settlers soon began to clear the (v　　　　　　) forest in order to grow crops.	初期の入植者は，作物を育てるためすぐに原生林を切り開き始めた。

解答 1261 by-product　1262 conservationist　1263 consternation　1264 criminality　1265 multicultural　1266 multinational
1267 nasty　1268 optimal　1269 organized　1270 parliamentary　1271 pivotal　1272 postwar　1273 prestigious　1274 residual
1275 tangible　1276 tribal　1277 unavoidable　1278 vertical　1279 viable　1280 virgin

学習日　　　　月　　　日

単語	1回目	2回目	3回目	意味
1301 **persist** [pərsíst]	→			動 やり抜く, 持続する, 固執する
1302 **undertake** [ʌ̀ndərtéɪk]	→	↓		動 を引き受ける
1303 **confiscate** [ká(:)nfɪskèɪt]	→	↓		動 を没収する
1304 **mock** [mɑ(:)k]	→	↓		動 (仕草)をまねる, をからかう
1305 **epitomize** [ɪpíṭəmàɪz]	→	↓		動 の典型である
1306 **expedite** [ékspədàɪt]	→	↓		動 をはかどらせる, を促進する
1307 **facilitate** [fəsílətèɪt]	→	↓		動 を容易にする, を助長する
1308 **disseminate** [dɪsémɪnèɪt]	→	↓		動 を普及させる
1309 **corroborate** [kərá(:)bərèɪt]	→	↓		動 を確証する
1310 **curb** [kəːrb]	→	↓		動 を抑制する
1311 **oppress** [əprés]	→	↓		動 を抑圧する, を虐げる
1312 **retard** [rɪtá:rd]	→	↓		動 を遅らせる, を妨げる
1313 **avert** [əvə́:rt]	→	↓		動 (視線・考えなど)をそらす〈from ～から〉
1314 **curtail** [kəːrtéɪl]	→	↓		動 を切り詰める
1315 **demean** [dɪmí:n]	→	↓		動 の品位を下げる
1316 **circumvent** [sə̀ːrkəmvént]	→	↓		動 の抜け道を見つける, を回避する
1317 **dissect** [dɪsékt]	→	↓		動 を分析する, を解剖する
1318 **renounce** [rɪnáʊns]	→	↓		動 を放棄する, と関係を絶つ
1319 **cajole** [kədʒóʊl]	→	↓		動 (人)を言いくるめる
1320 **blur** [bləːr]	→	↓		動 を不明瞭にさせる

例 文	訳
1281 People should be (w　　　　　) **of** investment opportunities that offer very high rates of return.	非常に高い収益率を提示する投資機会には**用心**した方がいい。
1282 With the household's bills being overly (d　　　　　), the electric company shut off the power to the house.	その世帯があまりに長く支払いを滞納していたので，電力会社はその家への電気を止めた。
1283 The negotiations were extremely (f　　　　　), as the other side refused to compromise even slightly.	相手方がわずかな妥協も拒んだので，交渉は非常に**フラストレーション**がたまるものだった。
1284 Many people feel that it is (i　　　　　) to put the interests of wealthy investors before those of hard-working employees.	勤勉な社員の利益より裕福な投資家の利益を優先するのは**道義に反する**，と多くの人が感じる。
1285 The guest speaker made an (i　　　　　) speech in which he urged graduates to give something back to society.	ゲストスピーカーは，社会に恩返しをするよう卒業生を促す，**気持ちを奮い立たせる**スピーチをした。
1286 In the United States, most (i　　　　　) crimes are tried in federal and not state courts.	米国では，**州をまたぐ犯罪**はほとんどが州裁判所ではなく連邦裁判所で裁かれる。
1287 Writers often use statistics in a (m　　　　　) way to paint a false picture of the world.	作家はしばしば**誤解を招くような**統計の使い方をして，世界を誤った形で描こうとする。
1288 Everyone was surprised when the most (q　　　　　) candidate was not accepted for the job.	最も**適任**の候補者がその職に採用されなかったとき，誰もが驚いた。
1289 She pounded her hammer on the (s　　　　　) nails in order to secure the roof of her house.	彼女は自宅の屋根を固定するため，**緩んだくぎ**にハンマーを打ち下ろした。
1290 The judge declared the new law (u　　　　　) because it restricted freedom of speech.	新法は言論の自由を制限しているので**違憲**だ，と裁判官は宣告した。
1291 At one point, Britain came close to a (u　　　　　) renunciation of its nuclear weapons.	ある時点で，イギリスは自国の核兵器を**一方的**に放棄する一歩手前まで行った。
1292 We aim to educate our students to be (a　　　　　) individuals who are capable of thinking for themselves.	当校の目標は，生徒たちが自ら考えることのできる**自律的**な個人になるよう教育することである。
1293 Little grew in the (a　　　　　) desert, so local people had to find other ways of making a living besides farming.	**乾き切った**砂漠ではほとんど何も育たなかったので，地元民は農業以外の方法で生計を立てる必要があった。
1294 Although we think of reproduction as involving two sexes, (a　　　　　) reproduction does occur in nature.	生殖には2つの性が関与すると私たちは思うけれど，自然においては**無性生殖**が実際に生じる。
1295 The (a　　　　　) cost of houses in the capital was the result of an influx of wealthy foreigners.	首都の**仰天するような**住宅価格は，裕福な外国人の流入によるものだった。
1296 The government's intentions were (b　　　　　), but the policy had a terrible effect on many people.	政府の意図は**善意**から出たものだったが，その政策は多くの人にひどい影響を与えた。
1297 Some (c　　　　　) diseases are actually very similar to those which afflict human beings.	**犬の**病気の中には，人間を悩ます病気に実際によく似たものもある。
1298 (C　　　　　) diseases are especially common among smokers.	**心肺の**病気は喫煙者に特によく見られる。
1299 She was a (c　　　　　) worker who always carried out her duties on time.	彼女は常に任務を時間どおりに実行する**誠実な**働き手だった。
1300 The new boss (r　　　　　) changed the company's approach to selling its products.	新しい上司は製品を売る会社の手法を**根本的**に変えた。

解答 1281 wary　1282 delinquent　1283 frustrating　1284 immoral　1285 inspiring　1286 interstate　1287 misleading
1288 qualified　1289 slack　1290 unconstitutional　1291 unilateral　1292 autonomous　1293 arid　1294 asexual　1295 astounding
1296 benevolent　1297 canine　1298 Cardiopulmonary　1299 conscientious　1300 radically

学習日　　　月　　　日

単語	1回目	2回目	3回目	意 味
1321 **dispatch** [dɪspǽtʃ]	→			動 を急送する，を急派する
1322 **dissuade** [dɪswéɪd]	→			動 に思いとどまらせる〈from ～を〉
1323 **admonish** [ədmɑ́(:)nɪʃ]	→			動 を諭す〈for ～の理由で〉，をたしなめる
1324 **traverse** [trəvə́:rs]	→			動 を横断する
1325 **veto** [ví:ṭou]	→			動 (法案など)に拒否権を行使する
1326 **linger** [líŋɡər]	→			動 ぶらぶらする，ぐずぐずする
1327 **replenish** [rɪplénɪʃ]	→			動 を補充する
1328 **disparage** [dɪspǽrɪdʒ]	→			動 を見くびる
1329 **stray** [streɪ]	→			動 はぐれる〈from ～から〉
1330 **accentuate** [əkséntʃuèɪt]	→			動 を強調する
1331 **exterminate** [ɪkstə́:rmɪnèɪt]	→			動 を絶滅させる
1332 **retort** [rɪtɔ́:rt]	→			動 言い返す，に反論する
1333 **encapsulate** [ɪnkǽpsəlèɪt]	→			動 を要約する，をカプセルに入れる
1334 **evacuate** [ɪvǽkjuèɪt]	→			動 を避難させる〈from ～から〉，を立ち退かせる
1335 **monastery** [mɑ́(:)nəstèri]	→			名 (男子の)僧院，修道院
1336 **obedience** [oubí:diəns]	→			名 服従〈to ～への〉，従順
1337 **occupant** [ɑ́(:)kjʊpənt]	→			名 (土地・家屋などの)居住者，占有者，(乗り物に)乗っている人
1338 **offense** [əféns]	→			名 犯罪，違反，侮蔑
1339 **orchard** [ɔ́:rtʃərd]	→			名 果樹園
1340 **patron** [péɪtrən]	→			名 (芸術などの)後援者，パトロン

例　文	訳
1301 Despite numerous disappointments, the scientist (p　　　) until he found a cure.	何度となく失望したにもかかわらず，その科学者は治療法を見つけるまでやり抜いた。
1302 The soldiers (u　　　) the responsibility to defend their country.	兵士たちは母国を守る責任を引き受けた。
1303 Any cellphone found on school premises was automatically (c　　　).	学校の構内で見つかったすべての携帯電話は自動的に没収された。
1304 The comedian made his name by (m　　　) politicians and other powerful figures.	そのコメディアンは，政治家やほかの影響力のある人物の物まねで有名になった。
1305 For many people, the band's music (e　　　) the spirit of the 1960s.	多くの人々にとって，そのバンドの音楽は1960年代の精神の典型だった。
1306 The company had to (e　　　) the development of the new product to meet demand.	その会社は，需要に対処するために新製品の開発をはかどらせる必要があった。
1307 I recently found a new book that (f　　　) my grasp of quantum mechanics.	私は最近，量子力学についての私の理解を助けてくれる新しい本を見つけた。
1308 The first printing press allowed people to easily (d　　　) the written word.	印刷機が作られて初めて，人々は書かれた言葉を容易に流布させることができるようになった。
1309 The detective tried to gather more evidence to (c　　　) the woman's accusations.	刑事はその女性の訴えを確証するため，もっと証拠を集めようとした。
1310 The mayor announced that he intended to (c　　　) spending on the city's parks.	市長は市立公園への支出を抑制するつもりだと発表した。
1311 For years, the regime had (o　　　) the people, denying them their freedom.	何年にもわたってその政権は民衆を抑圧し，自由を与えなかった。
1312 Government red tape has (r　　　) progress on economic reform.	政府の官僚的な形式主義は経済改革の進行を遅らせてきた。
1313 In her embarrassment, she (a　　　) her eyes **from** my gaze.	彼女は当惑のあまり私の視線から目をそらした。
1314 We were forced to (c　　　) our trip due to a family emergency.	家族に緊急事態が発生したため，私たちは旅行日程を切り詰めねばならなかった。
1315 The feminist group complained that the advertisements (d　　　) women.	その広告は女性の品位を下げている，とそのフェミニスト団体は苦情を述べた。
1316 He accused the company of trying to (c　　　) their earlier agreement.	以前の取り決めの抜け道を見つけようとしているとして，彼はその会社を非難した。
1317 The philosopher carefully (d　　　) the scientist's argument in order to disprove it.	その哲学者は，その科学者の論証が誤りであることを証明するために注意深く分析した。
1318 At an early age, the king (r　　　) his throne and retreated into private life.	若いころにその王は王位を放棄し，私人としてひっそりと暮らした。
1319 When at first I refused to help, she began to (c　　　) me in a sweet tone of voice.	最初助けることを拒絶したら，彼女は甘い口調で私を言いくるめようとし始めた。
1320 The drizzling rain (b　　　) my vision, making it dangerous to drive further.	そぼ降る雨で視界がぼやけ，それ以上車で進むのは危険になった。

解答 1301 persisted　1302 undertook　1303 confiscated　1304 mocking　1305 epitomized　1306 expedite　1307 facilitated　1308 disseminate　1309 corroborate　1310 curb　1311 oppressed　1312 retarded　1313 averted　1314 curtail　1315 demeaned　1316 circumvent　1317 dissected　1318 renounced　1319 cajole　1320 blurred

学習日　　　月　　　日

単 語	1回目	2回目	3回目	意 味
1341 **petroleum** [pətróuliəm]	→			名 石油
1342 **pigment** [pígmənt]	→			名 顔料，色素
1343 **placebo** [pləsíːbou]	→			名 偽薬，プラセボ，プラシーボ
1344 **probability** [prà(ː)bəbíləṭi]	→			名 見込み〈of ～の，that …という〉，公算
1345 **proliferation** [prəlìfəréiʃən]	→			名 急増，拡散
1346 **detachment** [dɪtǽtʃmənt]	→			名 無私，超然
1347 **diarrhea** [dàɪəríːə]	→			名 下痢
1348 **diorama** [dàɪərǽmə]	→			名 ジオラマ
1349 **enactment** [ɪnǽktmənt]	→			名（法律の）制定
1350 **exaggeration** [ɪgzæ̀dʒəréiʃən]	→			名 誇張
1351 **figment** [fígmənt]	→			名 想像の産物
1352 **hallucination** [həlùːsɪnéiʃən]	→			名 幻覚
1353 **incision** [ɪnsíʒən]	→			名 切開，切り込み
1354 **kickback** [kíkbæk]	→			名 リベート，キックバック
1355 **linguist** [líŋgwɪst]	→			名 言語学者
1356 **litany** [lítəni]	→			名 延々と続くもの
1357 **measles** [míːzlz]	→			名 はしか
1358 **microcredit** [màɪkrouəkrédɪt]	→			名 マイクロクレジット，微少額貸付
1359 **obsolescence** [à(ː)bsəlésəns]	→			名 廃れること，旧式になること
1360 **omnivore** [á(ː)mnɪvɔ̀ːr]	→			名 雑食動物

例 文	訳
1321 The company promises to (d) all orders on the day that they are received.	注文を受けたその日にすべての注文品を急送する，とその会社は約束している。
1322 A social worker managed to (d) the man **from** jumping to his death.	ソーシャルワーカーがその男性の飛び降り自殺をどうにか思いとどまらせることができた。
1323 When the man (a) the teenagers **for** smoking, they just laughed.	男性が10代の若者たちに喫煙を注意したとき，彼らは笑っただけだった。
1324 It took the explorers longer than expected to (t) the terrain.	探検家たちがその地域を横断するのに，予想よりも長く時間がかかった。
1325 The president (v) the Congressional bill cutting welfare to the poor.	大統領は貧困層への福祉を削減する議会法案に拒否権を行使した。
1326 Even after school is over, that group of students likes to (l) around.	放課後になっても，あの生徒たちのグループはぶらぶら残っていたがる。
1327 Once a week the farmers drive to town to (r) their supplies.	週に1度，農場主たちは生活必需品を補充するために車で町へ出る。
1328 Even members of the scientific community (d) the cloning of a sheep.	科学界の人々でさえ，羊のクローン化を見くびっていた。
1329 Visitors who (s) **from** the path sometimes get lost in the woods.	道から外れた観光客が時々森の中で迷子になる。
1330 The politician tried to (a) the positive achievements of the government.	その政治家は政府のよい成果を強調しようとした。
1331 The wolves were eventually (e) by settlers in the area.	オオカミはその地域の入植者によってついに絶滅させられた。
1332 The comedian could always (r) in a witty way to any comment.	その喜劇役者はいつも，どんなコメントにも機知に富んだ答えを返すことができた。
1333 The professor began by (e) his previous lectures on the subject.	教授はそのテーマに関する以前の講義を要約することから始めた。
1334 People were (e) **from** their homes because of the danger of an eruption.	噴火の危険があるので，人々は自宅から避難させられた。
1335 Many Buddhist (m) in China were built high up on the sides of mountains.	中国の多くの仏教僧院は山の斜面の高い所に建てられた。
1336 As history shows, blind (o) **to** authority can lead to terrible crimes.	歴史が示すように，権威への盲従は恐ろしい犯罪を招くことがある。
1337 The (o) of the apartment behaved in an eccentric way, shouting out comments to passing strangers.	アパートのその居住者は，通りかかる知らない人に大声で言葉をかけ，奇矯な振る舞いをした。
1338 Those who had committed serious (o) such as murder were imprisoned separately.	殺人のような重い犯罪を犯した者は別々に収監された。
1339 There were many apple (o) in the area that were badly damaged by the storm.	その地域には，嵐で大きな被害を受けた多くのリンゴ園があった。
1340 In the past, artists often had to rely on wealthy (p) to make a living.	昔は，芸術家は生計を立てるためにしばしば裕福な後援者に頼らなければならなかった。

解答 1321 dispatch　1322 dissuade　1323 admonished　1324 traverse　1325 vetoed　1326 linger　1327 replenish　1328 disparaged
1329 stray　1330 accentuate　1331 exterminated　1332 retort　1333 encapsulating　1334 evacuated　1335 monasteries
1336 obedience　1337 occupant　1338 offenses　1339 orchards　1340 patrons

学習日　　　月　　日

単語	1回目	2回目	3回目	意 味
1361 outlay [áutlèɪ]	→			图 (事業を始めるためなどの)出費，支出
1362 overuse [òʊvərjúːs]	→			图 使い過ぎ
1363 realtor [ríːəltər]	→			图 🇺🇸 不動産業者
1364 relapse [rɪlǽps]	→			图 (病気の)ぶり返し，(元の状態への)逆戻り
1365 reverence [révərəns]	→			图 尊敬〈for ～に対する〉，崇敬
1366 revitalization [riːvàɪṭələzéɪʃən]	→			图 再活性化，復興
1367 sustenance [sʌ́stənəns]	→			图 食物，栄養，持続
1368 zoologist [zoʊá(ː)lədʒɪst]	→			图 動物学者
1369 disguise [dɪsgáɪz]	→			图 変装
1370 privilege [prívəlɪdʒ]	→			图 特典，特権
1371 breakthrough [bréɪkθrùː]	→			图 大進歩，突破
1372 endowment [ɪndáʊmənt]	→			图 寄付(金)
1373 verdict [vɜ́ːrdɪkt]	→			图 (陪審員の)評決，決定，判断
1374 momentum [moʊménṭəm]	→			图 勢い，運動量
1375 brevity [brévəṭi]	→			图 (時の)短さ，簡潔さ
1376 precedent [présɪdənt]	→			图 前例
1377 morale [mərǽl]	→			图 勤労意欲，士気
1378 culprit [kʌ́lprɪt]	→			图 犯人，罪人
1379 habitable [hǽbəṭəbl]	→			形 居住に適した，住むことのできる
1380 humanlike [hjúːmənlàɪk]	→			形 人間に似た，人型の

単語編

でる度
B
↓
1361
〜
1380

例文	訳
1341 Many (p　　　　　　) companies have begun to invest in renewable forms of energy.	多くの<u>石油会社</u>が再生可能なエネルギー形態に投資し始めている。
1342 The local cloth was dyed using natural (p　　　　　　), which gave it a distinctive look.	その土地の布は天然の<u>顔料</u>を用いて染色されていて，そのため見た目が独特だった。
1343 Half of the patients were given the new drug, and half were given (p　　　　　　) that had no effect.	患者の半数は新薬を与えられ，半数は何の効き目もない<u>偽薬</u>を与えられた。
1344 The weather forecast said that there was a strong (p　　　　　　) **of** snow within the next 24 hours.	今から24時間以内に雪に<u>なる見込み</u>が高い，と天気予報は言っていた。
1345 The (p　　　　　　) of fake medicines on the Internet is causing concern among doctors.	インターネットでのまがい物の薬の<u>急増</u>が医師の間に懸念をもたらしている。
1346 As an outsider, he could approach the issue with (d　　　　　　) and see both sides of the question.	部外者である彼は<u>無私な態度</u>でその問題に取り組み，問題点の両面を見ることができた。
1347 A common symptom of food poisoning is (d　　　　　　), but this usually does not last long.	食中毒によくある症状は<u>下痢</u>だが，普通長くは続かない。
1348 The museum curator created a (d　　　　　　) of the city center, showing how it had been 200 years ago.	その博物館のキュレーターは，市の中心部の200年前の姿を表す<u>ジオラマ</u>を作った。
1349 Before the (e　　　　　　) of the law, opium had been freely available on the open market.	その法律の<u>制定</u>前は，アヘンは一般市場で自由に手に入った。
1350 While the book contained few outright lies, it was full of misleading (e　　　　　　) of the truth.	その本にあからさまなうそはほとんど含まれていなかったが，誤解を招く真実の<u>誇張</u>だらけだった。
1351 She said that the stranger he had seen in the garden had just been a (f　　　　　　) of his imagination.	彼が庭で見かけた知らない人は彼の<u>想像の産物</u>にすぎない，と彼女は言った。
1352 Some psychedelic drugs can induce (h　　　　　　) such as the impression that one is flying.	一部の幻覚剤は，自分が空を飛んでいる感じといった<u>幻覚</u>を引き起こすことがある。
1353 The surgeon made a deep (i　　　　　　) in his chest as a prelude to carrying out heart surgery.	心臓手術を行う幕開けに，外科医は彼の胸を深く<u>切開</u>した。
1354 After the politician died, evidence emerged that he had received (k　　　　　　) from arms manufacturers.	その政治家が亡くなった後，武器メーカーから<u>リベート</u>を受け取っていた証拠が明るみに出た。
1355 Many (l　　　　　　) doubt the idea that grammatical structures determine the way we think.	多くの<u>言語学者</u>は，文法構造が私たちの考え方を決定するという考えを疑っている。
1356 History is often taught today as a (l　　　　　　) of crimes and disasters.	歴史は今日では犯罪と惨事の<u>延々とした羅列</u>として教えられることが多い。
1357 (M　　　　　　) is just one of the diseases that has been brought under control by vaccinations.	<u>はしか</u>は，ワクチン接種によって制圧された病気の1つである。
1358 (M　　　　　　), which means providing very small loans to poor people, is now widely appreciated by economists.	<u>マイクロクレジット</u>は貧困層にわずかな融資をすることで，今では経済学者が広く評価している。
1359 Rapid (o　　　　　　) has always been a characteristic of consumer electronics.	急速に<u>廃れること</u>は，消費者向け電化製品の昔からの特徴だ。
1360 (O　　　　　　) are creatures, like humans, which eat both plants and animals.	<u>雑食動物</u>は人間のように植物も動物も食べる生物のことである。

解答　**1341** petroleum　**1342** pigments　**1343** placebos　**1344** probability　**1345** proliferation　**1346** detachment　**1347** diarrhea
1348 diorama　**1349** enactment　**1350** exaggerations　**1351** figment　**1352** hallucinations　**1353** incision　**1354** kickbacks
1355 linguists　**1356** litany　**1357** Measles　**1358** Microcredit　**1359** obsolescence　**1360** Omnivores

学習日　　　　月　　　日

単語	1回目	2回目	3回目	意 味
1381 **innumerable** [ɪnjúːmərəbl]	→			形 数え切れない，無数の
1382 **involuntary** [ɪnvá(ː)ləntèri]	→	↓		形 不本意な，不随意の
1383 **irrefutable** [ìrɪfjúːtəbl]	→	↓		形 論駁できない
1384 **itchy** [ítʃi]	→	↓		形 かゆい
1385 **long-lasting** [lɔ(ː)ŋlǽstɪŋ]	→	↓		形 長持ちする，長続きする
1386 **measurable** [méʒərəbl]	→	↓		形 はっきりとわかる，目に見えるほどの，測定できる
1387 **nebulous** [nébjʊləs]	→	↓		形 曖昧な，漠然とした
1388 **nomadic** [noʊmǽdɪk]	→	↓		形 遊牧の，遊牧民の
1389 **paradoxical** [pæ̀rədá(ː)ksɪkəl]	→	↓		形 逆説的な
1390 **rebellious** [rɪbéljəs]	→	↓		形 反抗的な，反乱の
1391 **reductionist** [rɪdʌ́kʃənìst]	→	↓		形 還元主義的な
1392 **reliant** [rɪláɪənt]	→	↓		形 頼りにした〈on, upon ~を〉，当てにした
1393 **self-centered** [sèlfséntˌərd]	→	↓		形 自己本位の，利己的な
1394 **self-employed** [sèlfɪmplɔ́ɪd]	→	↓		形 自営業の，自営の
1395 **soggy** [sá(ː)gi]	→	↓		形 びしょぬれの，水浸しの
1396 **subservient** [səbsə́ːrviənt]	→	↓		形 卑屈な，こびへつらう
1397 **taxonomic** [tæ̀ksəná(ː)mɪk]	→	↓		形 分類学上の，分類の
1398 **unbiased** [ʌnbáɪəst]	→	↓		形 偏見のない，公平な
1399 **unproductive** [ʌ̀nprədʌ́ktɪv]	→	↓		形 非生産的な
1400 **dense** [dens]	→	↓		形 密集した，（霧・雲などが）濃い

例文	訳
1361 The initial (o　　　　) for establishing a dental practice is high, but the money can soon be earned back.	歯科開業の初期費用は高額だが，そのお金はすぐに稼いで取り返すことができる。
1362 The (o　　　　) of antibiotics is leading to more and more bacterial infections that cannot be treated.	抗生物質の過度の使用により，治療できない細菌感染がどんどん増えている。
1363 Based on the (r　　　　)'s advice, they decided to reduce the price they were asking for the house.	不動産業者のアドバイスに基づいて，彼らは家の売り値を下げることにした。
1364 The woman seemed to be recovering well, but then she suffered a (r　　　　) and went back into the hospital.	女性は順調に回復しているように思えたが，その後病気がぶり返して病院に逆戻りした。
1365 Many older people continued to feel a (r　　　　) **for** the monarchy.	多くの年配の人は君主制に尊敬を感じ続けていた。
1366 The building of the new factory led to the (r　　　　) of the whole area.	その新工場の建設が地域全体の再活性化につながった。
1367 The peasants were traditionally able to provide (s　　　　) for themselves and their families.	小作人たちは伝統的に自分と家族の食物は賄うことができた。
1368 (Z　　　　) have been warning for some time that many species face extinction.	動物学者は，多くの種が絶滅の危機に瀕しているとしばらく前から警告し続けている。
1369 Nobody recognized the famous pop star through his (d　　　　).	変装していたので，有名なポップスターに誰も気付かなかった。
1370 Railway employees have the (p　　　　) of being allowed to travel on any train for free.	鉄道会社の社員は，どんな電車にも無料で乗れるという特典を持っている。
1371 It took several years to achieve any (b　　　　) in AIDS research.	エイズ研究で何らかの大進歩が達成されるまでに数年かかった。
1372 A wealthy graduate had left the college a huge (e　　　　).	裕福な卒業生が大学に高額の寄付をしていた。
1373 The public was shocked by the jury's (v　　　　) of "guilty."	大衆は陪審の「有罪」評決にショックを受けた。
1374 Coaches often say that (m　　　　) is an important part of winning a game.	コーチというのは，勢いは試合に勝つ重要な要素だ，とよく言うものだ。
1375 Haiku poets often suggest, at least indirectly, the (b　　　　) of life.	俳人は，少なくとも遠回しに，人生のはかなさといったことを詠むことが多い。
1376 His request was refused because there was no (p　　　　).	彼の要請は前例がなかったので拒否された。
1377 In an effort to improve (m　　　　), the boss announced a picnic for all his employees.	何とかして勤労意欲を高めようと，社長は全社員参加のピクニックを発表した。
1378 After a long police search, the (c　　　　) was apprehended.	警察による長期の捜索の末，犯人が逮捕された。
1379 In time, humans spread out from Africa to all the (h　　　　) parts of the Earth.	やがて人間はアフリカから地球のあらゆる居住に適した場所へと広がった。
1380 Many mascots are (h　　　　) animals that are associated with a particular area or sports team.	多くのマスコットは，特定の地域やスポーツチームに関係する人間に似た動物だ。

単語編

でる度 **B**
↓
1381
～
1400

解答 1361 outlay　1362 overuse　1363 realtor　1364 relapse　1365 reverence　1366 revitalization　1367 sustenance
1368 Zoologists　1369 disguise　1370 privilege　1371 breakthroughs　1372 endowment　1373 verdict　1374 momentum　1375 brevity
1376 precedent　1377 morale　1378 culprit　1379 habitable　1380 humanlike

Q 　大問4の英作文問題でも大問1の語彙問題で出題されるような単語を使った方がよいのでしょうか。

A 　大問4の英作文問題ではテーマに沿った英作文を書きますが、ここでは無理をして『でる順パス単』レベルの単語を使う必要はありません。それよりも自身の見解をその裏付けと共に明確に表現しながら、全体の構成をまとめることを優先させましょう。平易な文であっても文法や単語の用い方の誤りが少なく、内容が充実している解答が高得点につながります。

　英語の4技能とは、インプット（Reading & Listening）とアウトプット（Writing & Speaking）から構成されます。幼児が徐々に母語を習得するように、アウトプットができるようになるにはその前に多くのインプットが必要です。単語集で覚えた単語をいきなり英作文で使うことには無理があります。語法を間違ってしまったり、日本語訳に惑わされて本来のニュアンスから外れた用法になったりして、読み手が違和感を覚えるかもしれません。

　『でる順パス単』に掲載された単語は、語彙問題や読解、リスニングで出てきたときに即座に理解できるレベルを目指しましょう。これをアウトプットでも使えるようにするのは、その先の大きなステップです。英検1級一次試験の英作文や二次試験の面接でそれらを使うことは短期間でできることではありません。無理に背伸びをしようとするとほかの大切な要素がおろそかになり、よい結果をもたらさない可能性があります。あくまでも、まずは英検1級合格で求められる語彙レベルを目指すとよいでしょう。

単語学習の不安を
先生に相談してみよう！

単語編

でる度 **C** 力を伸ばす単語 **700**

学習日　　　月　　　日

単語	1回目	2回目	3回目	意 味
1401 defame [dɪféɪm]	→			動 の名誉を傷つける，を中傷する
1402 contemplate [ká(:)ntəmplèɪt]	→			動 を熟考する，沈思黙考する
1403 adorn [ədɔ́:rn]	→			動 を飾る〈with ～で〉
1404 deflect [dɪflékt]	→			動 をそらす，外れる
1405 empathize [émpəθàɪz]	→			動 共感する〈with ～に〉，感情移入する
1406 embezzle [ɪmbézl]	→			動 を横領する
1407 impair [ɪmpéər]	→			動 を損なう
1408 mar [mɑ:r]	→			動 を損なう
1409 pledge [pledʒ]	→			動 を誓約する
1410 assimilate [əsíməlèɪt]	→			動 同化する〈into ～に〉，を吸収する
1411 reap [ri:p]	→			動 を刈り取る
1412 saturate [sǽtʃərèɪt]	→			動 を飽和状態にする，を完全に浸す
1413 simulate [símjulèɪt]	→			動 を模擬実験する，のふりをする
1414 amplify [ǽmplɪfàɪ]	→			動 を拡大する，を詳述する，を増幅する
1415 permeate [pɔ́:rmièɪt]	→			動 に広まる，に浸透する
1416 reside [rɪzáɪd]	→			動 住む
1417 withhold [wɪðhóʊld]	→			動 を与えない，を抑える，を差し控える
1418 shatter [ʃǽtər]	→			動 を粉砕する，（健康など）を害する
1419 diversify [dəvɔ́:rsɪfàɪ]	→			動 を多様化する
1420 capitulate [kəpítʃəlèɪt]	→			動 屈服する〈to ～に〉，降伏する

例 文	訳
1381 Modern medicine has saved (i) people from diseases that were once fatal.	現代医学は，かつては致死だった病気から<u>数え切れない</u>人を救ってきた。
1382 Although the government claimed the farmers had moved of their own free will, the relocations were actually (i).	農民たちは自らの自由意志で引っ越したと政府は主張したが，転居は実は<u>不本意な</u>ものだった。
1383 The prosecutor said that he would provide (i) evidence that the accused was guilty of the crime.	被告がその犯罪を犯した<u>反論の余地のない</u>証拠を示す，と検察官は言った。
1384 The little boy suffered from an (i) rash caused by an allergy.	その小さい男の子はアレルギーが原因で<u>かゆい</u>発疹が出た。
1385 Stone buildings are naturally much more (l) than ones made of wood.	石の建物は木製の建物より当然ずっと<u>長持ちする</u>。
1386 The researchers found a (m) difference in the levels of air pollution in the area around the factory.	研究者たちは，工場周辺地域の大気汚染レベルには<u>はっきりとわかる</u>違いがあることを発見した。
1387 Most people agree that the evidence for UFOs is too (n) to be convincing.	UFOの証拠はあまりに<u>曖昧</u>で説得力がないという点でほとんどの人が一致している。
1388 The anthropologist studied one of the (n) tribes that lived in the Sahara Desert.	その人類学者はサハラ砂漠に住む<u>遊牧</u>部族の1つを調査した。
1389 The general safety of modern life has the (p) effect of increasing people's fear of violent crime.	現代生活の全般的安全には，暴力犯罪への人々の不安を増大させるという<u>逆説的な</u>効果がある。
1390 Many children go through a (r) phase when they become teenagers.	多くの子供は10代になると<u>反抗期</u>を経験する。
1391 The scientist was opposed to (r) accounts of consciousness that explained it in purely physical terms.	意識を純粋に物理学的な用語で説明する<u>還元主義的な</u>意識の記述にその科学者は反対だった。
1392 The medical expert argued that people today have become too (r) **on** painkillers.	今の人々は鎮痛剤に<u>頼り</u>過ぎるようになっている，とその医療専門家は主張した。
1393 Like many older people, he regarded the younger generation as spoiled and (s).	彼は多くの年配の人と同じように，若い世代は甘やかされていて<u>自己中心的</u>だと考えていた。
1394 (S) people are often suspected of paying less tax than those who work for companies.	<u>自営業</u>の人たちは，会社勤めの人たちより納税額が少ないのではないかとしばしば疑われる。
1395 The ground was (s) after the heavy rain, and she decided to wear boots to work.	大雨の後地面は<u>ぬかるんで</u>いて，彼女はブーツを履いて仕事に行くことにした。
1396 He adopted a (s) attitude to his superiors and an arrogant one to those below him.	彼は上役たちには<u>卑屈な</u>態度を，地位が下の者たちには尊大な態度を取った。
1397 He was not interested in (t) questions such as the proper definition of a species.	彼は種の正式な定義といった<u>分類学の</u>疑問には関心がなかった。
1398 It is important that the media report the news in an objective and (u) way.	メディアは客観的で<u>偏りのない</u>ようにニュースを伝えることが重要だ。
1399 The meeting between the two sides was (u), and they broke up without reaching an agreement.	両者の会議は<u>非生産的</u>で，合意に達しないまま解散した。
1400 It was difficult to get through the (d) undergrowth.	低木の<u>密集した</u>場所を通り抜けるのは困難だった。

解答 1381 innumerable　1382 involuntary　1383 irrefutable　1384 itchy　1385 long-lasting　1386 measurable　1387 nebulous
1388 nomadic　1389 paradoxical　1390 rebellious　1391 reductionist　1392 reliant　1393 self-centered　1394 self-employed
1395 soggy　1396 subservient　1397 taxonomic　1398 unbiased　1399 unproductive　1400 dense

学習日　　　　月　　　日

単 語	1回目	2回目	3回目	意 味
1421 **augment** [ɔːgmént]	→			動 を増加させる, を大きくする
1422 **acclaim** [əkléɪm]	→	↓		動 を称賛する
1423 **prosecute** [prá(ː)sɪkjùːt]	→	↓		動 を起訴する, を告訴する
1424 **anoint** [ənɔ́ɪnt]	→	↓		動 に油を注いで聖別する, に塗油する
1425 **lurk** [ləːrk]	→	↓		動 潜む, 待ち伏せる
1426 **agitate** [ǽdʒɪtèɪt]	→	↓		動 を動揺させる, を扇動する
1427 **accost** [əkɔ́(ː)st]	→	↓		動 (見知らぬ人)に声をかける, に近寄る
1428 **bridle** [bráɪdl]	→	↓		動 つんと怒る〈at ~に〉
1429 **tack** [tæk]	→	↓		名 (従来と異なる)方針, 政策
1430 **agility** [ədʒíləti]	→	↓		名 敏しょう性, 機敏さ
1431 **allure** [əlúər]	→	↓		名 魅力
1432 **affinity** [əfínəti]	→	↓		名 親近感〈for, with ~への〉, 相性, 類似性
1433 **hype** [haɪp]	→	↓		名 誇大宣伝
1434 **benchmark** [béntʃmàːrk]	→	↓		名 基準, 尺度
1435 **integration** [ìntəgréɪʃən]	→	↓		名 統合, 差別撤廃による人種統合
1436 **libel** [láɪbəl]	→	↓		名 名誉毀損, 中傷
1437 **annotation** [æ̀nətéɪʃən]	→	↓		名 注釈
1438 **asylum** [əsáɪləm]	→	↓		名 亡命, 保護, 避難所
1439 **efficacy** [éfɪkəsi]	→	↓		名 効力, 有効性
1440 **acrimony** [ǽkrəmòʊni]	→	↓		名 とげとげしさ, 辛辣さ

例 文	訳
1401 The journalist was accused of (d) an honest businessman.	そのジャーナリストは，誠実な実業家の名誉を傷つけたとして告訴された。
1402 His heart sank as he (c) the pile of work that lay on his desk.	机に積まれた仕事の山のことを考えると彼の気持ちは沈んだ。
1403 To welcome the soldiers home, the station was (a) **with** flags.	兵士の帰郷を歓迎するため，駅は旗で飾られた。
1404 Sunglasses are designed to (d) UV rays of direct sunlight.	サングラスは直射日光の紫外線をそらすことを目的として作られている。
1405 Although he (e) **with** the protestors' feelings, he did not support them.	彼は抗議者たちの気持ちに共感したが，支持はしなかった。
1406 The banker was eventually sent to prison because he (e) funds.	その銀行家は預金を横領したため，結局は刑務所に入れられた。
1407 His hearing was (i) from years of playing in a rock band.	彼の聴力は長年のロックバンドでの演奏活動によって損なわれた。
1408 Yesterday's tornado (m) some of the fields in the countryside.	昨日の竜巻で，その地方の畑の一部が台無しになった。
1409 A medieval knight was required to (p) allegiance to his lord.	中世の騎士は領主に忠誠を誓うことを要求された。
1410 Immigrant workers sometimes found it difficult to (a) **into** society.	移民労働者たちは社会に同化するのが難しいと感じることもあった。
1411 The local farmers helped each other to (r) the wheat.	その地方の農家は互いに助け合って小麦を刈り取った。
1412 The market for television sets is completely (s) in some countries.	テレビの市場が完全に飽和状態になっている国もある。
1413 At the army training camp, the soldiers must (s) a battle operation.	陸軍の訓練キャンプでは，兵士たちは戦闘の模擬演習をしなければならない。
1414 He used his social media channels to (a) his message.	彼はメッセージを広めるため，ソーシャルメディアチャネルを用いた。
1415 Anxiety about the future had (p) every part of the company.	将来への不安が会社の至る所に広まっていた。
1416 After the couple retired, they (r) in a small seaside town.	その夫婦は定年後，小さな海辺の町に住んだ。
1417 The government was accused of (w) information about the disease.	政府はその病気に関する情報を公開しないことを責められた。
1418 The baseball (s) the huge picture window of a nearby house.	その野球のボールは近くの家の大きな見晴らし窓を粉々に割った。
1419 Many farmers (d) crops to hedge against unpredictable weather and climate.	多くの農家は予測のつかない天気と気候に対する自衛手段として，作物を多様化している。
1420 The official threatened retribution if they did not (c) **to** his demands.	その役人は，彼らが自分の要求に屈服しなければ報復すると脅した。

単語編

でる度 C

↓

1421
〜
1440

解答 **1401** defaming **1402** contemplated **1403** adorned **1404** deflect **1405** empathized **1406** embezzled **1407** impaired **1408** marred **1409** pledge **1410** assimilate **1411** reap **1412** saturated **1413** simulate **1414** amplify **1415** permeated **1416** resided **1417** withholding **1418** shattered **1419** diversify **1420** capitulate

単語	1回目	2回目	3回目	意 味
1441 **ordinance** [ɔ́:rdənəns]	→			图 条例，法令
1442 **discrepancy** [dɪskrépənsi]	→			图 不一致〈in ~での〉
1443 **hazard** [hǽzərd]	→			图 危険〈to, for ~にとっての〉
1444 **predicament** [prɪdíkəmənt]	→			图 苦境
1445 **blunder** [blʌ́ndər]	→			图 重大なミス
1446 **rubble** [rʌ́bl]	→			图 がれき
1447 **exodus** [éksədəs]	→			图 大量出国，移住，(the Exodus)(イスラエル人の)エジプト脱出
1448 **menace** [ménəs]	→			图 脅威〈to ~に対する〉
1449 **curfew** [kə́:rfju:]	→			图 夜間外出禁止令，🇺🇸 門限
1450 **cinch** [sɪntʃ]	→			图 簡単なこと
1451 **depiction** [dɪpíkʃən]	→			图 描写
1452 **ordeal** [ɔ:rdí:l]	→			图 厳しい試練，苦難
1453 **incidence** [ínsɪdəns]	→			图 発生率，影響の範囲
1454 **pageant** [pǽdʒənt]	→			图 華麗な行列，山車
1455 **parameter** [pərǽmətər]	→			图 限界
1456 **cramp** [kræmp]	→			图 けいれん，(~s)生理痛
1457 **limb** [lɪm]	→			图 手足
1458 **dissolution** [dìsəlú:ʃən]	→			图 解体，分解，(議会などの)解散
1459 **deference** [défərəns]	→			图 敬意，服従
1460 **advent** [ǽdvènt]	→			图 出現〈of ~の〉，到来

例 文	訳
1421 In order to (a) my income, I work several part-time jobs.	収入を増やすために，私はパートの仕事をいくつかしている。
1422 His films were (a) for their honesty and realism.	彼の映画は誠実さと写実性で高く評価された。
1423 There was not enough evidence to (p) the suspect.	容疑者を起訴する十分な証拠がなかった。
1424 In a traditional ritual, the new king was (a) by a priest.	伝統的な儀式で，新国王は司祭に油を注がれ聖別された。
1425 The scared child said that a monster was (l) under his bed.	おびえたその子は，ベッドの下に怪物が潜んでいると言った。
1426 He was so (a) when his daughter failed to come home by 11:00 that he called the police.	娘が11時になっても帰宅しなかったので，彼は動揺して警察に電話した。
1427 As he walked past, a homeless man (a) him for money.	彼が歩いて通りかかると，ホームレスの男が金をくれと彼に声をかけた。
1428 The girl (b) **at** the suggestion she was envious of her friend's success.	友人の成功をねたんでいるのだろうとそれとなく言われたことに少女はつんと怒った。
1429 After the first clinical trial showed the ineffectiveness of the vaccine, the researchers took another (t).	最初の治験でそのワクチンが有効でないとわかった後，研究者たちは別の方針を取った。
1430 The old man showed surprising (a) as he climbed the mountain.	老人はその山を登る際に驚くべき敏しょう性を見せた。
1431 The young actress could not resist the (a) of Hollywood.	その若い女優はハリウッドの魅力にあらがえなかった。
1432 Although we had only met each other twice, we felt a great (a) **for** each other.	それまで2度しか会ったことがなかったが，私たちはお互いに強い親近感を持った。
1433 He refused to believe all the (h) about the new invention.	彼はその新発明に関する誇大宣伝をどれ一つ信じようとしなかった。
1434 The program was said to have set a new (b) for documentaries.	その番組はドキュメンタリー番組の新しい基準を定めたと言われた。
1435 Racial (i) of schools was eventually mandated by the American government.	学校の人種統合は最終的にアメリカ政府により義務化された。
1436 The tabloid went bankrupt because so many people won (l) suits against it.	そのタブロイド紙は，とても多くの人が同紙に名誉毀損訴訟で勝訴したので破産した。
1437 The scholar's (a) to the play were full of errors.	その学者がその戯曲に加えた注釈は間違いだらけだった。
1438 The refugees applied for political (a) as soon as they landed.	難民たちは上陸するとすぐに政治亡命を申請した。
1439 One must often doubt the (e) of the United Nations in world governance.	世界の統治における国連の効力はしばしば疑問に付されなければならない。
1440 The problems were finally resolved but not without some (a).	問題はやっと解決したが，いくらかとげとげしさがあった。

単語編

でる度 **C**

↓

1441
〜
1460

解答 1421 augment 1422 acclaimed 1423 prosecute 1424 anointed 1425 lurking 1426 agitated 1427 accosted 1428 bridled
1429 tack 1430 agility 1431 allure 1432 affinity 1433 hype 1434 benchmark 1435 integration 1436 libel 1437 annotations
1438 asylum 1439 efficacy 1440 acrimony

学習日 　　月　　日

単語	♪ 1回目	👁 2回目	👁 3回目	意 味
1461 **dividend** [dívɪdènd]	→			图(株の)配当金
1462 **connotation** [kà(:)nətéɪʃən]	→			图言外の意味
1463 **ebb** [eb]	→			图衰退，減退，引き潮
1464 **primate** [práɪmeɪt]	→			图霊長類
1465 **conspiracy** [kənspírəsi]	→			图共謀，陰謀
1466 **bankruptcy** [bǽŋkrʌptsi]	→			图倒産
1467 **imposition** [ìmpəzíʃən]	→			图(税・重荷などを)課すること，負担
1468 **absurdity** [əbsə́ːrdəti]	→			图不合理，不条理，ばかばかしさ
1469 **apathy** [ǽpəθi]	→			图無関心，無感動
1470 **alignment** [əláɪnmənt]	→			图調整，一列にすること
1471 **annihilation** [ənàɪəléɪʃən]	→			图絶滅
1472 **altruistic** [æltruístɪk]	→			形利他的な
1473 **defunct** [dɪfʌ́ŋkt]	→			形使用されていない
1474 **ubiquitous** [jubíkwəţəs]	→			形遍在する
1475 **covert** [kóʊvəːrt]	→			形内密の
1476 **clandestine** [klændéstɪn]	→			形秘密の，人目をはばかる
1477 **austere** [ɔːstíər]	→			形厳しい
1478 **exquisite** [ɪkskwízɪt]	→			形この上なく見事な，とても優美な
1479 **affluent** [ǽfluənt]	→			形裕福な，豊富な
1480 **ambivalent** [æmbívələnt]	→			形相反する感情を持った〈about, toward ～に〉，曖昧な

例 文	訳
1441 A recent (o) against smoking in public places has pleased many citizens.	公共の場所での喫煙を禁じる最近の<u>条例</u>が，多くの市民を喜ばせている。
1442 An auditor found a large (d) **in** the accounts of the bank's transactions.	会計検査官がその銀行の取引帳簿**に**大きな<u>不一致</u>を見つけた。
1443 The dump site was deemed a health (h) **to** people in the community.	そのごみ投棄場は地域住民**にとって**健康上<u>危険</u>であると考えられていた。
1444 He was saved from his (p) by a loan from his father-in-law.	彼は義父からの融資によって<u>苦境</u>から救われた。
1445 The investigation blamed a series of (b) for the accident.	調査は一連の<u>重大ミス</u>がその事故の原因だとした。
1446 Clearing away (r) after the accident was itself a huge task.	事故の後で<u>がれき</u>を片付けること自体が大変な仕事だった。
1447 During the civil war, there was a mass (e) of the villagers into neighboring countries.	内戦の間，村人の近隣諸国への<u>大量出国</u>があった。
1448 The politician said that young hooligans were becoming an increasing (m) **to** society.	不良少年たちはますます社会**に対する**<u>脅威</u>になっている，とその政治家は述べた。
1449 The government imposed a (c) in an attempt to prevent further protests.	政府はそれ以上の抗議行動を防ぐべく<u>夜間外出禁止令</u>を敷いた。
1450 After the exam, he said it had been a (c) and he was sure that he had passed.	試験が終わると彼は，試験は<u>簡単</u>だったし合格を確信していると言った。
1451 Some felt that the film's (d) of the queen was disrespectful.	その映画での女王の<u>描写</u>が失礼だと感じる人たちもいた。
1452 She found that giving evidence in the trial was a terrible (o).	裁判で証言するのは大変な<u>試練</u>だと彼女は感じた。
1453 Authorities were concerned about the increasing (i) of violent crime.	暴力犯罪の<u>発生率</u>が上昇していることを当局は憂慮していた。
1454 Every year, a (p) is held to celebrate the town's history.	毎年，その町の歴史を祝うために<u>華麗な行列</u>が開催される。
1455 The budget imposed strict (p) on how much could be spent on the project.	予算はそのプロジェクトに使える金額に厳しい<u>限界</u>を課した。
1456 A (c) forced the star player out of the game at a crucial moment.	<u>けいれん</u>のため，そのスター選手は重大な時にやむを得ず試合を途中退場した。
1457 The scientist studied the body and (l) of the new animal species.	その科学者は新しい動物種の胴体と<u>手足</u>を研究した。
1458 The issue of slavery once threatened to cause the (d) of the United States.	奴隷制度問題が原因で米国は<u>解体</u>の危機に瀕したことがある。
1459 In Asia particularly, one is expected to treat the elderly with (d).	特にアジアでは，高齢者を<u>敬意</u>を持って遇するのが当然だと考えられている。
1460 The (a) **of** television changed forever the way news was reported.	テレビの<u>出現</u>はニュースの報道方法を永遠に変えた。

解答 1441 ordinance　1442 discrepancy　1443 hazard　1444 predicament　1445 blunders　1446 rubble　1447 exodus
1448 menace　1449 curfew　1450 cinch　1451 depiction　1452 ordeal　1453 incidence　1454 pageant　1455 parameters　1456 cramp
1457 limbs　1458 dissolution　1459 deference　1460 advent

学習日　　月　　日

単語	1回目	2回目	3回目	意味
1481 **adept** [ədépt]	→			形 熟練した〈at, in ~に〉
1482 **belligerent** [bəlídʒərənt]	→			形 けんか腰の，好戦的な，交戦中の
1483 **aloof** [əlúːf]	→			形 よそよそしい，冷淡な
1484 **endemic** [endémɪk]	→			形 特有の
1485 **pervasive** [pərvéɪsɪv]	→			形 まん延した，隅々に広がった
1486 **diffident** [dífɪdənt]	→			形 自信のない
1487 **dilapidated** [dɪlǽpɪdèɪtɪd]	→			形 荒廃した
1488 **pristine** [prístiːn]	→			形 汚されていない，初期の
1489 **fiscal** [fískəl]	→			形 財政の，国庫の
1490 **auspicious** [ɔːspíʃəs]	→			形 幸先のよい，縁起のよい
1491 **petrified** [pétrɪfàɪd]	→			形 (恐怖で)体がすくんだ，怖がった
1492 **elusive** [ɪlúːsɪv]	→			形 理解しにくい，捕まえにくい
1493 **docile** [dá(ː)səl]	→			形 従順な
1494 **pragmatic** [præɡmǽtɪk]	→			形 実利的な，実用的な，実用主義の
1495 **salient** [séɪliənt]	→			形 目立った，顕著な
1496 **oblivious** [əblíviəs]	→			形 気付いていない〈of ~に〉，忘れている〈of ~を〉
1497 **addictive** [ədíktɪv]	→			形 中毒性のある
1498 **amenable** [əmíːnəbl]	→			形 従順な〈to ~に〉，従う義務がある
1499 **astute** [əstjúːt]	→			形 鋭敏な，洞察力のある，抜け目のない
1500 **blatantly** [bléɪtəntli]	→			副 露骨に

例　文	訳
1461 The shareholders waited patiently for the payment of their (d　　　　　　) at the end of the year.	株主たちは年末の<u>配当金</u>の支払いを辛抱強く待った。
1462 Understanding the (c　　　　　　) of foreign words can be difficult.	外国語の単語の<u>言外の意味</u>を理解するのは難しいことがある。
1463 There was an (e　　　　　　) in the company's fortunes as new rivals appeared.	新たな競争相手が出現して，その企業の繁栄に<u>衰え</u>が見られた。
1464 Observation of human children reveals behavioral similarities to other (p　　　　　　).	人間の子供を観察すると，ほかの<u>霊長類</u>と行動が似ていることが明らかになる。
1465 The dissident was accused of organizing a (c　　　　　　) against the government.	その反体制活動家は，政府に対する<u>共謀</u>を計画したとして告発された。
1466 A series of rash investments brought the company to (b　　　　　　).	無謀な投資を続けたことがその会社の<u>倒産</u>を招いた。
1467 The sudden (i　　　　　　) of the new tax was widely resented.	突然その新税が<u>課されたこと</u>は多くの人の怒りを買った。
1468 He described the policy of paying farmers not to grow crops as a bureaucratic (a　　　　　　).	農家に作物を作らせないために金を払う政策は官僚的な<u>不合理</u>だ，と彼は評した。
1469 While I often enjoy my students arguing with me, I cannot tolerate their political (a　　　　　　).	私は学生とちょくちょく議論するのが好きだが，彼らの政治的<u>無関心</u>は我慢できない。
1470 After the minor car accident, I needed to take my car in for a wheel (a　　　　　　).	ちょっとした自動車事故の後，私は自分の車をホイールの<u>調整</u>に出さなければならなかった。
1471 The world is threatened with (a　　　　　　) from nuclear weapons.	世界は核兵器による<u>絶滅</u>の危険にさらされている。
1472 The businessman said his donations had been (a　　　　　　) in nature.	その実業家は，自分の寄付は本質的に<u>利他的な</u>ものだったと述べた。
1473 The factory had long been (d　　　　　　) and was now a ruin.	工場は長い間<u>使用されておらず</u>，もはや廃墟になっていた。
1474 At certain times of the year in Bali, tourists seem to be (u　　　　　　).	バリ島では毎年ある時期になると観光客が<u>至る所にいる</u>ように見える。
1475 The (c　　　　　　) activities of the CIA have been roundly condemned.	CIAの<u>秘密</u>活動は厳しく非難されている。
1476 Their meetings always had to be (c　　　　　　) and brief.	彼らが会うときはいつも<u>内密</u>かつ手短でなくてはならなかった。
1477 His (a　　　　　　) expression and manner belied the kindness underneath.	<u>厳しい</u>表情と態度とは裏腹に，彼は根は親切だった。
1478 The lady's spring dress is of (e　　　　　　) design and quality.	その婦人の春物のドレスは<u>この上なく見事な</u>デザインと品質だ。
1479 As a population grows more (a　　　　　　), it naturally begins to buy more luxury goods.	人々がより<u>裕福</u>になれば，よりぜいたくな商品を買い始めるのは当然だ。
1480 He felt (a　　　　　　) **about** his promotion because it would involve more work.	昇進すると仕事が増えるので，彼は昇進には<u>相反する気持ちを抱いて</u>いた。

単語編

でる度
C
↓
1481
〜
1500

解答 1461 dividends　1462 connotations　1463 ebb　1464 primates　1465 conspiracy　1466 bankruptcy　1467 imposition 1468 absurdity　1469 apathy　1470 alignment　1471 annihilation　1472 altruistic　1473 defunct　1474 ubiquitous　1475 covert 1476 clandestine　1477 austere　1478 exquisite　1479 affluent　1480 ambivalent

学習日　　　月　　日

単語	) 1回目	☞ 2回目	☞ 3回目	意　味
1501 **baffle** [bǽfl]	→			動 を困惑させる
1502 **embroil** [ɪmbrɔ́ɪl]	→			動 を巻き込む〈in 論争など に〉
1503 **enumerate** [ɪnjúːmərèɪt]	→			動 を列挙する
1504 **recede** [rɪsíːd]	→			動 遠ざかる〈into ~へ〉,後退する
1505 **plead** [pliːd]	→			動 (plead to do で) ~することを嘆願する,嘆願する〈for ~を〉
1506 **clump** [klʌmp]	→			動 群れを成す
1507 **tangle** [tǽŋgl]	→			動 をもつれさせる
1508 **beguile** [bɪɡáɪl]	→			動 を欺いて導く〈into ~に〉,をだます
1509 **dissipate** [dísɪpèɪt]	→			動 散る,を浪費する
1510 **strive** [straɪv]	→			動 懸命に努力する,がんばる
1511 **taunt** [tɔːnt]	→			動 をあざける,をなじる
1512 **confer** [kənfɔ́ːr]	→			動 協議する〈with ~と〉,相談する
1513 **insulate** [ínsəlèɪt]	→			動 を引き離す〈from ~から〉,を孤立させる
1514 **liquidate** [líkwɪdèɪt]	→			動 を清算する,（会社など）を解散する
1515 **meander** [miǽndər]	→			動 (川・道などが) 曲がりくねる
1516 **inculcate** [ɪnkʌ́lkeɪt]	→			動 を教え込む〈into ~に〉
1517 **galvanize** [ɡǽlvənàɪz]	→			動 を活気づける,を刺激する,に電流を流す
1518 **garner** [ɡáːrnər]	→			動 を得る,を集める
1519 **flaunt** [flɔːnt]	→			動 を誇示する
1520 **forfeit** [fɔ́ːrfət]	→			動 を失う,を没収される

例 文	訳
1481 Because the spokesperson was (a) **at** handling difficult questions, he was able to answer smoothly.	その広報担当官は難しい質問の処理に長けていたので，よどみなく答えることができた。
1482 The tone of his voice sounded unnecessarily (b) given the circumstances.	状況から考えて，彼の声のトーンは不必要にけんか腰に聞こえた。
1483 Some of his colleagues resented his (a) attitude towards them.	同僚の中には，自分たちに対する彼のよそよそしい態度に腹を立てる者もいた。
1484 The government was plagued with the (e) corruption in its bureaucracy.	政府は官僚制に特有の腐敗に悩んでいた。
1485 Amid the (p) gloom, the news of the royal wedding was very welcome.	まん延する沈滞感の中で，ロイヤルウェディングのニュースはとても喜ばしいものだった。
1486 He always seemed so (d), so his speech was all the more impressive.	彼はいつもとても自信なさげに見えたので，彼のスピーチはなおさら強い感銘を与えた。
1487 The valuable papers were found in a (d) hut in the garden.	その貴重な書類は庭の荒れ果てた小屋で見つかった。
1488 Just walking on the (p) white carpet made him feel uncomfortable.	汚れのない白いじゅうたんの上を歩くだけで，彼は落ち着かない気持ちだった。
1489 Leaders of many nations in the world ignore their (f) responsibilities.	世界の多くの国の指導者は財政上の責任を無視している。
1490 His first match was an (a) start for the spring tournament.	彼の初日の試合は，春のトーナメントでの幸先のよいスタートとなった。
1491 The girl was (p) to find a snake on her pillow.	少女は枕の上にヘビを見つけて体がすくんだ。
1492 Many readers found his argument in the book somewhat (e).	多くの読者はその本での彼の主張を多少理解しにくいと思った。
1493 The farmer said that the dog was usually (d) but could attack if threatened.	その犬は普段は従順だが危険を感じると攻撃する可能性がある，と農場主は言った。
1494 Despite his strong religious convictions, he took a (p) attitude toward the issue.	強い宗教的な信念を持つにもかかわらず，彼はその問題に対しては実利的な態度を取った。
1495 The most (s) aspect of our trip was the incessant rainfall.	私たちの旅行で最も目立ったことと言えば，絶え間なく降る雨だった。
1496 She was so intoxicated that she seemed (o) **of** her actions.	彼女は酔いが回り過ぎて，自分がしていることに気付いていないようだった。
1497 Once he started gambling, he found it (a) and was unable to stop.	彼は一度ギャンブルを始めると，それが病みつきになるとわかり，やめられなかった。
1498 He seems more (a) **to** compromise after today's meeting.	彼は今日の会議の後，妥協に一段と応じやすくなっているようだ。
1499 That film critic is famous for her (a) and acerbic commentary.	その映画評論家は鋭敏で辛辣な批評で有名である。
1500 Even some of the president's supporters were (b) critical of him.	支持者にさえ大統領を露骨に批判する者がいた。

解答　1481 adept　1482 belligerent　1483 aloof　1484 endemic　1485 pervasive　1486 diffident　1487 dilapidated　1488 pristine
1489 fiscal　1490 auspicious　1491 petrified　1492 elusive　1493 docile　1494 pragmatic　1495 salient　1496 oblivious　1497 addictive
1498 amenable　1499 astute　1500 blatantly

単語編

でる度
C
↓
1501
〜
1520

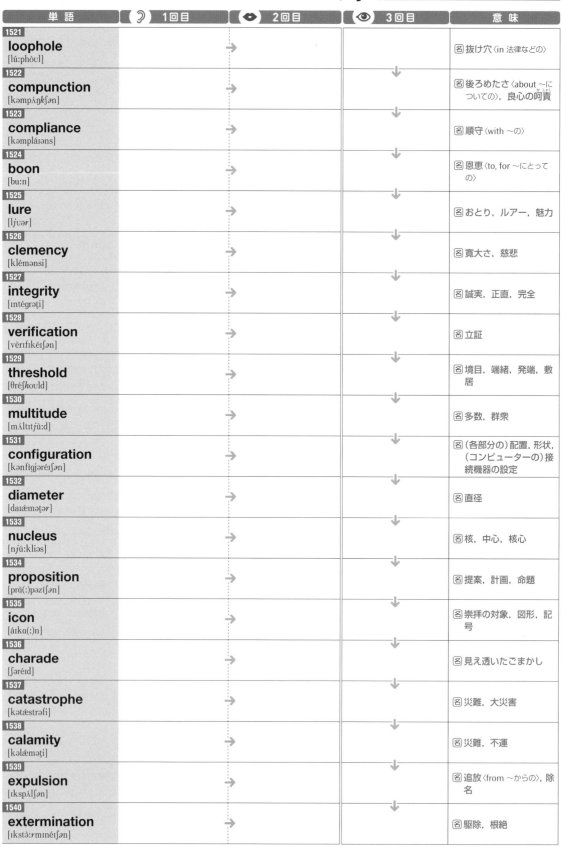

単語	1回目	2回目	3回目	意味
1521 **loophole** [lúːphòʊl]	→			图抜け穴〈in 法律などの〉
1522 **compunction** [kəmpʌ́ŋkʃən]	→			图後ろめたさ〈about ～についての〉，良心の呵責
1523 **compliance** [kəmpláɪəns]	→			图順守〈with ～の〉
1524 **boon** [buːn]	→			图恩恵〈to, for ～にとっての〉
1525 **lure** [ljʊər]	→			图おとり，ルアー，魅力
1526 **clemency** [klémənsi]	→			图寛大さ，慈悲
1527 **integrity** [ɪntégrəti]	→			图誠実，正直，完全
1528 **verification** [vèrɪfɪkéɪʃən]	→			图立証
1529 **threshold** [θréʃhoʊld]	→			图境目，端緒，発端，敷居
1530 **multitude** [mʌ́ltɪtjùːd]	→			图多数，群衆
1531 **configuration** [kənfìɡjəréɪʃən]	→			图(各部分の)配置，形状，(コンピューターの)接続機器の設定
1532 **diameter** [daɪǽmətər]	→			图直径
1533 **nucleus** [njúːkliəs]	→			图核，中心，核心
1534 **proposition** [prὰ(ː)pəzíʃən]	→			图提案，計画，命題
1535 **icon** [áɪkɑ(ː)n]	→			图崇拝の対象，図形，記号
1536 **charade** [ʃəréɪd]	→			图見え透いたごまかし
1537 **catastrophe** [kətǽstrəfi]	→			图災難，大災害
1538 **calamity** [kəlǽməti]	→			图災難，不運
1539 **expulsion** [ɪkspʌ́lʃən]	→			图追放〈from ～からの〉，除名
1540 **extermination** [ɪkstə̀ːrmɪnéɪʃən]	→			图駆除，根絶

例 文	訳
1501 The students were totally (b　　　　　　) by the final examination questions.	生徒たちは期末試験の問題にすっかり面食らった。
1502 Through no fault of his own, he became (e　　　　　　) **in** a scandal.	彼自身には何の過失もないのに，彼はスキャンダルに巻き込まれた。
1503 The consultant (e　　　　　　) all the problems the company had.	コンサルタントはその会社が抱える問題をすべて数え上げた。
1504 As the war (r　　　　　　) **into** the past, people began to analyze it more objectively.	戦争が過去に遠ざかっていくにつれて，人々は戦争をもっと客観的に分析し始めた。
1505 The girl (p　　　　　　) in vain **to be** allowed to attend the concert.	少女はそのコンサートに行かせてほしいと切に頼んだが無駄だった。
1506 He could see the bacteria (c　　　　　　) together under the microscope.	彼はバクテリアが群れを成しているのを顕微鏡で見ることができた。
1507 The extension cord became so (t　　　　　　) that it was useless and had to be thrown away.	延長コードはひどく絡まって使い物にならず，捨てなければならなかった。
1508 He was (b　　　　　　) by the attractive saleswoman **into** buying a complete encyclopedia set.	彼はその魅力的な女性販売員にだまされて百科事典一式を買わされた。
1509 As the sun rose, the fog began to (d　　　　　　).	太陽が昇ってくると霧は散り始めた。
1510 However hard they (s　　　　　　), they still fell into debt by the end of the month.	どんなに一生懸命努力しても，やはり彼らは月末には赤字になった。
1511 The other boys (t　　　　　　) him about the Valentine card he had received.	彼がもらったバレンタインカードのことで，ほかの男の子たちは彼をあざけった。
1512 After (c　　　　　　) **with** his client, the lawyer said that he had no more questions.	依頼人と協議した後，弁護士はそれ以上質問はないと言った。
1513 When living in a remote area of Alaska, I was completely (i　　　　　　) **from** the real world.	アラスカの辺ぴな所に住んでいた当時，私は実社会から完全に隔離されていた。
1514 The company filed for bankruptcy and (l　　　　　　) its assets.	その会社は破産を申請し資産を清算した。
1515 The view from this road is beautiful as it (m　　　　　　) through the mountains.	この道は山中を蛇行していて，道からの眺めが美しい。
1516 The teacher (i　　　　　　) patriotism **into** his students.	その先生は生徒たちに愛国心を教え込んだ。
1517 The president's speech was intended to (g　　　　　　) his public support.	大統領の演説は大衆の彼に対する支持を活気づける目的があった。
1518 In an attempt to (g　　　　　　) support, the mayor held a town meeting.	市長は支持を得ようとして市民集会を開いた。
1519 People who like to (f　　　　　　) their wealth are lacking in refinement.	富を誇示したがる人々は品に欠ける。
1520 If we cannot afford to complete the deal now, we may (f　　　　　　) our investment.	今取引を完了することができなければ，われわれは投資金を失うかもしれない。

単語編

でる度
C
↓
1521
〜
1540

解答 1501 baffled　1502 embroiled　1503 enumerated　1504 receded　1505 pleaded　1506 clumping　1507 tangled
1508 beguiled　1509 dissipate　1510 strove　1511 taunted　1512 conferring　1513 insulated　1514 liquidated　1515 meanders
1516 inculcated　1517 galvanize　1518 garner　1519 flaunt　1520 forfeit

学習日　　　　月　　　日

単語	1回目	2回目	3回目	意 味
1541 **legitimacy** [lɪdʒítəməsi]	→			名 正当性，合法性
1542 **condemnation** [kà(:)ndemnéɪʃən]	→			名 激しい非難，有罪宣告
1543 **retaliation** [rɪtæliéɪʃən]	→			名 報復〈for 行為に対する〉
1544 **discontent** [dìskəntént]	→			名 不満〈at, with, over ～に対する〉
1545 **demolition** [dèməlíʃən]	→			名 取り壊し，解体
1546 **detriment** [détrɪmənt]	→			名 害になるもの〈to ～に〉，損失
1547 **solidarity** [sà(:)ləd金りəti]	→			名 団結
1548 **monarch** [má(:)nərk]	→			名 (世襲的)君主
1549 **blemish** [blémɪʃ]	→			名 汚点，染み
1550 **brink** [brɪŋk]	→			名 (破滅の)瀬戸際，(絶壁などの)縁，端
1551 **dynasty** [dáɪnəsti]	→			名 王朝
1552 **tyranny** [tírəni]	→			名 専制政治
1553 **decoy** [dí:kɔɪ]	→			名 おとり
1554 **segregation** [sègrɪgéɪʃən]	→			名 隔離，人種差別
1555 **diatribe** [dáɪətràɪb]	→			名 痛烈な皮肉〈against ～への〉
1556 **gadget** [ɡ金dʒɪt]	→			名 機器
1557 **fiasco** [fiæskoʊ]	→			名 大失敗
1558 **prone** [proʊn]	→			形 傾向がある〈to do ～する〉，うつ伏せの
1559 **bleak** [bli:k]	→			形 (見通しなどが)暗い，荒涼とした
1560 **perennial** [pəréniəl]	→			形 永遠の，永続する，多年生の

例　文	訳
1521 He used a (l　　　　　　) **in** the law to avoid paying taxes.	彼は納税を逃れるために法律**の**抜け穴を利用した。
1522 He was badly treated and felt no (c　　　　　) **about** quitting the job.	彼はひどい待遇を受けたので，仕事を辞めることに何の後ろめたさも感じなかった。
1523 The judge demanded the company's immediate (c　　　　　) **with** his decision.	裁判官は彼の下した判決**を**会社が直ちに順守することを要求した。
1524 We considered the splendid harvest a great (b　　　　　) **to** our fortunes.	素晴らしい収穫は私たちの繁栄**にとって**大いなる恵みだと私たちは考えた。
1525 The undercover agent used the money as a (l　　　　　) to attract possible traitors.	秘密捜査員は，裏切り者かもしれない者をおびき寄せるおとりとしてその金を利用した。
1526 The convicted murderer begged the governor for (c　　　　　).	有罪となった殺人犯は知事に寛大な措置を請い求めた。
1527 Everyone admired the (i　　　　　) and honesty of the judge.	判事の誠実さと正直さを誰もが褒めたたえた。
1528 It was hard to provide convincing (v　　　　　) of the theory.	その理論を納得がいくように立証することは難しかった。
1529 The scientist said she was on the (t　　　　　) of a major discovery.	その科学者は大発見の境目にいると語った。
1530 The prince addressed the (m　　　　　) of well-wishers from the balcony.	王子はバルコニーから大勢の支援者に話しかけた。
1531 No matter what (c　　　　　) we tried, our architectural design seemed flawed.	どんな配置を試してみても，私たちの建築デザインには欠陥があるようだった。
1532 He used a rope to measure the (d　　　　　) of the artificial pond.	彼はロープを使ってその人工池の直径を測定した。
1533 The atomic bomb was developed by splitting the (n　　　　　) of an atom.	原子爆弾は原子核を分裂させることによって開発された。
1534 My friend said that he had a business (p　　　　　) for me.	私に対する仕事の提案があると友人は言った。
1535 His opposition to nuclear power made him an (i　　　　　) for environmentalists.	原子力反対の姿勢が彼を環境保護論者の崇拝の対象にした。
1536 He denounced the investigation as a (c　　　　　) aimed at appeasing the public.	その調査は大衆をなだめることが目的の見え透いたごまかしだ，と彼は非難した。
1537 The fire was a terrible (c　　　　　) for the victims' families.	その火事は犠牲者の家族にとって大変な災難だった。
1538 The typhoon was a major (c　　　　　) to businesses in the area.	台風はその地域の企業にとって大きな災難だった。
1539 His activities as a spy resulted in his (e　　　　　) **from** the country.	彼はスパイとして活動したことで結局国**から**追放された。
1540 They brought in specialists for the (e　　　　　) of the rats that had infested the house.	彼らは，家にはびこったネズミの駆除のために専門家に来てもらった。

解答 1521 loophole　1522 compunction　1523 compliance　1524 boon　1525 lure　1526 clemency　1527 integrity
1528 verification　1529 threshold　1530 multitude　1531 configuration　1532 diameter　1533 nucleus　1534 proposition　1535 icon
1536 charade　1537 catastrophe　1538 calamity　1539 expulsion　1540 extermination

学習日　　　月　　　日

単語	1回目	2回目	3回目	意味
1561 **imperative** [ɪmpérətɪv]	→			形 絶対に必要な，緊急の，命令的な，強制的な
1562 **inanimate** [ɪnǽnɪmət]	→			形 生命のない
1563 **decrepit** [dɪkrépɪt]	→			形 老いぼれた，使い古した
1564 **receptive** [rɪséptɪv]	→			形 受け入れやすい〈to ～を〉，感受性のある〈to ～に〉
1565 **copious** [kóupiəs]	→			形 多量の，豊富な
1566 **intimate** [ínṭəmət]	→			形 個人的な，私事の，親密な
1567 **capricious** [kəpríʃəs]	→			形 気まぐれな
1568 **confrontational** [kà(:)nfrʌntéɪʃənəl]	→			形 対決する覚悟の
1569 **stern** [stə:rn]	→			形 厳しい
1570 **coarse** [kɔ:rs]	→			形 (きめ・粒などが)粗い，下品な
1571 **obscure** [əbskjúər]	→			形 曖昧な，無名の
1572 **sterile** [stérəl]	→			形 殺菌した，不毛の，無益な
1573 **stationary** [stéɪʃənèri]	→			形 静止した，定住の
1574 **countless** [káʊntləs]	→			形 無数の
1575 **commonplace** [ká(:)mənplèɪs]	→			形 平凡な
1576 **mediocre** [mì:dióʊkər]	→			形 よくも悪くもない，並の
1577 **opaque** [oʊpéɪk]	→			形 不透明の，くすんだ
1578 **disciplinary** [dísəplənèri]	→			形 懲戒の，規則上の
1579 **bereaved** [bɪrí:vd]	→			形 (死によって近親などを)奪われた
1580 **derelict** [dérəlìkt]	→			形 遺棄された

例　文	訳
1541 Questions were raised concerning the (l　　　　　) of the decision to attack the enemy forces.	敵軍を攻撃する決定の<u>正当性</u>に関して疑問の声が上がった。
1542 The religious leader expressed his immediate (c　　　　　) of the military's actions.	その宗教指導者は，軍の行動に対して即時の<u>非難</u>を表明した。
1543 The enemy stormed our base in (r　　　　　) **for** our earlier raid at their fort.	われわれが以前行った敵のとりでへの襲撃に**対する**<u>報復</u>として，敵はわれわれの基地を急襲した。
1544 There was growing (d　　　　　) among the employees **with** the company's cost-cutting policies.	会社のコスト削減策に**対する**<u>不満</u>が社員の間で高まっていた。
1545 Many people protested against the (d　　　　　) of the old courthouse.	多くの人が古い裁判所の<u>取り壊し</u>に抗議した。
1546 We viewed the US Secretary of State's actions as a major (d　　　　　) **to** world peace.	われわれは米国国務長官の活動を世界平和に**とって**大きな<u>害になるもの</u>と見なした。
1547 The leaders often call for (s　　　　　) in times of national crisis.	国家が危機の際は，指導者はしばしば<u>団結</u>を呼びかける。
1548 A (m　　　　　) usually gains his or her power by virtue of his or her lineage.	<u>君主</u>はたいてい家系のおかげで権力を得る。
1549 The only (b　　　　　) on his record was a conviction for dangerous driving when he was a student.	彼の経歴の唯一の<u>汚点</u>は，学生時代に危険運転で有罪判決を受けたことだった。
1550 The economy was hovering on the (b　　　　　) of a recession.	経済は不況<u>寸前</u>のところで低迷していた。
1551 The Romanov (d　　　　　) came to an end with the Russian communist revolution.	ロマノフ<u>王朝</u>はロシア共産革命で終焉<ruby>終焉<rt>しゅうえん</rt></ruby>を迎えた。
1552 The students helped overthrow the dictator, and his reign of (t　　　　　) came to an end.	学生たちは独裁者を打倒するのに協力し，彼の<u>専制支配</u>は終結した。
1553 The first brigade that advanced to the east was merely a (d　　　　　) for the real attack.	東へ進軍した第1旅団は，本格攻撃に向けた<u>おとり</u>にすぎなかった。
1554 Racial (s　　　　　) in the American South continued long after the Civil War.	アメリカ南部の人種<u>隔離</u>は南北戦争後も長く続いた。
1555 The doctor delivered a (d　　　　　) **against** the dangers of smoking.	その医者は喫煙の危険性に**関する**<u>痛烈な皮肉</u>を述べた。
1556 The young man's room was full of IT (g　　　　　).	その若者の部屋はIT<u>機器</u>でいっぱいだった。
1557 Our expedition to the Himalayas was a complete (f　　　　　).	われわれのヒマラヤ遠征は完全な<u>大失敗</u>だった。
1558 I am afraid he is (p　　　　　) **to change** his mind without prior notice.	彼は予告なしに考えを**変える**<u>傾向がある</u>と思う。
1559 The recent economic signs indicate (b　　　　　) prospects for the near future.	最近の経済の兆候は，近い将来の暗い展望を示している。
1560 The Christmas pantomime of *Sleeping Beauty* is a (p　　　　　) favorite with British children.	クリスマスの無言劇『眠れる森の美女』は，イギリスの子供たちの<u>永遠の</u>お気に入りである。

単語編

でる度
C
↓
1561
〜
1580

解答 1541 legitimacy　1542 condemnation　1543 retaliation　1544 discontent　1545 demolition　1546 detriment　1547 solidarity　1548 monarch　1549 blemish　1550 brink　1551 dynasty　1552 tyranny　1553 decoy　1554 segregation　1555 diatribe　1556 gadgets　1557 fiasco　1558 prone　1559 bleak　1560 perennial

学習日　　　月　　　日

単　語	1回目	2回目	3回目	意　味
1581 **cohesive** [kouhí:sɪv]	→			形 結束した, 団結した, 密着した
1582 **carnivorous** [kɑːrnívərəs]	→			形 肉食の
1583 **prolonged** [prəlɔ́(:)ŋd]	→			形 長引く
1584 **exempt** [ɪgzémpt]	→			形 免除された〈from ～を〉
1585 **deferential** [dèfərénʃəl]	→			形 敬意を表する
1586 **despondent** [dɪspɑ́(:)ndənt]	→			形 落胆した
1587 **incremental** [ìŋkrɪmént̬əl]	→			形 だんだん増える, 増加する
1588 **cumulative** [kjúːmjʊlət̬ɪv]	→			形 累積する
1589 **superficial** [sùːpərfíʃəl]	→			形 表面的な
1590 **murky** [mɔ́ːrki]	→			形 うさん臭い, 暗い
1591 **cerebral** [sérəbrəl]	→			形 理知的な, (大)脳の
1592 **culpable** [kʌ́lpəbl]	→			形 有罪の, 非難に値する
1593 **demure** [dɪmjʊ́ər]	→			形 (特に女性が)控えめな, しとやかな
1594 **sleek** [sliːk]	→			形 滑らかでつやつやした, 人当たりのよい
1595 **exuberant** [ɪgzjúːbərənt]	→			形 生気あふれる, 熱狂的な
1596 **frenetic** [frənét̬ɪk]	→			形 熱狂した
1597 **fraudulent** [frɔ́ːdʒələnt]	→			形 詐欺的な
1598 **full-fledged** [fʊlflédʒd]	→			形 本格的な, 羽が生えそろった, 一人前の
1599 **drastically** [dræstɪkəli]	→			副 思い切って, 徹底的に
1600 **disproportionately** [dìsprəpɔ́ːrʃənətli]	→			副 過度に, 不釣り合いに

例　文	訳
1561 Immediate action is (i　　　　　) to prevent an AIDS epidemic in the country.	その国のエイズまん延を防ぐために，直ちに行動を取ることが<u>絶対に必要</u>だ。
1562 The girl sat without moving, like an (i　　　　　) object.	その少女は<u>生命のない</u>物体のようにじっと座っていた。
1563 A (d　　　　　) old man clung to the pole as the train lurched forward.	列車が突然前方へ揺れて，1人の<u>よぼよぼの</u>老人が手すりにしがみついた。
1564 The chairperson said that they would always be (r　　　　　) **to** constructive proposals for improvement.	改善に向けての建設的提案は<u>いつでも受け入れるつもり</u>だ，と社長は語った。
1565 We came to the party anticipating (c　　　　　) amounts of food and beverages.	私たちは<u>大量の</u>食べ物と飲み物を期待してパーティーに来た。
1566 She was furious that (i　　　　　) details of her private life had been made public.	自分の私生活に関する<u>個人的</u>詳細が公にされて，彼女は激怒した。
1567 The young girl's (c　　　　　) nature has baffled all her friends.	その若い女の子の<u>気まぐれな</u>性格は友人全員を困らせてきた。
1568 The politician lost many supporters because of his (c　　　　　) attitude.	その政治家は<u>挑戦的な</u>態度のせいで多くの支持者を失った。
1569 We stopped insisting on our point when the boss gave us a (s　　　　　) look.	上司に<u>厳しい</u>顔を向けられて，私たちは主張に固執するのをやめた。
1570 The shirt looked beautiful, but its (c　　　　　) fabric made it uncomfortable.	そのシャツは見た目は美しかったが，生地が<u>粗い</u>ので着心地が悪かった。
1571 His remarks were so (o　　　　　) that few people understood them.	彼の発言はとても<u>曖昧</u>だったので，ほとんどの人は理解しなかった。
1572 It is extremely important to use (s　　　　　) bandages when treating a wound.	けがを治療するときは<u>殺菌した</u>包帯を使うことが非常に重要である。
1573 Please wait until the train is (s　　　　　) before getting off.	電車が<u>停止</u>するまで待ってから下車してください。
1574 As he looked up at the (c　　　　　) stars, he felt very small indeed.	彼は<u>無数の</u>星を見上げたとき，自分自身を本当に小さく感じた。
1575 Although a brilliant researcher, he was a (c　　　　　) lecturer.	彼は優れた研究者だが<u>平凡な</u>講演者だった。
1576 His latest movie is (m　　　　　) at best.	彼の最新の映画はせいぜい<u>可もなく不可もなく</u>である。
1577 Transparent emeralds are much higher in value than (o　　　　　) ones.	透明なエメラルドの方が<u>不透明な</u>ものよりずっと価値が高い。
1578 The army decided to begin (d　　　　　) proceedings against him.	軍は彼に対して<u>懲戒</u>手続きを始めることを決定した。
1579 He tried to comfort his (b　　　　　) friend who was saddened by the loss of her elderly mother.	彼は，高齢の母親を亡くして悲しむ<u>親に先立たれた</u>友人を慰めようとした。
1580 The (d　　　　　) houses were demolished to make way for a new park.	<u>遺棄された</u>家屋は，新しい公園用地にするために取り壊された。

単語編

でる度
C
↓
1581
〜
1600

解答 1561 imperative　1562 inanimate　1563 decrepit　1564 receptive　1565 copious　1566 intimate　1567 capricious
1568 confrontational　1569 stern　1570 coarse　1571 obscure　1572 sterile　1573 stationary　1574 countless　1575 commonplace
1576 mediocre　1577 opaque　1578 disciplinary　1579 bereaved　1580 derelict

単語	1回目	2回目	3回目	意 味
1601 inaugurate [ɪnɔ́ːɡjərèɪt]				動 を(正式に)開始する
1602 rectify [réktɪfàɪ]				動 を修正する
1603 implore [ɪmplɔ́ːr]				動 に懇願する〈to do ~するように〉
1604 muster [mʌ́stər]				動 を集める, を奮い起こす
1605 recuperate [rɪkjúːpərèɪt]				動 回復する〈from 病気・損失から〉
1606 validate [vǽlɪdèɪt]				動 を認可する, を認証する
1607 mollify [mɑ́(ː)lɪfàɪ]				動 (怒りなど)を和らげる
1608 modulate [mɑ́(ː)dʒəlèɪt]				動 (声)の調子[高さ]を変える
1609 subjugate [sʌ́bdʒugèɪt]				動 を征服する, を隷属させる
1610 torment [tɔ́ːrmént]				動 をひどく苦しめる, を悩ます
1611 rebuff [rɪbʌ́f]				動 を拒絶する
1612 reprimand [réprɪmæ̀nd]				動 を叱責する〈for ~のことで〉
1613 ostracize [ɑ́(ː)strəsàɪz]				動 を追放する, を排斥する
1614 revoke [rɪvóʊk]				動 を取り消す
1615 heave [hiːv]				動 (重い物)を持ち上げる〈onto ~に〉, 引き上げる
1616 wrench [rentʃ]				動 をねじる, を捻挫する, を歪曲する
1617 tally [tǽli]				動 符合する〈with ~と〉, を集計する
1618 tout [taʊt]				動 を褒めちぎる〈as ~だと〉, を押し売りする
1619 veer [vɪər]				動 (急に)進路を変える, (政策などが)転換する
1620 wince [wɪns]				動 顔をしかめる, たじろぐ

例文	訳
1581 The immigrants formed a close, (c) community.	移民たちは密接で結束力のある地域社会を形成した。
1582 (C) animals like cats need meat in their diet to survive.	猫のような肉食動物は，生きていくためには食事に肉が必要だ。
1583 After a (p) pause, the lecturer began to speak again.	長い間の後，講師は再び話し始めた。
1584 Businesses that meet certain requirements are (e) **from** paying local taxes.	一定の要件を満たす事業者は地方税の支払いを免除される。
1585 The younger scientist took a (d) attitude to the professor.	その若手科学者は教授に敬意を表する態度で接した。
1586 (D) and sullen, she finally realized she needed psychiatric help.	彼女は落胆してふさぎ込んでいたが，ようやく精神医学の助けが必要だと気付いた。
1587 He agreed to make (i) payments on the loan.	彼は段階的に増加するローンの支払いに同意した。
1588 The (c) effect of the rainfall weakened the soil and caused many landslides.	降雨の蓄積作用で土壌が弱くなり，多くの地滑りを引き起こした。
1589 The newspaper's report was criticized as (s) and misleading.	その新聞の報道は表面的で誤解を招くものだと非難された。
1590 The investor was said to have a (m) past in the construction business.	その投資家は建設業でうさん臭い過去があると言われていた。
1591 His approach to people is more (c) than sympathetic.	彼が人々に接する態度は，感情に訴えるというより理性に訴えるものである。
1592 After a long trial, the jury determined that the defendant was (c).	長い審理の後，被告は有罪であると陪審団は裁決した。
1593 It was hard to believe that the (d) young woman before them was on trial for murder.	彼らの前にいる控えめな若い女性が殺人容疑で公判中だとは信じ難かった。
1594 He brushed the cat's fur until it looked (s) and tidy.	彼は猫の毛をつやつやしてこぎれいになるまでブラッシングした。
1595 Her (e) and passionate acting debut won her wide acclaim.	彼女の生気あふれる情熱的な俳優デビューは広く称賛を博した。
1596 With his rural background, he found it hard to adjust to the (f) pace of the city.	彼は地方出身で，都会の熱狂したようなペースに適応するのに困難を覚えた。
1597 When I suspected his dealings were (f), I cut off all negotiations.	彼の取引は詐欺的だと疑い，私はすべての交渉を打ち切った。
1598 The general decided to launch a (f) attack on the town.	将軍は市街地に本格的な攻撃を仕掛けることを決定した。
1599 The company (d) reduced the executives' expense allowances.	その会社は幹部の交際費を思い切って削減した。
1600 Many said the punishment inflicted on him, compared to that of other offenders, was (d) severe.	多くの人は，彼に与えられた罰はほかの犯罪者の罰と比べて過度に厳しいと言った。

単語編

でる度 **C**
↓
1601
〜
1620

解答 1581 cohesive　1582 Carnivorous　1583 prolonged　1584 exempt　1585 deferential　1586 Despondent　1587 incremental
1588 cumulative　1589 superficial　1590 murky　1591 cerebral　1592 culpable　1593 demure　1594 sleek　1595 exuberant
1596 frenetic　1597 fraudulent　1598 full-fledged　1599 drastically　1600 disproportionately

学習日　　　　月　　　日

単語	1回目	2回目	3回目	意味
1621 **procure** [prəkjúər]	→			動 を入手する，を調達する
1622 **scrawl** [skrɔːl]	→			動 をぞんざいに書く
1623 **predominate** [prɪdá(ː)mɪnèɪt]	→			動 (数量などの点で) 優位を占める，優勢である
1624 **suffocate** [sʌ́fəkèɪt]	→			動 窒息 (死) する
1625 **smother** [smʌ́ðər]	→			動 (火) を覆って消す〈with ~で〉，を窒息 (死) させる
1626 **smuggle** [smʌ́gl]	→			動 を密輸する〈into ~に〉
1627 **hibernate** [háɪbərnèɪt]	→			動 冬眠する
1628 **loom** [luːm]	→			動 ぼんやり現れる
1629 **rumble** [rʌ́mbl]	→			動 ごろごろと鳴る
1630 **topple** [tá(ː)pl]	→			動 バランスが崩れて倒れる
1631 **jostle** [dʒá(ː)sl]	→			動 を押しのける
1632 **resuscitate** [rɪsʌ́sɪtèɪt]	→			動 を生き返らせる，を復活させる
1633 **lurch** [ləːrtʃ]	→			動 千鳥足で歩く
1634 **rankle** [rǽŋkl]	→			動 を (長い間) いら立たせる，を苦しめる
1635 **plunder** [plʌ́ndər]	→			動 を略奪する
1636 **extricate** [ékstrɪkèɪt]	→			動 を救い出す〈from ~から〉
1637 **gnaw** [nɔː]	→			動 かじって穴を開ける〈through ~を〉
1638 **foment** [foʊmént]	→			動 を助長する，を扇動する
1639 **gist** [dʒɪst]	→			名 要点，主旨
1640 **viability** [vàɪəbílə̣ti]	→			名 実現可能性

例 文	訳
1601 The prime minister announced that he would (i) a new policy on education.	首相は教育に関する新政策を<u>正式に開始する</u>と発表した。
1602 By the time the mistake was discovered, it was too late to (r) the official report.	その誤りが発見された時点では，公式報告書を<u>修正する</u>には手遅れだった。
1603 The students (i) the teachers **to make** the examination easier.	生徒たちは試験をもっと易しく**するよう**教師たちに<u>懇願した</u>。
1604 The general (m) all the forces for an early-morning attack.	将軍は早朝の攻撃に向けて全軍を<u>集めた</u>。
1605 It took the driver six months to (r) **from** his accident.	その運転手が事故**から**<u>回復する</u>のに半年かかった。
1606 The degrees given at the local art school are (v) by a major university.	その地方の美術学校で与えられる学位は一流大学によって<u>認可される</u>。
1607 Nothing I said could (m) the anger of the boss.	私が何を言っても，上司の怒り<u>を和らげる</u>ことはできなかった。
1608 That singer's voice coach advised him to (m) his voice more when singing.	その歌手のボイストレーナーは，歌うときにはもっと<u>声の調子を変える</u>よう彼に助言した。
1609 Countries with power often (s) weaker countries.	力のある国はしばしば自分より弱い国<u>を征服し</u>た。
1610 The school bully delighted in (t) the younger boys.	学校のいじめっ子は，年下の男の子たち<u>を苦しめて</u>喜んでいた。
1611 She (r) all his advances, insisting she was not interested in him.	彼女は彼に興味がないと言い切って，彼がいくら言い寄っても<u>拒絶した</u>。
1612 The school principal (r) the students **for** poor discipline.	校長は規律を乱している**ことで**その生徒たち<u>を叱責した</u>。
1613 They were (o) by the townspeople for breaking the law.	彼らは法を破ったことで住民から<u>追放</u>された。
1614 The judge (r) his driver's license after finding him guilty of drunk driving.	裁判官は飲酒運転で彼に有罪判決を下した後，彼の運転免許を<u>取り消した</u>。
1615 The men (h) the old sofa **onto** the back of the truck.	男たちはその古いソファー<u>を持ち上げて</u>トラックの荷台**に**<u>載せた</u>。
1616 The force of the accident (w) his torso so forcefully that he broke his back.	事故の時，あまりにも強い力が彼の胴体<u>をひねったので</u>，彼は背骨を折った。
1617 Their names did not (t) **with** those on the guest list.	彼らの名前は来賓名簿にある名前**と**<u>符合しなか</u>った。
1818 The mask was (t) **as** the first line of defense against the spread of the airborne disease.	マスクは空気感染するその病気の拡大に対する防御の第一選択肢**だと**<u>推奨</u>された。
1619 The driver (v) to avoid a cat and crashed into the fence.	運転手は猫をよけようと<u>急ハンドルを切り</u>，フェンスに激突した。
1620 The patient (w) when the dentist inserted the needle.	歯科医が注射針を刺すと，患者は<u>顔をしかめた</u>。

単語編

でる度 **C**
↓
1621
〜
1640

解答 **1601** inaugurate **1602** rectify **1603** implored **1604** mustered **1605** recuperate **1606** validated **1607** mollify
1608 modulate **1609** subjugated **1610** tormenting **1611** rebuffed **1612** reprimanded **1613** ostracized **1614** revoked
1615 heaved **1616** wrenched **1617** tally **1618** touted **1619** veered **1620** winced

学習日　　　　月　　　日

単語	1回目	2回目	3回目	意 味
1641 **requisite** [rékwɪzɪt]	→			图 必要条件〈for ～の〉
1642 **prerequisite** [pri:rékwəzɪt]	→			图 (前もって)必要なもの〈for ～に〉，前提条件
1643 **pundit** [pʌ́ndɪt]	→			图 専門家
1644 **recluse** [réklu:s]	→			图 隠遁者
1645 **prodigy** [prá(:)dədʒi]	→			图 神童
1646 **offshoot** [ɔ́(:)fʃùːt]	→			图 派生物，子会社
1647 **perk** [pə:rk]	→			图 (通例 ～s)(給料以外の)手当，特権
1648 **prognosis** [prɑ(:)gnóʊsəs]	→			图 (病気の)予後
1649 **penchant** [péntʃənt]	→			图 傾向〈for ～の〉，好み
1650 **grievance** [grí:vəns]	→			图 不満〈against ～に対する〉，苦情
1651 **mayhem** [méɪhèm]	→			图 大混乱，暴力沙汰
1652 **impediment** [ɪmpédɪmənt]	→			图 障害〈to ～の〉
1653 **hassle** [hǽsl]	→			图 口論，わずらわしいこと
1654 **vandalism** [vǽndəlìzm]	→			图 (芸術品・公共物などの)破壊
1655 **reprisal** [rɪpráɪzəl]	→			图 報復
1656 **upheaval** [ʌphí:vəl]	→			图 (社会・政治などの)激変，(地殻の)隆起
1657 **quandary** [kwá(:)ndəri]	→			图 板挟み，苦境
1658 **ramification** [ræmɪfɪkéɪʃən]	→			图 派生的な問題，分枝
1659 **tantrum** [tǽntrəm]	→			图 (特に子供の)かんしゃく，不機嫌
1660 **proceeds** [próʊsi:dz]	→			图 収益，収入

例文	訳
1621 I was lucky to (p　　　　　) a ticket to the sold-out concert.	私はその全席完売のコンサートのチケット**を入手する**ことができて幸運だった。
1622 His signature is unintelligible because he always (s　　　　　) his name.	彼はいつも自分の名前**を殴り書きする**ので，署名が判読できない。
1623 By and large, male students still (p　　　　　) in engineering courses.	概して，工学課程ではいまだに男子学生が**数の上で優位を占め**ている。
1624 Most of the fire's victims had (s　　　　　) in the smoke.	その火事の犠牲者のほとんどは煙で**窒息死して**いた。
1625 When the oil in the pan caught fire, she tried to (s　　　　　) the flames **with** a blanket.	フライパンの油が引火したとき，彼女は炎を毛布で**覆って消そ**うとした。
1626 The drug ring successfully (s　　　　　) its narcotics **into** the country.	その麻薬組織はその国に首尾よく麻薬**を密輸し**た。
1627 Bears must eat as much food as they can find before they (h　　　　　).	熊は**冬眠する**前に見つけられるだけ多くの食べ物を食べなければならない。
1628 In spite of the good weather forecast, a dark cloud (l　　　　　) on the horizon.	天気予報では晴天のはずだったのに，黒雲が地平線上に**ぼんやりと現れ**た。
1629 As we headed home, thunder (r　　　　　) in the western sky.	家に向かう途中，西の空で雷が**ごろごろと鳴っ**た。
1630 The tall pile of books (t　　　　　) and fell across his desk.	高く積まれた本の山の**バランスが崩れて倒れ**，彼の机に落ちた。
1631 The fans (j　　　　　) each other as they tried to get nearer to the stage.	ファンたちはステージに近づこうとして，互いに**押し合っ**た。
1632 The near-drowning victim was (r　　　　　) by lifeguards.	その溺死しかけた人は救助員によって**蘇生され**た。
1633 The drunk suddenly (l　　　　　) into a group of people who were passing.	その酔っぱらいは，通りかかった一団の中に突然**千鳥足で入って**行った。
1634 The fact that he had not been promoted (r　　　　　) him.	彼は昇進を逃したことの**怒りが収まらなかっ**た。
1635 Pirates would attack ships and (p　　　　　) whatever items of value they carried.	海賊たちは船を襲い，積荷のうち価値のある物は何でも**略奪した**ものだった。
1636 The bank found it difficult to (e　　　　　) itself **from** the financial disaster.	その銀行は財政難**から脱する**のは困難だと気付いた。
1637 They discovered that a rat had (g　　　　　) **through** the electricity cable.	彼らはネズミが電気のコード**をかじって穴を開けた**ことを発見した。
1638 Her main objective seems to be to (f　　　　　) disharmony among staff members.	彼女の主な目的はスタッフ間の不和**を助長する**ことのようだ。
1639 The (g　　　　　) of his speech was that he was against the plan.	彼の演説の**要点**は，その計画に反対だということだった。
1640 Many questions were raised about the (v　　　　　) of the policy.	その方針の**実現可能性**に関して多くの疑問が挙がった。

解答 1621 procure　1622 scrawls　1623 predominate　1624 suffocated　1625 smother　1626 smuggled　1627 hibernate
1628 loomed　1629 rumbled　1630 toppled　1631 jostled　1632 resuscitated　1633 lurched　1634 rankled　1635 plunder
1636 extricate　1637 gnawed　1638 foment　1639 gist　1640 viability

単語	）1回目	● 2回目	● 3回目	意 味
1661 **matrimony** [mǽtrəmòʊni]	→			图 結婚
1662 **lineage** [líniɪdʒ]	→			图 家系, 血統
1663 **obscurity** [əbskjúərəṭi]	→			图 世に知られていないこと
1664 **mirage** [mərɑ́:ʒ]	→			图 幻影, 蜃気楼
1665 **pendulum** [péndʒələm]	→			图 (時計の) 振り子
1666 **rendition** [rendíʃən]	→			图 演奏, 翻訳
1667 **milestone** [máɪlstòʊn]	→			图 画期的な出来事〈in ～における〉
1668 **insurrection** [ìnsərékʃən]	→			图 暴動, 反乱
1669 **manifest** [mǽnɪfèst]	→			形 明らかな〈to ～に〉
1670 **tantamount** [tǽnṭəmàʊnt]	→			形 等しい〈to ～と〉
1671 **impervious** [ɪmpə́:rviəs]	→			形 影響されない〈to ～に〉
1672 **inept** [ɪnépt]	→			形 能力 [技能] に欠ける
1673 **meticulous** [mətíkjʊləs]	→			形 細かいことに気を遣う
1674 **impeccable** [ɪmpékəbl]	→			形 申し分のない
1675 **intangible** [ɪntǽndʒəbl]	→			形 不可解な, 無形の
1676 **inquisitive** [ɪŋkwízəṭɪv]	→			形 好奇心が強い
1677 **resplendent** [rɪspléndənt]	→			形 光輝くばかりの, まばゆい
1678 **tenacious** [tɪnéɪʃəs]	→			形 粘り強い
1679 **morbid** [mɔ́:rbɪd]	→			形 病的な
1680 **tepid** [tépɪd]	→			形 生ぬるい, 熱意のない

例 文	訳
1641 A good academic record is an important (r⠀⠀⠀⠀) **for** entering a prestigious university.	よい学業成績は名門大学入学の重要な<u>必要条件</u>だ。
1642 Strong walking boots are a (p⠀⠀⠀⠀) for anyone planning to climb the mountain.	丈夫なウオーキングブーツは，その山に登ろうとする人なら<u>必需品</u>だ。
1643 Well-known (p⠀⠀⠀⠀) were invited to give their views on the election.	有名な<u>専門家</u>たちが選挙についての見解を述べるために招かれた。
1644 The novelist retired from writing and lived as a (r⠀⠀⠀⠀) for the rest of his life.	その小説家は執筆活動を引退し余生を<u>隠遁者</u>として暮らした。
1645 Like many (p⠀⠀⠀⠀), his abilities declined as he became an adult.	多くの<u>神童</u>と同様に，彼の才能は大人になるにつれて枯れていった。
1646 The new series was an (o⠀⠀⠀⠀) of the original drama series set in the same hospital.	新しいシリーズは，同じ病院が設定の元のドラマシリーズから<u>派生したもの</u>だった。
1647 One of the (p⠀⠀⠀⠀) of the job was regular meals at restaurants.	その仕事の<u>手当</u>の1つは食堂での三度の食事だった。
1648 After he had taken some medical tests, the doctor told him that the (p⠀⠀⠀⠀) was good.	彼はいくつかの医療検査を受け，その後で医師が<u>予後</u>は順調だと告げた。
1649 The professor had a (p⠀⠀⠀⠀) **for** expensive French restaurants.	その教授は高価なフランス料理店を<u>好む傾向</u>があった。
1650 He has a (g⠀⠀⠀⠀) **against** his company, which has never rewarded him for all his hard work.	彼は，自分の激務に一度も報いてくれたことがない会社に<u>不満</u>を感じている。
1651 People began to fight and the meeting became (m⠀⠀⠀⠀).	人々はけんかを始め，会議は<u>大混乱</u>となった。
1652 A series of environmental disasters created additional (i⠀⠀⠀⠀) **to** economic recovery.	一連の環境災害が経済復興の<u>さらなる障害</u>となった。
1653 I got into a (h⠀⠀⠀⠀) with the tax office over my tax liability.	私は納税額を巡って税務署と<u>口論</u>になった。
1654 The art critic said that the plans for the new city center were simply bureaucratic (v⠀⠀⠀⠀).	その美術批評家は，新都市センター計画は官僚的な<u>破壊行為</u>にほかならないと述べた。
1655 Following the rebellion, the government carried out savage (r⠀⠀⠀⠀).	反乱の後，政府は容赦ない<u>報復</u>を行った。
1656 An environmental (u⠀⠀⠀⠀) caused by a huge meteorite strike might have led to the mass extinction of the dinosaurs.	巨大な隕石(いんせき)の衝突が引き起こした環境の<u>激変</u>が恐竜の大量絶滅を招いたのかもしれない。
1657 When he was offered both jobs, he found himself in a (q⠀⠀⠀⠀).	両方の仕事の内定をもらい，彼は<u>板挟み</u>の状況になった。
1658 The full (r⠀⠀⠀⠀) of cloning are yet to be understood.	クローン作製の<u>派生的な問題</u>はまだすべてわかっていない。
1659 The mother was embarrassed when her child threw a (t⠀⠀⠀⠀) at the party.	子供がパーティーで<u>かんしゃく</u>を起こして母親は恥ずかしい思いをした。
1660 The (p⠀⠀⠀⠀) of the concert were used to help children in developing nations.	コンサートの<u>収益金</u>は発展途上国の子供たちを助けるために使われた。

解答 1641 requisite 1642 prerequisite 1643 pundits 1644 recluse 1645 prodigies 1646 offshoot 1647 perks 1648 prognosis
1649 penchant 1650 grievance 1651 mayhem 1652 impediments 1653 hassle 1654 vandalism 1655 reprisals 1656 upheaval
1657 quandary 1658 ramifications 1659 tantrum 1660 proceeds

学習日　　　　月　　　　日

単語	1回目	2回目	3回目	意味
1681 **hygienic** [hàɪdʒɪénɪk]				形 衛生的な
1682 **palatable** [pǽlətəbl]				形 美味な，口に合う，好ましい
1683 **innocuous** [ɪnɑ́(:)kjuəs]				形 悪意のない
1684 **insular** [ínsələr]				形 偏狭な，（島のように）孤立した
1685 **uncouth** [ʌnkúːθ]				形 粗野な，ぎこちない
1686 **somber** [sɑ́(:)mbər]				形 重苦しい，薄暗い
1687 **sedentary** [sédəntèri]				形 座りがちの，ほとんど体を動かさない
1688 **nonchalant** [nɑ̀(:)nʃəlɑ́ːnt]				形 平然としている
1689 **stagnant** [stǽgnənt]				形 よどんだ，停滞した，不景気の
1690 **propitious** [prəpíʃəs]				形 好都合の〈for ~に〉
1691 **placid** [plǽsɪd]				形 穏やかな
1692 **gallant** [gǽlənt]				形 勇敢な，堂々とした
1693 **extraterrestrial** [èkstrətəréstriəl]				形 地球外の
1694 **incongruous** [ɪnkɑ́(:)ŋgruəs]				形 場違いな，不適切な
1695 **insipid** [ɪnsípɪd]				形 退屈な，味のない
1696 **indelible** [ɪndéləbl]				形 消すことのできない
1697 **heinous** [héɪnəs]				形 極悪非道の
1698 **indignant** [ɪndígnənt]				形 憤慨した〈at ~に〉
1699 **furtive** [fə́ːrţɪv]				形 人目を盗んでの，こそこそした
1700 **haphazardly** [hæphǽzərdli]				副 無計画に

例 文	訳
1661 The couple is celebrating their 50 years of (m　　　　　　　) this year.	その夫婦は今年めでたく結婚50年を迎える。
1662 He was enormously proud of the distinguished (l　　　　　　　) of his family.	彼は自分の一家の高貴な家系をものすごく誇りに思っていた。
1663 The criminal's (o　　　　　　　) allowed him to disguise himself and escape.	その犯罪者は世に知られていないおかげで，変装して逃亡することができた。
1664 The huge profits he anticipated turned out to be a (m　　　　　　　), and he ended up broke.	彼が期待していた莫大な利益は幻となり，ついに彼は破産した。
1665 With nothing to do, I just sat and watched the grandfather clock's (p　　　　　　　) swing to and fro.	することがなくて，私はただ座って箱形大時計の振り子が左右に揺れ動くのを眺めた。
1666 The audience was thrilled by the singer's (r　　　　　　　) of various old favorites.	その歌手のさまざまな懐メロの歌唱に観客は感激した。
1667 The development of the vaccine was a (m　　　　　　　) **in** medical history.	そのワクチンの開発は医学史上の画期的な出来事だった。
1668 Troops were sent in to crush the (i　　　　　　　) in the province.	その州の暴動を鎮圧するために軍隊が送り込まれた。
1669 The problem was (m　　　　　　　) **to** all those at the conference.	会議に出席しているすべての人々にとって問題は明らかだった。
1670 His silence was (t　　　　　　　) **to** an admission of guilt.	彼の沈黙は罪を認めたに等しかった。
1671 His mother begged him to study but he was (i　　　　　　　) **to** her appeals.	どうか勉強してくれと母親は彼に頼んだが，彼は母親の訴えに動じなかった。
1672 The coach admitted to the press that his team's play had been (i　　　　　　　).	コーチはチームのプレーが力不足だったことを報道陣に認めた。
1673 Gene mapping involves a (m　　　　　　　) procedure to isolate human genes.	遺伝子地図作製には，人の遺伝子を分離する綿密な作業が含まれる。
1674 Although his financial judgment is poor, his personal taste is (i　　　　　　　).	彼のお金に対する判断は駄目だが，個人的な趣味のよさは申し分ない。
1675 He sensed an (i　　　　　　　) atmosphere of tension in the room.	彼はその部屋の何とも言い難い緊張した雰囲気を感じ取った。
1676 Young mammals are characteristically and relentlessly (i　　　　　　　).	哺乳動物の子供は特性としてどこまでも好奇心が強い。
1677 The bride wore a (r　　　　　　　) dress made of lace.	花嫁はレースでできた光輝くばかりのドレスを着ていた。
1678 The (t　　　　　　　) effort of our team finally won us the match in overtime.	チームの粘り強い努力の結果，われわれは延長戦でようやく試合に勝った。
1679 The American poet had a (m　　　　　　　) fascination with death.	そのアメリカの詩人は病的なまでに死に魅せられていた。
1680 The water was too (t　　　　　　　) to make a nice cup of tea with.	おいしいお茶を入れるには，湯がぬる過ぎた。

単語編

でる度
C
↓
1681
～
1700

解答 **1661** matrimony **1662** lineage **1663** obscurity **1664** mirage **1665** pendulum **1666** renditions **1667** milestone **1668** insurrection **1669** manifest **1670** tantamount **1671** impervious **1672** inept **1673** meticulous **1674** impeccable **1675** intangible **1676** inquisitive **1677** resplendent **1678** tenacious **1679** morbid **1680** tepid

単語	1回目	2回目	3回目	意 味
1701 pulverize [pʌ́lvəràɪz]	→			動 を粉砕する
1702 reprieve [rɪprí:v]	→			動 を一時的に救う, の刑の執行を猶予する
1703 rescind [rɪsínd]	→			動 を撤回する, を無効にする
1704 scour [skaʊər]	→			動 (場所)を捜し回る〈for 〜を捜して〉, 駆け巡る
1705 pervade [pərvéɪd]	→			動 の隅々に広がる, にまん延する
1706 prod [prɑ(:)d]	→			動 を駆り立てる〈to do 〜 するように〉
1707 sojourn [sóʊdʒəːrn]	→			動 滞在する
1708 parry [pǽri]	→			動 (攻撃・質問など)をかわす
1709 procrastinate [prəkrǽstɪnèɪt]	→			動 先延ばしにする
1710 inundate [ínʌndèɪt]	→			動 を水浸しにする, に殺到する
1711 chuckle [tʃʌ́kl]	→			動 くすくす笑う
1712 nurture [nə́ːrtʃər]	→			動 を育てる, (考えなど)を抱く
1713 orient [ɔ́:riènt]	→			動 (関心など)を向ける〈to, toward 〜に〉
1714 propel [prəpél]	→			動 を進ませる, を推進する
1715 stitch [stɪtʃ]	→			動 (傷口など)を縫い合わせる
1716 tilt [tɪlt]	→			動 傾く, を傾ける
1717 tumble [tʌ́mbl]	→			動 転がり落ちる, 転ぶ
1718 abduct [æbdʌ́kt]	→			動 を誘拐する, を拉致する
1719 despise [dɪspáɪz]	→			動 を軽蔑する〈for 〜のことで〉, をひどく嫌う
1720 falter [fɔ́:ltər]	→			動 勢いがなくなる, 弱る, 口ごもる

例　文	訳
1681 The old hospital was not as (h　　　　　) as it should have been.	その古い病院は，本来そうであるべきほどには<u>衛生的で</u>はなかった。
1682 I seldom find British cuisine very (p　　　　　).	私はイギリスの料理がとても<u>おいしい</u>とはめったに思わない。
1683 He seemed so (i　　　　　) that no one believed he could actually harm anyone.	彼はあまりに<u>悪意がなく</u>見えたので，実際に人を傷つけることがあるとは誰も信じなかった。
1684 The young woman felt irritated by the villagers' (i　　　　　) attitudes.	その若い女性は村人たちの<u>偏狭な</u>態度にいら立った。
1685 Though uneducated and (u　　　　　), this young man is quite intelligent.	教育もなく<u>粗野</u>だが，この若い男はとても頭がよい。
1686 The growing international tension gave a (s　　　　　) atmosphere to the negotiations.	国際的な緊迫の高まりのために，交渉には<u>重苦しい</u>雰囲気が漂っていた。
1687 A (s　　　　　) life can lead to heart problems and other health disorders.	<u>座りがちの</u>生活をしていると，心臓病やほかの健康障害につながることがある。
1688 The woman seemed quite (n　　　　　) before her job interview.	その女性は就職の面接の前にずいぶん<u>平然としている</u>ように見えた。
1689 In tropical climates, (s　　　　　) water can be a breeding place for mosquitoes.	熱帯性気候では，<u>よどんだ</u>水は蚊の温床となり得る。
1690 The weather was highly (p　　　　　) **for** their journey across the sea.	海を渡る彼らの旅**には**大いに<u>恵まれた</u>天気だった。
1691 The sea today is (p　　　　　), and the weather is sunny and bright.	今日の海は<u>穏やかで</u>，天気は晴れて明るい。
1692 The knights of medieval times were supposed to be (g　　　　　) and trustworthy.	中世の騎士は<u>勇敢で</u>信頼できるとされていた。
1693 The movie was about a boy discovering an (e　　　　　) life form.	その映画は<u>地球外生物</u>を見つけた少年の話だった。
1694 His remarks at the wedding struck many people as (i　　　　　).	結婚式での彼の発言は多くの人に<u>場違いな</u>印象を与えた。
1695 Most critics found his novel (i　　　　　) and lifeless.	評論家の大半は，彼の小説は<u>退屈で</u>生気がないと思った。
1696 Although the tragedy occurred in his childhood, its effects on him were (i　　　　　).	その悲劇が起きたのは子供時代のことだったが，彼に与えた<u>影響は消すことができなかった</u>。
1697 The prosecutor called it a (h　　　　　) crime and demanded the maximum sentence.	検事はその事件を<u>凶悪犯罪</u>と呼び，最高刑を求刑した。
1698 He was still (i　　　　　) **at** the rude way the bureaucrat had spoken to him.	その官僚の彼に対する無礼な口の利き方**に**彼はまだ<u>憤慨</u>していた。
1699 His (f　　　　　) glances at his colleagues led me to suspect a conspiracy.	彼が<u>こっそり</u>同僚たちをチラチラ見るので，たくらみがあるのかと私は疑った。
1700 The cheap furniture was arranged (h　　　　　) around the room.	それらの安い家具は<u>無計画に</u>部屋中に配置されていた。

解答 1681 hygienic　1682 palatable　1683 innocuous　1684 insular　1685 uncouth　1686 somber　1687 sedentary
1688 nonchalant　1689 stagnant　1690 propitious　1691 placid　1692 gallant　1693 extraterrestrial　1694 incongruous
1695 insipid　1696 indelible　1697 heinous　1698 indignant　1699 furtive　1700 haphazardly

学習日　　　月　　　日

単　語	1回目	2回目	3回目	意　味
1721 **salvage** [sǽlvɪdʒ]	→			動 (名声など)を回復する，(貴重なもの)を救う
1722 **wade** [weɪd]	→			動 (水の中を)歩く，(川などを)歩いて渡る
1723 **whine** [hwaɪn]	→			動 泣き言を言う〈about ～のことで〉
1724 **flinch** [flɪntʃ]	→			動 びくっとする，たじろぐ
1725 **fray** [freɪ]	→			動 いら立つ，(神経などが)すり減る
1726 **trudge** [trʌdʒ]	→			動 重い足取りで歩く
1727 **twitch** [twɪtʃ]	→			動 びくびく動く，引きつる
1728 **delude** [dɪlúːd]	→			動 (delude A into B で) A を欺いてBをさせる
1729 **demoralize** [dɪmɔ́(ː)rəlàɪz]	→			動 の士気をくじく
1730 **eavesdrop** [íːvzdrò(ː)p]	→			動 盗み聞きする〈on ～を〉，立ち聞きする
1731 **embellish** [ɪmbélɪʃ]	→			動 を潤色する，を粉飾する
1732 **imbue** [ɪmbjúː]	→			動 に吹き込む〈with 思想・主義などを〉
1733 **paucity** [pɔ́ːsəṭi]	→			名 不足〈of ～の〉，欠乏
1734 **rapport** [ræpɔ́ːr]	→			名 (調和した)関係
1735 **outcry** [áʊtkràɪ]	→			名 激しい抗議〈against ～に対する〉，叫び声
1736 **premonition** [prèməníʃən]	→			名 (悪い)予感〈that …という〉，(悪い)前兆，予告
1737 **renunciation** [rɪnÀnsiéɪʃən]	→			名 放棄
1738 **prophecy** [prá(ː)fəsi]	→			名 予言
1739 **vestige** [véstɪdʒ]	→			名 名残
1740 **periphery** [pərífəri]	→			名 周囲，外縁(地域)

例 文	訳
1701 The shells were (p) in order to create a fine powder.	貝殻はきめ細かなパウダーを作るために細かく砕かれた。
1702 By a stroke of luck, the students were (r) from taking the exam.	思いがけない幸運で，学生たちはその試験を受けることを猶予された。
1703 The law was (r) because it was found unconstitutional by the Supreme Court.	その法律は最高裁判所が違憲と判決したので撤回された。
1704 They (s) the apartment **for** the missing earring but were unable to find it.	彼らはなくなったイヤリングを求めてアパート内を捜し回ったが，見つけられなかった。
1705 A new, strange illness (p) a large section of the city.	新しい奇妙な病気が市の大部分に広まった。
1706 He (p) me **to continue** walking even after I was exhausted.	私が疲れ果ててからも，彼は歩き続けるよう私を駆り立てた。
1707 During his trip, he (s) for a few days on the tropical island.	旅行中，彼は数日間その熱帯の島に滞在した。
1708 He cleverly (p) the criticism by turning it back on his opponent.	彼は批判を相手にそのまま返して巧みにかわした。
1709 The student continued to (p) in completing his senior thesis.	その学生は卒業論文の完成を先延ばしにし続けた。
1710 The valley was (i) when a large dam sprung a major leak.	大きなダムが大規模な水漏れを起こし，谷は水に漬かった。
1711 When the class began to (c), the teacher looked up and noticed that a cat had entered the classroom.	クラスの生徒たちがくすくす笑い出すと先生は顔を上げ，猫が教室に入り込んだことに気付いた。
1712 The anthropologist worked to (n) a good relationship with the tribe.	その人類学者はその部族と良好な関係を築こうと努力した。
1713 The scientist (o) his research **to** topics related to environmental destruction.	その科学者は研究の方向性を環境破壊に関係するトピックに定めた。
1714 The aircraft was (p) by two jet engines, one on each wing.	その飛行機は翼に1つずつある2つのジェットエンジンで進んだ。
1715 The nurse (s) up the wound and then put a bandage on it.	看護師は傷口を縫い合わせてから包帯を巻いた。
1716 The tower was built on soft, marshy ground, and so it began to (t) after a few years.	塔が建てられた地面は柔らかい湿地だったので，塔は数年後に傾き始めた。
1717 The little boy tripped and (t) down the grass slope.	その小さな男の子はつまずいて草の斜面を転がり落ちた。
1718 The gang planned to (a) the millionaire's daughter and hold her for ransom.	ギャングの一味はその富豪の娘を誘拐して人質に取り，身代金を要求するつもりだった。
1719 The boy was used to being (d) **for** his poverty by his wealthier classmates.	少年は，自分より裕福なクラスメートに貧乏だと軽蔑されるのに慣れていた。
1720 She was in the lead for most of the marathon, but near the end, she (f) and dropped out.	彼女はそのマラソンのほとんどで先頭を走っていたが，最終盤に失速し脱落した。

単語編

でる度 **C**

1721 〜 1740

解答 1701 pulverized　1702 reprieved　1703 rescinded　1704 scoured　1705 pervaded　1706 prodded　1707 sojourned
1708 parried　1709 procrastinate　1710 inundated　1711 chuckle　1712 nurture　1713 oriented　1714 propelled　1715 stitched　1716 tilt
1717 tumbled　1718 abduct　1719 despised　1720 faltered

学習日　　　　月　　　日

単 語	1回目	2回目	3回目	意 味
1741 **sabotage** [sǽbətàːʒ]	→			图(労働争議の際などの)破壊行為, 妨害
1742 **shackle** [ʃǽkl]	→	↓		图(~s)手かせ, 足かせ, (通例 ~s)拘束
1743 **spree** [spriː]	→	↓		图浮かれ[ばか]騒ぎ
1744 **zeal** [ziːl]	→	↓		图熱心さ, 熱意
1745 **allegiance** [əlíːdʒəns]	→	↓		图忠誠〈to ~に対する〉, 忠義
1746 **aspiration** [æspəréɪʃən]	→	↓		图願望, 熱望
1747 **awe** [ɔː]	→	↓		图畏敬, 畏怖
1748 **backdrop** [bǽkdrà(ː)p]	→	↓		图(事件などの)背景
1749 **bureaucrat** [bjúərəkræt]	→	↓		图官僚, 役人
1750 **collateral** [kəlǽt̬ərəl]	→	↓		图担保
1751 **complexion** [kəmplékʃən]	→	↓		图顔色, 肌の色
1752 **crackdown** [krǽkdàun]	→	↓		图厳しい取り締まり〈on ~の〉
1753 **curator** [kjʊəréɪt̬ər]	→	↓		图(博物館などの)学芸員, キュレーター
1754 **groove** [gruːv]	→	↓		图(細く長い)溝
1755 **inclination** [ìnklɪnéɪʃən]	→	↓		图気持ち〈to do ~したいという〉, 意向
1756 **nuisance** [njúːsəns]	→	↓		图迷惑な人[行為, 物], 邪魔
1757 **outskirts** [áʊtskə̀ːrts]	→	↓		图郊外, 町外れ
1758 **premise** [prémɪs]	→	↓		图前提〈that …という〉, 根拠, (~s)敷地, 構内
1759 **retention** [rɪténʃən]	→	↓		图記憶(力), 保持
1760 **lesion** [líːʒən]	→	↓		图病変, 傷

例 文	訳
1721 Following the scandal, the actor did his best to (s) his popularity.	スキャンダルの後, その俳優は人気を<u>取り戻そ</u>うと最善を尽くした。
1722 After the heavy rain, local residents had to (w) through flooded streets.	豪雨の後, その地域の人たちは水に漬かった通りを<u>歩いて行か</u>なければならなかった。
1723 The child started (w) **about** his broken toy.	その子は壊れたおもちゃ**のことで**<u>泣き言を言い</u>始めた。
1724 The little boy (f) when he heard his father call him in an angry voice.	父親が怒った声で自分を呼ぶのを聞くと, 男の子は<u>びくっとした</u>。
1725 As they became tired and hungry, the hikers' tempers began to (f).	疲れて空腹になるにつれて, ハイカーたちの気が<u>いら立ち</u>始めた。
1726 The exhausted hikers started to (t) back to the camp for their evening meal.	疲れ切ったハイカーたちは, 夕食を食べるためキャンプに向かって<u>重い足取りで歩いて帰り</u>始めた。
1727 He noticed his wife's mouth (t) as she tried not to laugh at what he had said.	彼の言葉に笑うまいとして妻の口が<u>ぴくぴく動</u>いているのに彼は気付いた。
1728 The gambler (d) himself **into** believing that he could win back his losses.	そのギャンブラーは負けを取り返せると自分自身を<u>欺いて信じ込ま</u>**せた**。
1729 The politician's speech against the war ended up (d) the military's troops.	その政治家の反戦演説は, 結局軍の兵士たちの<u>士気をくじく</u>こととなった。
1730 The secretary put her ear to the door in order to (e) **on** her boss's conversation.	上司の会話を<u>盗み聞きする</u>ため, 秘書はドアに耳を当てた。
1731 The historian was accused of (e) the facts in order to create a more dramatic story.	その歴史家は, もっとドラマチックな話を創作するために事実を<u>潤色した</u>ことを非難された。
1732 His upbringing had (i) him **with** a strong sense of patriotism and a desire to serve his country.	子供のころのしつけは, 彼に強い愛国心と祖国に尽くしたいという欲求**を**<u>植え付けて</u>いた。
1733 I would like to travel after retirement, but I may be limited by a (p) **of** funds.	定年後は旅をしたいが, 資金の<u>不足</u>で限界があるかもしれない。
1734 We hoped that our meeting would help us develop a trusting and fruitful (r).	私たちの会議が信頼でき実りある<u>関係</u>を生む助けとなるといい, と私たちは思った。
1735 A public (o) **against** the decision was soon raised.	その決定**に反対する**大衆の激しい<u>抗議の声</u>がすぐに上がった。
1736 The fortune-teller had a (p) **that** her client would be in danger.	占い師は, 相談者が危機に陥る**という**<u>予感</u>がした。
1737 Following his (r) of the throne, the former king led a quiet life.	王座を<u>放棄</u>した後, 前国王は静かな生活を送った。
1738 At the time, his (p) of ecological catastrophe was ignored.	当時, 生態系破壊が起こるという彼の<u>予言</u>は無視された。
1739 The judges' wigs were a (v) of the country's colonial period.	裁判官のかつらはその国の植民地時代の<u>名残</u>だった。
1740 We posted guards on the (p) of the camp in case anyone tried to infiltrate in the night.	誰かが夜間に侵入しようとするといけないので, われわれは野営地の<u>周囲</u>に見張りを置いた。

単語編

でる度 **C** ↓ 1741 〜 1760

解答 1721 salvage　1722 wade　1723 whining　1724 flinched　1725 fray　1726 trudge　1727 twitching　1728 deluded
1729 demoralizing　1730 eavesdrop　1731 embellishing　1732 imbued　1733 paucity　1734 rapport　1735 outcry　1736 premonition
1737 renunciation　1738 prophecy　1739 vestige　1740 periphery

学習日　　　月　　　日

単語	1回目	2回目	3回目	意　味
1761 **remnant** [rémnənt]	→			图 残り，残存者
1762 **trajectory** [trədʒéktəri]	→			图 (ロケットなどの)弾道，軌道
1763 **archipelago** [à:rkəpéləgou]	→			图 群島，諸島
1764 **remorse** [rimɔ́:rs]	→			图 深い後悔〈for ～に対する〉，自責の念
1765 **resilience** [rizíliəns]	→			图 回復力，復元力
1766 **waiver** [wéivər]	→			图 権利放棄証書
1767 **vigil** [vídʒil]	→			图 (見守り・祈りなどのための)徹夜，寝ずの番
1768 **petulant** [pétʃələnt]	→			形 不機嫌な，怒りっぽい
1769 **quaint** [kweint]	→			形 古風な，趣のある，風変わりで面白い
1770 **sparse** [spɑ:rs]	→			形 まばらな
1771 **venerable** [vénərəbl]	→			形 由緒ある，敬うべき
1772 **state-of-the-art** [stèiţəvðiá:rt]	→			形 最新鋭の
1773 **preemptive** [priémptiv]	→			形 先制の
1774 **prodigious** [prədídʒəs]	→			形 驚異的な，巨大な
1775 **suave** [swɑ:v]	→			形 物腰の柔らかな
1776 **untenable** [ʌnténəbl]	→			形 批判に耐えられない，擁護できない
1777 **presumptuous** [prizʌ́mptʃuəs]	→			形 ずうずうしい
1778 **pernicious** [pərníʃəs]	→			形 非常に有害な，破壊的な
1779 **pungent** [pʌ́ndʒənt]	→			形 (味・匂いが)刺激性の，(批評などが)辛辣な
1780 **languid** [lǽŋgwid]	→			形 元気がない，物憂い

例　文	訳
1741 An act of (s　　　　　) by unhappy workers broke the machine, and the factory's production came to a halt.	不満を持つ労働者の<u>破壊行為</u>がその機械を壊し，工場の生産が停止した。
1742 The unkempt prisoner appeared in court still in (s　　　　　).	髪がぼさぼさの囚人は<u>手錠</u>をはめられたまま出廷した。
1743 The family went on a shopping (s　　　　　) before Christmas and used all the money they had saved.	その家族はクリスマス前に<u>買い物ざんまい</u>をして，ためていたお金を使い果たした。
1744 While appreciating his (z　　　　　), his boss would prefer more care and accuracy.	上司は彼の<u>熱心さ</u>を評価してはいるが，もっと注意力と正確さがあればと思っているだろう。
1745 When his chief supporter switched his (a　　　　　) **to** the rebels, the king knew he had lost the fight.	第1の支援者が寝返って反逆者に<u>忠誠</u>を誓ったとき，王は戦いに敗れたと知った。
1746 It had always been her (a　　　　　) to become a successful novelist.	小説家として成功することがずっと彼女の<u>願望</u>だった。
1747 When he reached the mountaintop, he was filled with (a　　　　　) by the beautiful scenery.	山頂に到達すると，美しい景色に彼は<u>畏敬の念</u>で満たされた。
1748 The movie depicted a love affair set against the (b　　　　　) of a civil war.	その映画は内戦を<u>背景</u>にした恋愛を描いていた。
1749 For many years, the writer worked as a (b　　　　　) in a government ministry.	その作家は長年政府の省で<u>官僚</u>として働いた。
1750 The woman put up a diamond necklace as (c　　　　　) for her loan.	その女性はダイヤのネックレスをローンの<u>担保</u>に入れた。
1751 The boy's fair (c　　　　　) meant that he was easily burnt by the sun.	少年の色白の<u>顔色</u>は，日焼けで炎症を起こしやすいことを意味していた。
1752 The new president immediately ordered a (c　　　　　) **on** police corruption.	新大統領は警察の腐敗の<u>**厳重な取り締まり**</u>を直ちに命じた。
1753 When he tried to photograph the famous painting, a (c　　　　　) immediately warned him that it was not allowed.	彼がその有名な絵の写真を撮ろうとすると，すぐに<u>学芸員</u>が許可されていないと注意した。
1754 The running water had cut a deep (g　　　　　) in the surface of the rock.	流れる水がその岩の表面に深い<u>溝</u>を刻んでいた。
1755 The man felt a sudden (i　　　　　) **to visit** the town in which he had grown up.	男性は自分が育った町を<u>訪れたいという気持ち</u>を突然感じた。
1756 The teacher told the boy to keep quiet and stop being a (n　　　　　).	静かにしなさい，<u>迷惑</u>をかけないで，と先生は少年に言った。
1757 People living in the (o　　　　　) of London often see foxes in their gardens.	ロンドンの<u>郊外</u>に住む人たちは，庭でしばしばキツネを見かける。
1758 The chairman's plan was drawn up on the (p　　　　　) **that** the company's profits would continue to grow.	社長の計画は，会社の利益が伸び続ける<u>**という前提**</u>で立てられた。
1759 The detective's (r　　　　　) of all the facts of the case was quite remarkable.	刑事がその事件に関するすべての事実を<u>記憶していること</u>は，まったく驚くべきことだった。
1760 Many different illnesses can cause skin (l　　　　　), including viruses and cancers.	ウイルスとがんを含め，多くのさまざまな病気が皮膚の<u>病変</u>の原因になり得る。

解答 **1741** sabotage　**1742** shackles　**1743** spree　**1744** zeal　**1745** allegiance　**1746** aspiration　**1747** awe　**1748** backdrop
1749 bureaucrat　**1750** collateral　**1751** complexion　**1752** crackdown　**1753** curator　**1754** groove　**1755** inclination　**1756** nuisance
1757 outskirts　**1758** premise　**1759** retention　**1760** lesions

単語	1回目	2回目	3回目	意味
1781 **sullen** [sʌ́lən]	→			形 不機嫌な，うっとうしい
1782 **subversive** [səbvə́ːrsɪv]	→			形 (秩序・政府などを)破壊[転覆]させる
1783 **malleable** [mǽliəbl]	→			形 適応性のある，柔順な，可鍛性の
1784 **pallid** [pǽlɪd]	→			形 (顔・肌などが)青白い，つまらない
1785 **upscale** [ʌ̀pskéɪl]	→			形 高級な
1786 **obtrusive** [əbtrúːsɪv]	→			形 ひどく目立つ，押しつけがましい
1787 **opulent** [ɑ́(ː)pjʊlənt]	→			形 ぜいたくな，裕福な，豊富な
1788 **elastic** [ɪlǽstɪk]	→			形 融通[順応]性のある，弾力性のある
1789 **equitable** [ékwəṭəbl]	→			形 公平な，公正な
1790 **generic** [dʒənérɪk]	→			形 一般的な，包括的な
1791 **interim** [ínṭərɪm]	→			形 暫定的な，一時的な
1792 **ludicrous** [lúːdɪkrəs]	→			形 滑稽な，ばかげた
1793 **marginal** [mɑ́ːrdʒɪnəl]	→			形 わずかな，ごく小さい，限界の
1794 **overt** [ouvə́ːrt]	→			形 公然の，明白な
1795 **turbulent** [tə́ːrbjʊlənt]	→			形 激動する，荒れ狂う
1796 **anecdotal** [æ̀nɪkdóuṭəl]	→			形 逸話の，体験談の
1797 **luminous** [lúːmɪnəs]	→			形 光り輝く，光を発する
1798 **melancholy** [mélənkɑ̀(ː)li]	→			形 ふさぎ込んだ，気のめいる
1799 **ornate** [ɔːrnéɪt]	→			形 細部まで凝った，飾り立てた
1800 **nominally** [nɑ́(ː)mənəli]	→			副 名目上は

例　文	訳
1761 Following defeat in the battle, the (r) of the army surrendered to the enemy.	戦闘での敗北の後，軍の<u>残り</u>は敵に降伏した。
1762 During the war, many people were employed in calculating the (t) of enemy missiles.	戦時中，敵のミサイルの<u>弾道</u>の計算に多くの人手が費やされた。
1763 The country was an enormous (a) consisting of a multitude of islands.	その国は多数の島から成る巨大な<u>群島</u>だった。
1764 He was full of (r) **for** his behavior and apologized to his girlfriend repeatedly.	彼は自分の振る舞い<u>に対する</u><u>深い後悔</u>でいっぱいで，繰り返し恋人に謝罪した。
1765 Everybody was surprised at the local residents' (r) in the face of so many disasters.	それほど多くの惨事に直面しても<u>立ち直る</u>地元住民の<u>力</u>に誰もが驚いた。
1766 Shortly before he started his horseback riding, the instructor asked him to sign a liability (w).	彼が乗馬を始める直前に，インストラクターは<u>免責同意書</u>にサインしてほしいと言った。
1767 A crowd of people held a (v) to protest the death of the student at the hands of the police.	警察の手によるその学生の死に抗議するため，大勢の人が<u>徹夜</u>をした。
1768 His colleagues were surprised by his (p) display of anger.	同僚たちは，彼が<u>機嫌悪く</u>怒りをあらわにすることに驚いた。
1769 England is known for the (q) cottages in its lush green countryside.	イングランドは緑豊かな田園地帯にある<u>古風な</u>小家屋で知られる。
1770 In semi-arid conditions, rainfall is too (s) for most crops.	半乾燥性の自然条件では，ほとんどの作物にとって降雨が<u>まばら</u>過ぎる。
1771 He believed that such a (v) tradition should not be cast aside lightly.	そのような<u>由緒ある</u>伝統は軽々しく放棄されるべきではないと彼は考えていた。
1772 The rich man installed a (s) security system in his house.	その金持ちの男性は<u>最新鋭の</u>セキュリティーシステムを家に設置した。
1773 The air force was ordered to launch a (p) strike on the site.	空軍はその場所に<u>先制攻撃</u>を開始するよう命令された。
1774 The hero from Greek mythology is legendary for his (p) strength.	ギリシャ神話のその英雄は<u>驚異的な</u>大力で伝説となっている。
1775 The (s) young man turned out to be an insurance salesman.	<u>物腰の柔らかな</u>その若い男性は保険の販売員であることがわかった。
1776 It took the historian many years to admit that his theory was (u).	自分の説が<u>批判に耐えられない</u>ものだとその歴史家が認めるには長い年月を要した。
1777 It was (p) of him to make so many demands of a stranger.	見知らぬ人にそんなに多くの要求をするなんて，彼は<u>ずうずうしかった</u>。
1778 Certain kinds of (p) viruses thrive even in sanitary conditions.	ある種の<u>非常に有害な</u>ウイルスは衛生状態がよくても繁殖する。
1779 The moment he entered the house, he noticed a (p) smell of curry.	彼は家に入った瞬間に，カレーの<u>刺激的な</u>匂いを感じた。
1780 The boy seemed so (l) that we wondered if he was healthy.	その少年があまりに<u>元気がなく</u>思えたので，私たちは彼の健康をいぶかった。

解答 1761 remnant　1762 trajectories　1763 archipelago　1764 remorse　1765 resilience　1766 waiver　1767 vigil　1768 petulant
1769 quaint　1770 sparse　1771 venerable　1772 state-of-the-art　1773 preemptive　1774 prodigious　1775 suave　1776 untenable
1777 presumptuous　1778 pernicious　1779 pungent　1780 languid

単語編

でる度
C
↓
1781
〜
1800

199

学習日　　　月　　　日

単語	1回目	2回目	3回目	意味
1801 **impel** [ɪmpél]	→			動 を駆り立てる〈to *do* ~ するように〉，を強いる
1802 **lubricate** [lúːbrɪkèɪt]	→			動 に潤滑油を差す[塗る]
1803 **nibble** [níbl]	→			動 少しずつかじる〈at, on ~を〉，(食べ物)を少しず つかじる
1804 **polarize** [póʊləràɪz]	→			動 (集団など)を二極化させ る，を分裂させる
1805 **pounce** [paʊns]	→			動 ここぞとばかりに攻撃 する〈on 失敗などを〉，急 襲する
1806 **retaliate** [rɪtǽlièɪt]	→			動 報復する〈with ~で〉，仕 返しする
1807 **rummage** [rʌ́mɪdʒ]	→			動 かき回して捜す
1808 **spearhead** [spíərhèd]	→			動 (運動など)の先頭に立つ
1809 **typify** [típɪfàɪ]	→			動 を象徴する，の典型であ る
1810 **prowl** [praʊl]	→			動 (獲物などを求めて)う ろつく
1811 **retract** [rɪtrǽkt]	→			動 を撤回する，を取り消す
1812 **ruffle** [rʌ́fl]	→			動 を動揺させる，の心を乱 す
1813 **detest** [dɪtést]	→			動 をひどく嫌う
1814 **feign** [feɪn]	→			動 のふりをする，を装う
1815 **fluctuate** [flʌ́ktʃuèɪt]	→			動 変動する，上下する
1816 **meddle** [médl]	→			動 干渉する〈in ~に〉
1817 **pamper** [pǽmpər]	→			動 を甘やかす〈with ~で〉
1818 **peruse** [pərúːz]	→			動 をざっと読む，を熟読す る
1819 **pique** [piːk]	→			動 を立腹させる，を刺激す る
1820 **indoctrinate** [ɪndá(ː)ktrɪnèɪt]	→			動 に教え込む〈in, with 教 義などを〉

例　文	訳
1781 The little girl stood with a (s) expression on her face.	その小さな女の子は<u>不機嫌な表情</u>を顔に浮かべて立っていた。
1782 Under the military regime, many people were arrested and imprisoned for their (s) activities.	軍事政権下で，多くの人が<u>破壊活動</u>で逮捕され投獄された。
1783 Many parents try to pass on their values to their children while their minds are at a (m) state.	多くの親は，子供の心が<u>適応性のある</u>状態のうちに，自分たちの価値観を伝えようとする。
1784 After months of severe dieting, her face looks drawn and (p).	厳しいダイエットを数カ月した結果，彼女の顔はげっそりとして<u>青白く</u>見える。
1785 On their wedding anniversary, he took his wife to an (u) restaurant.	結婚記念日に彼は妻を<u>高級</u>レストランに連れて行った。
1786 An (o) poster warned students not to smoke on campus.	<u>ひどく目立つ</u>ポスターが，学生に構内でタバコを吸わないようにと警告していた。
1787 She was surprised when she saw his (o) home with its expensive furnishings.	高価な家具調度品のそろった彼の<u>ぜいたくな</u>家を見て，彼女は驚いた。
1788 The rules looked strict on paper, but they were in fact applied in a rather (e) way.	その規則は書類上では厳しく見えたが，実際はかなり<u>融通が利いて</u>適用された。
1789 In his will, the man tried to divide his fortune in an (e) way among his three sons.	男性は遺書で，財産を3人の息子の間で<u>公平に</u>分けようとした。
1790 The film was a (g) comedy with a dull plot and no famous actors.	その映画はプロットが退屈で有名な俳優も出ていない，<u>一般的な</u>コメディーだった。
1791 After the fire, the school was moved to another building nearby as an (i) measure.	火事の後，<u>暫定的な</u>措置としてその学校は近くの別の建物に移された。
1792 The (l) costumes of the clowns, with their funny hats and huge shoes, made everyone laugh.	おかしな帽子をかぶりばかでかい靴を履いたピエロたちの<u>滑稽な</u>衣装は皆を笑わせた。
1793 The new sales tax only had a (m) effect on wealthy people, but it hit the poor hard.	新売上税は裕福な人々には<u>わずかな</u>影響しかなかったが，貧困層には大きな打撃を与えた。
1794 Her (o) opposition to the plan led to friction with other members.	彼女がその計画に<u>公然と</u>反対したことが，ほかのメンバーとのあつれきを招いた。
1795 The early years of the king's reign were (t) ones, with wars, strikes, and natural disasters.	その国王の治世初期は，戦争ありストライキあり自然災害ありの<u>激動の</u>年月だった。
1796 While (a) evidence suggested that the economy was improving, no hard statistics were available.	<u>事例証拠</u>は景気が改善しつつあると示唆していたが，確実な統計はどこにもなかった。
1797 Only the most (l) stars are visible in the urban night sky.	都会の夜の空で見えるのは最も<u>明るく輝く</u>星だけだ。
1798 She was a quiet, (m) young woman who rarely became excited by things.	彼女は物事にときめくことのめったにない，物静かで<u>ふさぎ込みがちの</u>若い女性だった。
1799 Inside the church, the wooden seats were decorated with (o) carvings.	教会の中では，木製の座席は<u>細部まで凝った</u>彫刻で装飾されていた。
1800 Although he was (n) in charge, the real decisions were made by others.	彼は<u>名目上は</u>責任者だったが，本当の決定はほかの人たちによってなされた。

単語編

でる度
C
↓
1801
〜
1820

解答 1781 sullen　1782 subversive　1783 malleable　1784 pallid　1785 upscale　1786 obtrusive　1787 opulent　1788 elastic
1789 equitable　1790 generic　1791 interim　1792 ludicrous　1793 marginal　1794 overt　1795 turbulent　1796 anecdotal
1797 luminous　1798 melancholy　1799 ornate　1800 nominally

学習日　　　　月　　　日

単語	1回目	2回目	3回目	意 味
1821 **orchestrate** [ɔ́ːrkɪstrèɪt]	→			動 を画策する，の段取りを整える
1822 **fortify** [fɔ́ːrtəfàɪ]	→	↓		動 を強化する〈with ～で〉
1823 **bolster** [bóʊlstər]	→	↓		動 を高める，を支援する
1824 **exhort** [ɪgzɔ́ːrt]	→	↓		動 に熱心に勧める〈to *do* ～することを〉
1825 **coerce** [koʊə́ːrs]	→	↓		動 に強いる〈into ～を〉
1826 **dazzle** [dǽzl]	→	↓		動 を幻惑する
1827 **debunk** [diːbʌ́ŋk]	→	↓		動 の誤りを暴く
1828 **surmise** [sərmáɪz]	→	↓		動 (surmise that ... で) …と推測する
1829 **reiterate** [ri(ː)íṭərèɪt]	→	↓		動 を繰り返す
1830 **enunciate** [ɪnʌ́nsièɪt]	→	↓		動 を発表する，を明瞭に発音する
1831 **defuse** [diːfjúːz]	→	↓		動 (爆弾など)から信管を除去する，(危険)を取り除く，(緊張)を和らげる
1832 **berate** [bɪréɪt]	→	↓		動 を責め立てる〈for ～のことで〉
1833 **abscond** [əbská(ː)nd]	→	↓		動 持ち逃げする〈with ～を〉，逃亡する
1834 **broach** [broʊtʃ]	→	↓		動 (話題)を切り出す〈to, with 人に〉
1835 **bask** [bæsk]	→	↓		動 日光浴をする，享受する
1836 **wrath** [ræθ]	→	↓		名 激怒
1837 **antiseptic** [æn̪ɪséptɪk]	→	↓		名 消毒剤
1838 **attrition** [ətríʃən]	→	↓		名 消耗，摩滅
1839 **bombardment** [bɑ(ː)mbáːrdmənt]	→	↓		名 爆撃，砲撃
1840 **euphoria** [juːfɔ́ːriə]	→	↓		名 幸福感，多幸感

例 文	訳
1801 After listening to the lecture for thirty minutes, he felt (i　　　　) **to interrupt** and **object**.	講義を30分聞いた後，彼は話を遮って反対したい気持ちに駆られた。
1802 The door hinges were squeaking so he (l　　　　) them with some oil.	ドアのちょうつがいがキーキー鳴るので，彼は潤滑油を差した。
1803 The two men (n　　　　) **at** the peanuts as they drank, and soon the bowl was completely empty.	2人の男性は酒を飲みながらピーナツをポリポリつまみ，すぐにボウルはすっかり空になった。
1804 The country became (p　　　　) between supporters and opponents of the president.	その国は大統領の支持者と反対者の間で二極化した。
1805 When a student made a mistake, the teacher immediately (p　　　　) **on** it.	生徒が間違うと，先生はここぞとばかりにすぐにその間違いを指摘した。
1806 After the attack on its forces, the other side (r　　　　) **with** a bombing campaign.	相手方は自軍に攻撃を受けた後，空爆作戦で報復した。
1807 When she asked for glue, he (r　　　　) about in his desk drawer and produced some.	接着剤をちょうだいと彼女に言われ，彼は机の引き出しをがさごそ捜して取り出した。
1808 The rock star (s　　　　) a campaign to prevent the chemical factory being built.	そのロックスターは，その化学工場が建設されるのを中止させる運動の先頭に立った。
1809 The expert said the low voter turnout (t　　　　) the public's lack of interest in politics.	低い投票率は大衆の政治に対する関心の欠如の象徴だ，とその専門家は述べた。
1810 It can be dangerous to walk outside at night in the area because of the lions (p　　　　) for prey.	獲物を探してうろつくライオンがいるので，その地域では夜間に外を歩くのは危険なことがある。
1811 The prime minister demanded that the leader of the opposition (r　　　　) his shocking accusations.	首相は，野党の指導者が述べた無礼な非難を撤回することを要求した。
1812 The protesters tried to (r　　　　) the mayor by shouting insults, but he paid no attention.	抗議者たちは侮辱を浴びせて市長を動揺させようとしたが，市長は気に留めなかった。
1813 Even though he (d　　　　) broccoli, his wife often served it.	彼はブロッコリーが大嫌いだったのに，妻はそれをよく食事に出した。
1814 The students were bored by the lecture, but some tried to (f　　　　) interest.	学生たちは講義に退屈していたが，関心を持っているふりをしようとした者もいた。
1815 The exchange rate between the yen and the dollar has (f　　　　) wildly all year.	円とドルの為替レートは一年中激しく変動した。
1816 The man advised his wife not to (m　　　　) **in** her friend's marriage.	男性は妻に，友達の結婚に干渉しないように忠告した。
1817 She (p　　　　) her pet cat **with** expensive foods such as smoked salmon.	彼女はスモークサーモンのような高価な餌を与えて飼い猫を甘やかした。
1818 Over breakfast, he (p　　　　) a copy of the local newspaper.	朝食を食べながら，彼は地元の新聞をざっと読んだ。
1819 Her persistent complaints began to (p　　　　) many of her colleagues.	彼女がいつまでも文句を言っていたので，同僚の多くが腹を立て始めた。
1820 The martial arts teacher (i　　　　) his new students **with** basic fighting techniques.	格闘技の教師は，新入生に基本的な戦闘技術を教え込んだ。

単語編

でる度
C

↓

1821
〜
1840

解答 1801 impelled　1802 lubricated　1803 nibbled　1804 polarized　1805 pounced　1806 retaliated　1807 rummaged
1808 spearheaded　1809 typified　1810 prowling　1811 retract　1812 ruffle　1813 detested　1814 feign　1815 fluctuated
1816 meddle　1817 pampered　1818 perused　1819 pique　1820 indoctrinated

学習日　　　月　　　日

単　語	1回目	2回目	3回目	意　味
1841 **futility** [fju:tíləṭi]	→			名無益，無駄
1842 **infatuation** [ɪnfæ̀tʃuéɪʃən]	→			名夢中になること〈with ～に〉
1843 **inhalation** [ìnhəléɪʃən]	→			名吸入
1844 **labyrinth** [lǽbərìnθ]	→			名迷路
1845 **reconnaissance** [rɪká(:)nəzəns]	→			名偵察
1846 **remittance** [rɪmítəns]	→			名送金
1847 **rendezvous** [rá:ndeɪvù:]	→			名待ち合わせ，会う約束，待ち合わせ場所
1848 **restitution** [rèstɪtjúːʃən]	→			名(盗難品などの)返還
1849 **slur** [slə:r]	→			名中傷〈on ～に対する〉，誹謗
1850 **strife** [straɪf]	→			名争い，不和
1851 **suitor** [súːṭər]	→			名(女性への)求婚者
1852 **versatility** [və̀:rsətíləṭi]	→			名多才，多芸
1853 **interlude** [ínṭərlùːd]	→			名合間，幕あい
1854 **layman** [léɪmən]	→			名素人，門外漢
1855 **stampede** [stæmpíːd]	→			名(動物・人が)どっと逃げ出すこと，集団暴走
1856 **repercussion** [rì:pərkʌ́ʃən]	→			名(通例 ～s)(好ましくない)影響，余波
1857 **concession** [kənséʃən]	→			名譲歩
1858 **hindsight** [háɪndsàɪt]	→			名後知恵
1859 **felicity** [fəlísəṭi]	→			名幸福，至福
1860 **creed** [kriːd]	→			名信条

例　文	訳
1821 The politician (o　　　　　　) a smear campaign against his rival.	その政治家はライバルに対する組織的な中傷を画策した。
1822 Nowadays, it is customary to (f　　　　　　) milk **with** vitamin D.	最近では，ビタミンDで牛乳の栄養価を高めることが普通になっている。
1823 The government has recently taken steps to (b　　　　　　) market confidence.	最近政府は市場の信頼性を高める対策を講じた。
1824 The teacher (e　　　　　　) the students **to prepare** for the final exam.	その教師は期末試験の**準備をするよう**生徒たちに熱心に勧めた。
1825 Though the man was reluctant to sign the contract, he was (c　　　　　　) **into** doing it.	男性は気が進まなかったが，契約書にサインすることを強いられた。
1826 (D　　　　　　) by the man's charm, the woman eventually agreed to a date.	女性はその男性の魅力に幻惑され，結局デートに応じた。
1827 One effect of science has been to (d　　　　　　) many traditional beliefs.	科学の効能の1つは，多くの伝統的な考えの誤りを暴いてきたことである。
1828 I (s　　　　　　) **that** I could do better by investing in real estate than in stocks.	株より不動産に投資した方がうまくやれると私は推測した。
1829 The ambassador (r　　　　　　) his nation's policy at the start of the meeting.	大使は会議の初めに自国の政策を繰り返し述べた。
1830 My boss forcefully (e　　　　　　) his policies to the employees.	私の上司は従業員に対し力強い調子で彼の方針を発表した。
1831 Nowadays, many police forces have experts who can (d　　　　　　) bombs.	最近，多くの警察隊には爆弾の信管を除去できる専門家がいる。
1832 He (b　　　　　　) himself **for** having trusted a stranger with his money.	彼は見知らぬ人にお金を預けてしまった**ことで**自分自身を責めた。
1833 The bank manager (a　　　　　　) **with** the money after his theft was revealed.	銀行の支店長は，自身の窃盗が発覚した後その金を持って姿をくらました。
1834 Many parents find sex education an awkward subject to (b　　　　　　) **with** their children.	性教育は子供に切り出すのが厄介なテーマだと多くの親が感じる。
1835 In the summer, seals could be seen (b　　　　　　) on the rocks.	夏には，岩の上で日光浴をするアザラシの姿を見ることができた。
1836 The boy could imagine his father's (w　　　　　　) when he told him about the damage to the family car.	家の車に与えた損傷のことを話したら父親がどんなに激怒するか，少年は想像できた。
1837 When she cut her finger, she immediately put (a　　　　　　) on it to stop it being infected.	彼女は指を切ったとき，感染症にならないようにすぐ消毒薬を塗った。
1838 The government waged a long war of (a　　　　　　) against the rebel forces.	政府は反乱軍相手に長い消耗戦を遂行した。
1839 The city suffered nightly (b　　　　　　) by the enemy.	その市は敵から毎夜の爆撃を受けた。
1840 The (e　　　　　　) he had felt upon passing the bar examination soon faded.	司法試験に合格して彼が感じた幸福感はすぐに消えていった。

解答 1821 orchestrated　1822 fortify　1823 bolster　1824 exhorted　1825 coerced　1826 Dazzled　1827 debunk　1828 surmised
1829 reiterated　1830 enunciated　1831 defuse　1832 berated　1833 absconded　1834 broach　1835 basking　1836 wrath
1837 antiseptic　1838 attrition　1839 bombardments　1840 euphoria

単語	♪ 1回目	◉ 2回目	◉ 3回目	意　味
1861 **farce** [fɑːrs]	→			图 笑劇，道化芝居
1862 **juncture** [dʒʌ́ŋktʃər]	→			图 (重大)時期，接合点
1863 **gimmick** [gímɪk]	→			图 巧妙な仕掛け
1864 **caliber** [kǽləbər]	→			图 能力(の程度)，(銃の)口径
1865 **allegory** [ǽləgɔ̀ːri]	→			图 寓話，例え話
1866 **ascension** [əsénʃən]	→			图 上昇，即位，(the Ascension)キリストの昇天
1867 **bout** [baʊt]	→			图 発病，発作，短い期間
1868 **animosity** [æ̀nɪmɑ́(ː)səti]	→			图 憎悪〈between ～間の〉，敵意
1869 **affront** [əfrʌ́nt]	→			图 (公然の)侮辱〈to ～に対する〉
1870 **barrage** [bərɑ́ːʒ]	→			图 集中砲火〈of 質問などの〉，弾幕
1871 **brunt** [brʌnt]	→			图 矢面，(攻撃の)矛先
1872 **audacious** [ɔːdéɪʃəs]	→			形 大胆な，無鉄砲な
1873 **colloquial** [kəlóʊkwiəl]	→			形 口語体の
1874 **concerted** [kənsə́ːrtɪd]	→			形 協力しての，共同での
1875 **cumbersome** [kʌ́mbərsəm]	→			形 (大きく重くて)扱いにくい，手に負えない
1876 **egregious** [ɪgríːdʒəs]	→			形 実にひどい，途方もない
1877 **eminent** [émɪnənt]	→			形 高名な，傑出した
1878 **enigmatic** [è nɪgmǽṭɪk]	→			形 謎めいた，不可解な
1879 **extraneous** [ɪkstréɪniəs]	→			形 無関係の，本質的でない
1880 **inconspicuous** [ìnkənspíkjuəs]	→			形 目立たない，地味な

例 文	訳
1841 Gradually the local people became convinced of the (f_____) of further resistance and began to surrender.	その地方の人々はそれ以上抵抗することの<u>無益さ</u>を次第に確信するようになり，降伏し始めた。
1842 Many teenagers go through an (i_____) **with** an older boy or girl, but these rarely last long.	多くのティーンエージャーは年上の少年や少女に<u>夢中になる時期</u>を経るが，めったに長続きしない。
1843 The flu viruses usually enter the body through (i_____).	インフルエンザウイルスは普通<u>息を吸うこと</u>によって体内に入る。
1844 The small back alleys formed a (l_____) in which it was easy to get lost.	狭い路地はすぐに道に迷う<u>迷路</u>になっていた。
1845 The young soldier was sent on a (r_____) mission into enemy territory.	その若い兵士は<u>偵察</u>の任務を帯びて敵地に派遣された。
1846 Many developing countries now depend on (r_____) sent by their citizens who work abroad.	今では多くの発展途上国は，外国で働く国民が送る<u>送金</u>に頼っている。
1847 The young lovers planned a (r_____) outside the local library.	若い恋人たちは地元の図書館の外で<u>待ち合わせ</u>をする予定を立てた。
1848 A number of former colonies have demanded (r_____) of cultural treasures kept in European museums.	いくつかの旧植民地が，ヨーロッパの博物館に保管されている文化財の<u>返還</u>を要求している。
1849 The television personality said that the rumors about him were a (s_____) **on** his good reputation.	自分に関するそのうわさはよい評判<u>に対する</u>中傷だ，とそのテレビタレントは述べた。
1850 It was a period of great industrial (s_____), and strikes by workers were common all over the country.	そのころは産業界で<u>紛争</u>が多発した時期で，労働者のストライキは国中でよく起きていた。
1851 Eventually the girl agreed to introduce her (s_____) to her parents.	ついに少女は<u>求婚者</u>を両親に紹介することに同意した。
1852 The (v_____) of the new employee quickly made her indispensable to the company.	その新入社員は<u>多才</u>だったので，すぐに会社にとってなくてはならない存在になった。
1853 During the (i_____) between the end of classes and the beginning of the exams, most students studied hard.	授業が終わり試験が始まるまでの<u>合間</u>に，ほとんどの生徒は熱心に勉強した。
1854 Many legal terms are quite incomprehensible to even a well-educated (l_____).	教養のある<u>素人</u>にとってさえも，多くの法律用語は極めてわかりにくい。
1855 When a fire broke out in the sports stadium, it led to a (s_____) among the spectators.	そのスポーツ競技場で火事が発生したとき，観客が<u>どっと逃げ出す</u>結果になった。
1856 The (r_____) of the debt crisis included a fall in stock prices.	債務危機の<u>影響</u>の1つに株価の下落があった。
1857 However long we negotiated, our business partner refused to make any (c_____).	どれだけ長時間交渉しても，ビジネスパートナーは一切の<u>譲歩</u>を拒んだ。
1858 In (h_____), the company realized that it could have prevented a grave mistake.	<u>後から考えると</u>，その会社は重大な過ちを防げたかもしれないと気付いた。
1859 Beneath a facade of domestic (f_____), the marriage was in trouble.	うわべの<u>家庭円満</u>とは裏腹に，その結婚は危機に陥っていた。
1860 Although they follow different (c_____), they still decided to marry.	異なる<u>信条</u>を奉じていたが，それでも2人は結婚することに決めた。

解答 1841 futility 1842 infatuation 1843 inhalation 1844 labyrinth 1845 reconnaissance 1846 remittances 1847 rendezvous 1848 restitution 1849 slur 1850 strife 1851 suitor 1852 versatility 1853 interlude 1854 layman 1855 stampede 1856 repercussions 1857 concessions 1858 hindsight 1859 felicity 1860 creeds

学習日　　　月　　　日

単 語	1回目	2回目	3回目	意 味
1881 **indulgent** [ɪndʌ́ldʒənt]	→			形 甘い，寛大な
1882 **queasy** [kwíːzi]	→			形 吐き気のする
1883 **repulsive** [rɪpʌ́lsɪv]	→			形 嫌悪感を起こさせる，不快な
1884 **scruffy** [skrʌ́fi]	→			形 汚らしい，だらしない
1885 **contentious** [kənténʃəs]	→			形 論争好きな
1886 **inscrutable** [ɪnskrúːṭəbl]	→			形 不可思議な，計り知れない
1887 **exemplary** [ɪgzémpləri]	→			形 模範的な
1888 **transient** [trǽnziənt]	→			形 はかない
1889 **latent** [léɪtənt]	→			形 潜在的な
1890 **extrinsic** [ekstrínsɪk]	→			形 外的な，非本質的な
1891 **adamant** [ǽdəmənt]	→			形 断固主張して〈that …ということを〉
1892 **abject** [ǽbdʒekt]	→			形 絶望的な，悲惨な
1893 **adroit** [ədrɔ́ɪt]	→			形 巧みな，器用な
1894 **arbitrary** [ɑ́ːrbətrèri]	→			形 独断的な，専制的な，気まぐれな
1895 **benign** [bənáɪn]	→			形 優しい，温和な，（気候などが）穏やかな，（病理学的に）良性の
1896 **belatedly** [bɪléɪṭɪdli]	→			副 遅れて，手遅れで
1897 **cordially** [kɔ́(ː)rdʒəli]	→			副 心から，真心を込めて
1898 **exponentially** [èkspənénʃəli]	→			副 （増加が）急激に，指数関数的に
1899 **figuratively** [fíɡjərəṭɪvli]	→			副 比喩的に
1900 **vehemently** [víːəməntli]	→			副 激しく，猛烈に

例 文	訳
1861 The comedian first made his name in a theatrical (f).	その喜劇役者が初めて有名になったのは，舞台で演じた<u>笑劇</u>だった。
1862 The upcoming election marks a critical (j) for the future of the country.	来たる選挙はその国の将来にとって決定的な<u>時期</u>となる。
1863 He dismissed the new policy as just a (g) to attract voters.	新たな政策は有権者を引き付けるための<u>巧妙な仕掛け</u>にすぎない，と彼は退けた。
1864 There are not many lawyers of his (c) in the company.	その会社には彼ほど<u>能力</u>のある弁護士は多くない。
1865 This painting has been interpreted as an (a) of life and death.	この絵は生と死の<u>寓話</u>だと解釈されてきた。
1866 The singer's (a) to the rank of superstar was unusually quick.	その歌手はスーパースターの座に<u>上り詰める</u>のが並外れて速かった。
1867 A (b) of malaria generally leaves the victim much weakened.	マラリアを<u>発症</u>すると一般的に患者は体力がひどく低下する。
1868 It has been hard to overcome the (a) **between** Israel and its Arab neighbors.	イスラエルと近隣アラブ諸国<u>との間</u>の<u>憎悪</u>を克服するのはずっと困難だった。
1869 The way he was treated at the hotel was an (a) **to** his dignity.	そのホテルで彼が受けた扱いは彼の尊厳<u>を侮辱</u>するものだった。
1870 The film star was faced with a (b) **of** questions about his upcoming divorce.	その映画俳優は秒読み段階の離婚に関する質問の<u>集中砲火</u>に遭った。
1871 The capital city bore the (b) of the enemy's bombing campaign.	首都は敵国の爆撃作戦の<u>矢面</u>に立った。
1872 The gang of thieves made an (a) attempt to rob the jewelry store in broad daylight.	泥棒の一味は，白昼堂々その宝飾店を襲うという<u>大胆</u>な企てに出た。
1873 Although he had studied Chinese, he found the (c) language of the fishermen difficult to follow.	彼は中国語を学んでいたけれど，漁師たちの<u>口語体</u>の言葉についていくのは難しかった。
1874 Thanks to the (c) efforts of the drama club, the performance was ready on time.	演劇部の<u>一致協力</u>した努力のかいあって，公演は時間どおりに準備ができた。
1875 The men found it difficult to move the (c) furniture up the stairs to the apartment.	男性たちは<u>扱いにくい</u>家具を階段でアパートの上階に運ぶのは難しいと思った。
1876 The judge said it was one of the most (e) cases of tax evasion that he had ever seen.	それまで見た中で最も<u>ひどい</u>脱税事件の1つだ，と裁判官は言った。
1877 Many (e) physicians examined the princess, but no one could say what was wrong with her.	多くの<u>高名な</u>医師が王女を診察したが，王女のどこが悪いのか誰も言えなかった。
1878 Her message was so (e) that he completely failed to understand it.	彼女のメッセージはあまりに<u>謎めいて</u>いて，彼には皆目理解できなかった。
1879 His professor told him that his thesis contained too much (e) information.	彼の指導教授は，彼の論文には<u>無関係な</u>情報が多過ぎると言った。
1880 The successful businessman lived in the same (i) house in which he had grown up.	成功を手にしたその実業家は，育った<u>目立たない</u>家にそのまま住んでいた。

解答 1861 farce　1862 juncture　1863 gimmick　1864 caliber　1865 allegory　1866 ascension　1867 bout　1868 animosity
1869 affront　1870 barrage　1871 brunt　1872 audacious　1873 colloquial　1874 concerted　1875 cumbersome　1876 egregious
1877 eminent　1878 enigmatic　1879 extraneous　1880 inconspicuous

学習日　　　月　　　日

単 語	1回目	2回目	3回目	意 味
1901 **quell** [kwel]	→			動 を抑える，を鎮める
1902 **quench** [kwentʃ]	→			動 (渇き)を癒やす，(欲望)を抑える
1903 **debase** [dɪbéɪs]	→			動 (品位・評判)を落とす
1904 **elude** [ɪlúːd]	→			動 をうまくかわす，から逃れる
1905 **refute** [rɪfjúːt]	→			動 を論破する，に反駁する
1906 **rebut** [rɪbʌ́t]	→			動 に反論する，の反証を挙げる
1907 **lambaste** [læmbéɪst]	→			動 を厳しくとがめる，をひどく殴る
1908 **purge** [pəːrdʒ]	→			動 から追放する〈of ～を〉，を清める
1909 **renege** [rɪníɡ]	→			動 破る〈on 約束などを〉
1910 **thwart** [θwɔːrt]	→			動 (計画など)を阻止する，を挫折させる
1911 **dislodge** [dɪslá(ː)dʒ]	→			動 (敵)を退陣させる〈from ～から〉，を除去する
1912 **dawdle** [dɔ́ːdl]	→			動 ぐずぐずする
1913 **encrypt** [ɪnkrípt]	→			動 を暗号化する
1914 **fetter** [féṭər]	→			動 を拘束する
1915 **teeter** [tíːṭər]	→			動 ぐらつく，シーソーに乗る
1916 **concoct** [kənká(ː)kt]	→			動 をでっち上げる，を混ぜ合わせて作る
1917 **delve** [delv]	→			動 (徹底的に)調査する〈into ～を〉
1918 **tarnish** [táːrnɪʃ]	→			動 (名声など)を損なわせる，(金属など)の表面を曇らせる
1919 **spurn** [spəːrn]	→			動 をきっぱりと拒絶する
1920 **improvise** [ímprəvàɪz]	→			動 即興で演奏する，を即席で作る

例　文	訳
1881 He was an (i⎵⎵⎵⎵) father who usually let his daughters have whatever they wanted.	彼は娘たちが欲しがるものはたいてい何でも与える甘い父親だった。
1882 After eating too much sweet food and then riding the roller coaster, she felt (q⎵⎵⎵⎵).	甘い物を食べ過ぎてからジェットコースターに乗った後，彼女は吐き気がした。
1883 The soup looked (r⎵⎵⎵⎵), but he forced himself to eat it.	スープは気持ちが悪くなる見た目だったが，彼は無理やり食べた。
1884 However much his mother tried to tidy him up, the schoolboy always looked (s⎵⎵⎵⎵).	身ぎれいにさせようと母親がいくら努力しても，その男子生徒はいつも汚らしく見えた。
1885 It is often hard to deal with his (c⎵⎵⎵⎵) attitude.	彼の論争好きな態度に対処するのは難しいことがよくある。
1886 The smile of the *Mona Lisa* is said to be (i⎵⎵⎵⎵).	『モナリザ』のほほ笑みは不可思議だと言われている。
1887 She was an (e⎵⎵⎵⎵) student who earned straight A's.	彼女は成績がオールAの模範的な学生だった。
1888 The (t⎵⎵⎵⎵) nature of all living things is the essence of Buddhism.	生きとし生けるもののはかない性質が仏教の本質である。
1889 All his (l⎵⎵⎵⎵) hostility to his father was brought out by the incident.	父親に抱いていた彼の潜在的な敵意が，その出来事によって全部引き出された。
1890 People do not work only for (e⎵⎵⎵⎵) rewards such as salary and promotion.	人は給料や昇進といった外的な報酬のためだけに働くのではない。
1891 The accused man was (a⎵⎵⎵⎵) **that** he was innocent despite the evidence against him.	被告人の男性は不利な証拠にもかかわらず，自分は無罪だと断固主張した。
1892 In his later years, the artist fell into (a⎵⎵⎵⎵) poverty and died penniless.	その芸術家は晩年には絶望的な貧困に陥り，無一文で亡くなった。
1893 In the final moments of the game, he made an (a⎵⎵⎵⎵) pass that led to a winning goal.	試合の終了間際に，彼は巧みなパスを出して決勝点を導いた。
1894 The president was criticized for the (a⎵⎵⎵⎵) nature of his decisions.	大統領は，決定の際の独断的な性向を批判された。
1895 His intentions are always (b⎵⎵⎵⎵), though sometimes poorly communicated.	彼の意図は，時にうまく伝わらないこともあるが，いつも優しい。
1896 The novelist was (b⎵⎵⎵⎵) recognized as one of the greatest writers of his generation.	その小説家は，彼の世代の最も偉大な作家の1人だと遅ればせながら認められた。
1897 The visitor found herself (c⎵⎵⎵⎵) welcomed by the whole family at the front door.	その訪問客は，玄関で家族全員に心から歓迎された。
1898 The rabbit population increased (e⎵⎵⎵⎵) until it seemed that there were rabbits everywhere.	ウサギの生息数が急激に増加し，ついには至る所にウサギがいるように思えるまでになった。
1899 He lives, (f⎵⎵⎵⎵) speaking, in a bubble, completely unaware of the world around him.	彼は比喩的に言うと泡の中に住んでいて，自分を取り巻く世界にまったく気付いていない。
1900 The boy (v⎵⎵⎵⎵) disliked his school and never returned there after he graduated.	少年は学校を激しく嫌っていて，卒業後は二度と戻らなかった。

単語編

でる度 **C**
↓
1901
～
1920

解答 1881 indulgent 1882 queasy 1883 repulsive 1884 scruffy 1885 contentious 1886 inscrutable 1887 exemplary 1888 transient 1889 latent 1890 extrinsic 1891 adamant 1892 abject 1893 adroit 1894 arbitrary 1895 benign 1896 belatedly 1897 cordially 1898 exponentially 1899 figuratively 1900 vehemently

学習日　　　月　　　日

単 語	1回目	2回目	3回目	意 味
1921 mesmerize [mézməràɪz]	→			動 を魅了する，に催眠術を かける
1922 remit [rɪmít]	→			動 を送金する，を免じる
1923 redeem [rɪdíːm]	→			動 (紙幣)を兌換する，を買 い戻す，(名誉など)を回 復する
1924 congregate [ká(ː)ŋɡrɪgèɪt]	→			動 集まる
1925 censure [sénʃər]	→			動 を非難する〈for ～のこと で〉
1926 coax [koʊks]	→			動 (coax A into B で) A をな だめて B をさせる
1927 astound [əstáʊnd]	→			動 をびっくり仰天させる
1928 absolve [əbzá(ː)lv]	→			動 を解放する〈of 義務・約束 などから〉，を免除する
1929 knack [næk]	→			名 こつ〈of, for ～の〉，要領
1930 jinx [dʒɪŋks]	→			名 不運をもたらすもの [人]〈on ～に〉
1931 omen [óʊmən]	→			名 前兆〈for ～にとっての〉
1932 facet [fǽsɪt]	→			名 (物事の)一面
1933 consort [ká(ː)nsɔːrt]	→			名 (特に国王・女王の)配 偶者
1934 demeanor [dɪmíːnər]	→			名 振る舞い，品行
1935 eminence [émɪnəns]	→			名 高名
1936 elocution [èləkjúːʃən]	→			名 発声法，雄弁術
1937 decorum [dɪkɔ́ːrəm]	→			名 礼儀正しさ
1938 fidelity [fɪdéləti]	→			名 忠誠心〈to ～に対する〉
1939 duplicity [djuplísəti]	→			名 二枚舌
1940 indolence [índələns]	→			名 怠惰

例　文	訳
1901 He (q　　　　　) his fear and dove into the river to rescue the boy.	彼は恐怖心を抑え，少年を救助するために川に飛び込んだ。
1902 After hours in the hot sun, he drank several beers to (q　　　　　) his thirst.	暑い日なたに何時間もいた後，彼は喉の渇きを癒やすためビールを数杯飲んだ。
1903 The star (d　　　　　) his reputation by appearing in a series of cheap, sensational movies.	一連の安っぽい扇情的な映画に出演したことで，そのスターは評判を落とした。
1904 Although I looked everywhere for my student, she (e　　　　　) me.	私は受け持ちの生徒をあちこち捜したが，彼女は私からうまく逃れた。
1905 The politician finally succeeded in (r　　　　　) his enemies' accusations.	その政治家はついに政敵たちの非難を論破することに成功した。
1906 The defense lawyer successfully (r　　　　　) all the prosecutor's claims.	被告側の弁護士は見事に検察官のすべての主張に反論した。
1907 The newspaper editorial (l　　　　　) the government for their poor economic policies.	その新聞の社説は経済政策が拙劣だと政府を厳しくとがめた。
1908 The mayor promised to (p　　　　　) the police **of** corrupt officers.	市長は警察から汚職警官を追放すると約束した。
1909 Suddenly, the bank (r　　　　　) **on** its promise of a loan.	その銀行は突然融資の約束を破った。
1910 The FBI managed to (t　　　　　) a terrorist plan to attack government buildings.	FBIは，政府の建物を攻撃するテロリストの計画を何とか阻止することができた。
1911 They found it difficult to (d　　　　　) the enemy **from** their mountain fort.	彼らは，山の要塞から敵を退陣させることは困難だと悟った。
1912 The principal scolded the students for (d　　　　　) in the school parking lot.	校長は，学校の駐車場でぐずぐずしていたことで生徒たちを叱った。
1913 The message was (e　　　　　) in a mysterious enemy code.	その伝達文は謎めいた敵の符号で暗号化されていた。
1914 The new president soon found himself (f　　　　　) by his campaign promises.	新大統領はすぐに自身が選挙公約に拘束されていることに気付いた。
1915 The country was (t　　　　　) on the edge of a war with its neighbor.	その国は隣国との戦争の瀬戸際に立っていた。
1916 He tried to (c　　　　　) a good excuse for not having done his homework.	彼は宿題をしていないことのうまい言い訳をでっち上げようとした。
1917 I (d　　　　　) **into** that question for over a week but never found an answer.	その疑問点を1週間以上調べたが，答えは見つからなかった。
1918 The bribery accusation (t　　　　　) his reputation forever.	賄賂容疑の告発は永久に彼の評判を損なわせた。
1919 She (s　　　　　) the offer of a job at her company's chief rival.	彼女は自社の最大のライバル会社での仕事の誘いをきっぱりと拒絶した。
1920 Jazz musicians must (i　　　　　) as they play their music.	ジャズミュージシャンは演奏中に即興で演奏しなければならない。

解答 1901 quelled　1902 quench　1903 debased　1904 eluded　1905 refuting　1906 rebutted　1907 lambasted　1908 purge
1909 reneged　1910 thwart　1911 dislodge　1912 dawdling　1913 encrypted　1914 fettered　1915 teetering　1916 concoct
1917 delved　1918 tarnished　1919 spurned　1920 improvise

学習日　　　　月　　　日

単語	1回目	2回目	3回目	意 味
1941 conveyance [kənvéɪəns]	→			图 輸送(機関),(権利の) 譲渡
1942 contraband [kɑ́(:)ntrəbæ̀nd]	→	↓		图 (集合的に)密輸品
1943 contingency [kəntíndʒənsi]	→	↓		图 不慮の出来事, 偶然, 不 確実
1944 jest [dʒest]	→	↓		图 冗談
1945 misgiving [mìsgívɪŋ]	→	↓		图 (通例 ~s)不安〈about ~ に関する〉, 疑念
1946 scruple [skrú:pl]	→	↓		图 (通例 ~s)罪の意識 〈about ~に対する〉, 良心 の呵責
1947 eulogy [júːlədʒi]	→	↓		图 弔辞, 賛辞
1948 homage [hɑ́(:)mɪdʒ]	→	↓		图 敬意
1949 defiance [dɪfáɪəns]	→	↓		图 反抗, 挑戦
1950 derision [dɪríʒən]	→	↓		图 嘲笑
1951 fallacy [fǽləsi]	→	↓		图 誤信, 誤った考え
1952 decree [dɪkríː]	→	↓		图 法令, 布告
1953 dearth [dəːrθ]	→	↓		图 不足, 欠乏, 飢饉
1954 conflagration [kɑ̀(:)nfləgréɪʃən]	→	↓		图 大火
1955 spillage [spílɪdʒ]	→	↓		图 流出
1956 rampage [rǽmpeɪdʒ]	→	↓		图 狂暴な行動
1957 commotion [kəmóuʃən]	→	↓		图 騒動, 動揺
1958 amity [ǽməti]	→	↓		图 友好
1959 alacrity [əlǽkrəti]	→	↓		图 敏活さ, 活発さ
1960 abomination [əbɑ̀(:)mɪnéɪʃən]	→			图 嫌悪感を起こさせるも の, 嫌悪

例 文	訳
1921 Students were (m⎯⎯⎯⎯⎯⎯) by his astonishing lectures.	学生たちは彼の驚くべき講義に<u>魅了</u>された。
1922 I agreed to (r⎯⎯⎯⎯⎯⎯) the balance of my account within thirty days.	私は30日以内に勘定の残高<u>を送金する</u>ことに同意した。
1923 In the past, American dollars could be (r⎯⎯⎯⎯⎯⎯) for gold at certain banks.	昔は，アメリカのドルは特定の銀行で金と<u>兌換</u>することができた。
1924 The principal told the children to (c⎯⎯⎯⎯⎯⎯) in front of the school at 8 a.m.	校長先生は子供たちに，午前8時に学校前に<u>集合する</u>よう言った。
1925 After he was publicly (c⎯⎯⎯⎯⎯⎯), the high-ranking government official resigned from office.	公に<u>けん責</u>された後，その政府高官は辞職した。
1926 The police officer tried to (c⎯⎯⎯⎯⎯⎯) the old lady's cat **into** coming down from the tree.	警官はそのおばあさんの猫<u>をなだめて</u>木から降りて来<u>させ</u>ようとした。
1927 Many scientists were (a⎯⎯⎯⎯⎯⎯) at reports of primitive life on Mars.	多くの科学者が火星上の原始生命の報告を聞いて<u>びっくり仰天した</u>。
1928 The official inquiry (a⎯⎯⎯⎯⎯⎯) him **of** any responsibility for the accident.	公式調査は，彼をその事故に対する一切の責任<u>から解放した</u>。
1929 It took the little girl a few days to get the (k⎯⎯⎯⎯⎯⎯) **of** how to ride her bike.	その幼い少女が自転車の乗り方の<u>こつ</u>をつかむのに数日かかった。
1930 The ship was rumored among sailors to have a (j⎯⎯⎯⎯⎯⎯) **on** it.	その船には悪運が付きまとっていると船員の間でうわさされていた。
1931 The signs of recent economic instability may be serious (o⎯⎯⎯⎯⎯⎯) **for** the future.	最近の経済的不安定の兆候は，未来<u>への</u>重大な<u>前兆</u>かもしれない。
1932 The committee was asked to look at every (f⎯⎯⎯⎯⎯⎯) of the problem.	委員会はその問題のすべての側面を検討するよう求められた。
1933 The prince's (c⎯⎯⎯⎯⎯⎯) was a beautiful, successful woman.	その王子の配偶者は美しくて成功を収めた女性だった。
1934 His (d⎯⎯⎯⎯⎯⎯) always appears serious, but actually he is quite a wit.	彼の振る舞いはいつも堅苦しく見えるが，実際には彼は機知に富んだ男だ。
1935 After she received the Nobel Prize, the professor's (e⎯⎯⎯⎯⎯⎯) grew even greater.	ノーベル賞を受賞した後，教授の<u>高名</u>はさらに上がった。
1936 The young actress studied (e⎯⎯⎯⎯⎯⎯) in order to improve her accent.	その若い女優はなまりを改善するために<u>発声法</u>を学んだ。
1937 Students at the girls' school were told to maintain (d⎯⎯⎯⎯⎯⎯) at all times.	その女子校の生徒たちは，常に<u>礼儀正しさ</u>を保つように言われた。
1938 The assistant was known for his intense (f⎯⎯⎯⎯⎯⎯) **to** his boss.	そのアシスタントは上司<u>への</u>高い<u>忠誠心</u>で知られていた。
1939 When we could no longer tolerate her (d⎯⎯⎯⎯⎯⎯), we confronted her directly.	彼女の<u>二枚舌</u>にもはや我慢できず，私たちは彼女と直接対決した。
1940 The teacher felt irritated by the (i⎯⎯⎯⎯⎯⎯) of his students.	その教師は生徒たちの<u>怠惰</u>にいら立ちを感じた。

解答 **1921** mesmerized **1922** remit **1923** redeemed **1924** congregate **1925** censured **1926** coax **1927** astounded
1928 absolved **1929** knack **1930** jinx **1931** omens **1932** facet **1933** consort **1934** demeanor **1935** eminence **1936** elocution
1937 decorum **1938** fidelity **1939** duplicity **1940** indolence

学習日　　　月　　日

単語	1回目	2回目	3回目	意 味
1961 **caricature** [kをrɪkətʃ`ʊ̀ər]	→			图 風刺画
1962 **culmination** [kʌ̀lmɪnéɪʃən]	→			图 絶頂
1963 **brawl** [brɔːl]	→			图 乱闘，口げんか
1964 **acquittal** [əkwíṭəl]	→			图 無罪放免，（義務など の）免除
1965 **stringent** [stríndʒənt]	→			形 厳しい
1966 **meager** [míːɡər]	→			形 （収入・食事などが）乏 しい，やせた
1967 **impending** [ɪmpéndɪŋ]	→			形 差し迫った
1968 **frugal** [frúːɡəl]	→			形 倹約的な，質素な
1969 **obstinate** [á(ː)bstɪnət]	→			形 頑固な
1970 **ecstatic** [ɪkstをṭɪk]	→			形 有頂天の，恍惚とした
1971 **precarious** [prɪkéəriəs]	→			形 不安定な
1972 **deplorable** [dɪplɔ́ːrəbl]	→			形 嘆かわしい
1973 **succinct** [sʌksíŋkt]	→			形 簡潔な
1974 **pandemic** [pændémɪk]	→			形 （病気が）世界［全国］に 広がる，パンデミック の
1975 **scrupulous** [skrúːpjʊ̀ləs]	→			形 細心の注意を払って， 良心的な
1976 **erratic** [ɪrをṭɪk]	→			形 不規則な，風変わりな
1977 **derogatory** [dɪrá(ː)ɡətɔ̀ːri]	→			形 軽蔑的な
1978 **destitute** [déstɪtʃùːt]	→			形 極貧の，まったく持た ない〈of ～を〉
1979 **unscathed** [ʌ̀nskéɪðd]	→			形 痛手を受けていない
1980 **flagrant** [fléɪɡrənt]	→			形 目に余る，極悪の

例 文	訳
1941 The millionaire paid for the (c　　　　　) of the tents to the area affected by the earthquake.	その富豪は，地震の被災地に送るテントの**輸送**費用を負担した。
1942 It was suspected that the boat carried (c　　　　　), though none was found.	その船は**密輸品**を運んでいるという疑いをかけられたが，何も見つからなかった。
1943 The mayor insisted on preparing the city for any (c　　　　　).	市長は市がいかなる**不慮の出来事**にも備えることを主張した。
1944 The announcer's casual (j　　　　　) offended many viewers.	そのアナウンサーの何気ない**冗談**が多くの視聴者の怒りを買った。
1945 Many had serious (m　　　　　) **about** the new plan to restructure the company.	会社再建の新計画に多くの人が強い**不安**を抱いた。
1946 The man felt no (s　　　　　) **about** betraying his country.	男性は祖国を裏切ることにまったく**罪の意識**を感じなかった。
1947 At the funeral, a friend delivered a (e　　　　　) to the deceased.	葬儀で1人の友人が故人への**弔辞**を述べた。
1948 Although we did not always agree with his views, we never ceased to pay him (h　　　　　).	われわれはいつも彼と見解を共にしたわけではなかったが，常に彼に**敬意**を払っていた。
1949 After the military coup, tens of thousands of citizens flooded the streets in a show of (d　　　　　).	軍事クーデターの後，数万人の市民が**反抗**の意を示して街を埋め尽くした。
1950 Despite the (d　　　　　) of the critics, the movie was a big success.	批評家たちの**嘲笑**にもかかわらず，その映画は大ヒットした。
1951 He said that the idea that price always indicated quality was a (f　　　　　).	価格は常に品質を示すという考えは**誤信**だと彼は言った。
1952 The dictator issued a (d　　　　　) banning all political parties.	その独裁者はすべての政党を禁止する**法令**を発布した。
1953 A (d　　　　　) of fresh water meant that the barren farmland had to be irrigated.	淡水**不足**のため，その不毛な農地をかんがいする必要があった。
1954 Massive (c　　　　　) have nearly destroyed the city on several occasions.	過去に何度か，**大火災**がその市をほぼ壊滅状態にしたことがある。
1955 The accident led to a (s　　　　　) of dangerous chemicals.	その事故の結果，危険な化学薬品が**流出**した。
1956 The soccer fans went on a (r　　　　　), breaking shop windows.	サッカーファンたちは**狂暴な行動**に出て，商店の窓を割った。
1957 The teacher heard a (c　　　　　) going on in a neighboring classroom.	その教師は隣の教室で**騒動**が起こっているのを聞いた。
1958 The festival was intended to promote (a　　　　　) between the nations.	その祭りは国家間の**友好**の促進を目的としていた。
1959 He marched ahead with such (a　　　　　) that we could scarcely keep up.	彼があまりに**きびきび**と先に進むので，私たちはほとんどついて行けなかった。
1960 The expert denounced the conditions in the prison as an (a　　　　　).	専門家はその刑務所の状況を**嫌悪感**を起こさせるものだと糾弾した。

解答 1941 conveyance　1942 contraband　1943 contingency　1944 jest　1945 misgivings　1946 scruples　1947 eulogy
1948 homage　1949 defiance　1950 derision　1951 fallacy　1952 decree　1953 dearth　1954 conflagrations　1955 spillage
1956 rampage　1957 commotion　1958 amity　1959 alacrity　1960 abomination

学習日　　　　月　　　日

単語	🎧 1回目	👁 2回目	👁 3回目	意　味
1981 **grueling** [grúːəlɪŋ]	→			形 極度にきつい
1982 **invincible** [ɪnvínsəbl]	→	↓		形 不屈の，無敵の
1983 **incessant** [ɪnsésənt]	→	↓		形 絶え間ない
1984 **pedantic** [pɪdǽn̪tɪk]	→	↓		形 枝葉末節にこだわる，衒学的な
1985 **perceptible** [pərséptəbl]	→	↓		形 知覚できる
1986 **negligent** [néglɪdʒənt]	→	↓		形 不注意な，怠慢な
1987 **perfunctory** [pərfʌ́ŋktəri]	→	↓		形 おざなりの，いい加減な
1988 **drab** [drǽb]	→	↓		形 さえない，単調な，薄茶色の
1989 **imprudent** [ɪmprúːdənt]	→	↓		形 軽率な
1990 **gaudy** [gɔ́ːdi]	→	↓		形 けばけばしい
1991 **hereditary** [hərédətèri]	→	↓		形 遺伝する，世襲の
1992 **deceased** [dɪsíːst]	→	↓		形 亡くなった
1993 **laudable** [lɔ́ːdəbl]	→	↓		形 称賛に値する
1994 **conducive** [kəndjúːsɪv]	→	↓		形 貢献する⟨to ～に⟩
1995 **banal** [bənáːl]	→	↓		形 陳腐な，ありふれた
1996 **archaic** [ɑːrkéɪɪk]	→	↓		形 古風な，古代の
1997 **bountiful** [báʊn̪tɪfəl]	→	↓		形 豊富な
1998 **assiduous** [əsídʒuəs]	→	↓		形 勤勉な
1999 **consummate** [káːnsəmət]	→	↓		形 完成された
2000 **benevolently** [bənévələntli]	→	↓		副 慈悲深く

例　文	訳
1961 In America, it is very common to see (c　　　　　　　), even of the president.	アメリカでは風刺画はとてもよく見られるもので，大統領が対象のものすらある。
1962 His life's work reached its (c　　　　　) when he won the Nobel Prize.	彼の生涯の仕事はノーベル賞を獲得したとき頂点に達した。
1963 The (b　　　　　　) at the soccer stadium left many wounded.	サッカースタジアムでの乱闘で大勢が負傷した。
1964 New evidence led to the (a　　　　　　) of all the defendants.	新しい証拠によって被告は全員無罪放免となった。
1965 The standards set for passing the exam were quite (s　　　　　　).	その試験に合格するために設定された基準はかなり厳しかった。
1966 The young couple can barely live on their (m　　　　　) income.	その若い夫婦は，2人の乏しい収入では生活するのがやっとだ。
1967 Weather forecasters warned of (i　　　　　　) high winds from the hurricane.	気象予報士たちはハリケーンによる差し迫った暴風を警告した。
1968 Despite years of (f　　　　　) management, the company is still struggling.	倹約した経営を何年も続けたにもかかわらず，会社は依然として苦闘している。
1969 She knew that her husband, with his (o　　　　　) character, would be difficult to persuade.	夫は頑固な性格なので，説得するのは難しいだろうと彼女はわかっていた。
1970 When the president saw the excellent sales figures, he felt (e　　　　　).	売り上げの素晴らしい数字を見て，社長は有頂天になった。
1971 Peace in this country depends on a (p　　　　　) balance of force and diplomacy.	この国の平和は武力と外交の危ういバランスに依存している。
1972 The decision to expel the refugees was a (d　　　　　) one.	難民を国外に追放するという決定は嘆かわしいものだった。
1973 The White House issued a (s　　　　　) statement denying all allegations.	ホワイトハウスはすべての申し立てを否定する簡潔な声明を発表した。
1974 The disease was once (p　　　　　) but is now quite rare.	その病気はかつて世界的に広がったが，今ではめったに発生しない。
1975 Her (s　　　　　) attention to detail makes her an excellent editor.	彼女は細部に細心の注意を払うので，優秀な編集者である。
1976 Since his wife passed away, his habits have become quite (e　　　　　).	妻が亡くなって以来，彼の生活習慣はかなり不規則になった。
1977 I read an extremely (d　　　　　) column about the prime minister in a local paper.	私は地方紙で総理大臣についての極めて軽蔑的なコラムを読んだ。
1978 After the volcanic eruption, many people found themselves (d　　　　　) and homeless.	火山の噴火後，多くの人は気付いてみると極貧で家すらなかった。
1979 He seemed (u　　　　　) by the many years fighting his chronic illness.	彼は長年持病と闘っても痛手を受けていないように見えた。
1980 Such (f　　　　　) disregard for international law will not be tolerated.	そのような甚だしい国際法の軽視は許されない。

解答 1961 caricatures　1962 culmination　1963 brawl　1964 acquittal　1965 stringent　1966 meager　1967 impending
1968 frugal　1969 obstinate　1970 ecstatic　1971 precarious　1972 deplorable　1973 succinct　1974 pandemic　1975 scrupulous
1976 erratic　1977 derogatory　1978 destitute　1979 unscathed　1980 flagrant

単語編　でる度 C　1981〜2000

学習日　　　　月　　　日

単語	1回目	2回目	3回目	意味
2001 **rejuvenate** [rɪdʒúːvənèɪt]	→			動 を再活性化させる
2002 **emigrate** [émɪgrèɪt]	→			動 移住する〈to 他国へ, from 自国から〉
2003 **redress** [rɪdrés]	→			動 (損害など)を償う, (問題など)を是正する
2004 **drench** [drentʃ]	→			動 をびしょぬれにする, を水浸しにする
2005 **repel** [rɪpél]	→			動 を追い払う
2006 **jeer** [dʒɪər]	→			動 やじる〈at ～を〉
2007 **sneer** [snɪər]	→			動 あざ笑う〈at ～を〉
2008 **dispel** [dɪspél]	→			動 を追い散らす
2009 **distend** [dɪsténd]	→			動 を膨らませる, 膨らむ
2010 **evict** [ɪvíkt]	→			動 を立ち退かせる〈from ～から〉
2011 **deprecate** [déprəkèɪt]	→			動 を軽んじる
2012 **deface** [dɪféɪs]	→			動 の表面を汚す〈with ～で〉
2013 **emblazon** [ɪmbléɪzən]	→			動 を飾る〈with ～で〉
2014 **transpose** [trænspóʊz]	→			動 を置き換える〈to ～に〉
2015 **incriminate** [ɪnkrímɪnèɪt]	→			動 に罪を負わせる, を告発する
2016 **engulf** [ɪngʌ́lf]	→			動 を飲み込む
2017 **waver** [wéɪvər]	→			動 心が揺らぐ〈in 信念などの点で〉, 動揺する
2018 **surmount** [sərmáʊnt]	→			動 に打ち勝つ
2019 **mortify** [mɔ́ːrtəfàɪ]	→			動 に恥をかかせる
2020 **poach** [poʊtʃ]	→			動 を密猟する, を侵害する

例　文	訳
1981 The explorers were exhausted after their (g　　　　　) journey across the mountains.	探検家たちは極度にきつい山岳旅行の後で疲れ果てていた。
1982 The man we thought to be (i　　　　　) suddenly died from heart failure.	私たちが不屈だと思っていた男性が心不全で急死した。
1983 The teachers' (i　　　　　) complaining made life difficult for the principal.	教師たちが絶えず文句を言うので，校長は気苦労が絶えなかった。
1984 My classmates and I found the professor to be (p　　　　　) in her lectures.	クラスメートと私は，教授は講義で枝葉末節にこだわると思った。
1985 After the speech, there was a (p　　　　　) change in the audience's attitude.	スピーチの後，聴衆の態度には目に見えた変化があった。
1986 Although he was not guilty of murder, his behavior was certainly (n　　　　　).	彼は殺人罪では無実となったが，彼の行為は確かに不注意だった。
1987 The teacher gave her report a (p　　　　　) glance and handed it back to her.	先生は彼女のレポートをおざなりにざっと見て，彼女に返した。
1988 The gray walls with green trim gave the room such a (d　　　　　) appearance.	緑の縁取りが付いた灰色の壁が，その部屋をとてもさえなく見せていた。
1989 His (i　　　　　) criticisms of his boss got him into trouble.	上司に対する軽率な批判が彼をトラブルに巻き込んだ。
1990 The nightclub was full of young people wearing (g　　　　　) clothes.	そのナイトクラブはけばけばしい服を着た若者でいっぱいだった。
1991 Scientists have learned that Alzheimer's disease is often (h　　　　　).	アルツハイマー病はしばしば遺伝することを科学者たちは知った。
1992 Now that his siblings are all (d　　　　　), he feels completely alone.	兄弟姉妹が全員亡くなってしまい，彼は完全に独りぼっちになったと感じている。
1993 The team made a (l　　　　　) effort but they could not win the match.	そのチームは称賛に値する努力をしたが，試合に勝つことはできなかった。
1994 The beautiful new university library is very (c　　　　　) **to** studying.	その美しい新大学図書館では勉強がとてもはかどる。
1995 His speech was well organized, but its content was rather (b　　　　　).	彼の演説はしっかり構成されていたが，内容はかなり陳腐だった。
1996 Many countries around the world still have (a　　　　　) laws that restrict women's rights.	世界中の多くの国に，女性の権利を制限する古風な法律がいまだにある。
1997 The hotel provided its guests with a (b　　　　　) buffet breakfast.	そのホテルは客に豊富なビュッフェ式朝食を提供した。
1998 She is the most (a　　　　　) and dedicated student in the class.	彼女はクラスで最も勤勉でひたむきな学生だ。
1999 He has always been good, but now he has become a (c　　　　　) violinist.	彼はずっと上手だったが，今では完璧なバイオリニストになった。
2000 The school was run (b　　　　　) by a gentle old lady.	その学校は優しい老婦人によって善意で運営されていた。

単語編

でる度 **C**

↓

2001
～
2020

解答 1981 grueling　1982 invincible　1983 incessant　1984 pedantic　1985 perceptible　1986 negligent　1987 perfunctory
1988 drab　1989 imprudent　1990 gaudy　1991 hereditary　1992 deceased　1993 laudable　1994 conducive　1995 banal
1996 archaic　1997 bountiful　1998 assiduous　1999 consummate　2000 benevolently

学習日　　　　月　　　日

単語	1回目	2回目	3回目	意 味
2021 **guzzle** [gʌ́zl]	→			動をがぶがぶ飲む, をがつがつ食べる
2022 **dangle** [dǽŋgl]	→			動を(欲しがるように)ちらつかせる〈before, in front of 人の前で〉
2023 **incapacitate** [ìnkəpǽsɪtèɪt]	→			動を無力化する
2024 **denote** [dɪnóʊt]	→			動(記号などが)を示す
2025 **evoke** [ɪvóʊk]	→			動を呼び起こす
2026 **grapple** [grǽpl]	→			動真剣に取り組む〈with ～に〉
2027 **antagonize** [æntǽgənàɪz]	→			動の反感を買う
2028 **deduce** [dɪdjúːs]	→			動を推測する
2029 **levitate** [lévɪtèɪt]	→			動(奇術などで)空中浮揚する
2030 **adjudicate** [ədʒúːdɪkèɪt]	→			動に判決を下す, を裁く
2031 **litigate** [lít̬əgèɪt]	→			動訴訟を起こす
2032 **infiltrate** [ɪnfíltreɪt]	→			動に潜入する
2033 **rationale** [ræ̀ʃənǽl]	→			名理論的根拠〈behind, for, of ～の〉
2034 **gorge** [gɔːrdʒ]	→			名渓谷, 小峡谷
2035 **paragon** [pǽrəgà(ː)n]	→			名模範
2036 **platitude** [plǽt̬ətjùːd]	→			名ありきたりの決まり文句
2037 **tinge** [tɪndʒ]	→			名かすかな意味合い〈of ～の〉
2038 **travesty** [trǽvəsti]	→			名まがい物
2039 **infirmity** [ɪnfə́ːrmət̬i]	→			名病気, 衰弱
2040 **graft** [grǽft]	→			名移植, 接ぎ木

例　文	訳
2001 The new young CEO set about (r　　　　　) the old company.	若い新CEOはその古い会社を再活性化することに取り掛かった。
2002 As the economy worsened, many people (e　　　　　) **to** other countries.	経済状態が悪化したので，多くの人たちがほかの国々へ移住した。
2003 The victims demanded that their pain and suffering be (r　　　　　).	被災者たちは，自分たちの痛みと苦しみが償われることを要求した。
2004 He caught a cold after becoming (d　　　　　) in a sudden rainstorm.	突然の暴風雨でずぶぬれになった後，彼は風邪をひいた。
2005 In the tropics, we must use special ointments to (r　　　　　) disease-bearing insects.	熱帯地方では，病気を運ぶ昆虫を追い払うために特別な塗り薬を使わなければならない。
2006 The unruly soccer fans (j　　　　　) **at** the referee and threw bottles.	乱暴なサッカーファンたちが審判にやじを飛ばし，瓶を投げた。
2007 The scientists (s　　　　　) **at** their colleague's hypotheses on theoretical physics.	科学者たちは理論物理学に関する同僚の仮説をあざ笑った。
2008 The riot police (d　　　　　) the violent protestors.	機動隊は暴力的な抗議者たちを追い散らした。
2009 The sight of the children, their stomachs (d　　　　　) with hunger, moved the journalist to tears.	飢えで腹を膨らませている子供たちの光景は，ジャーナリストを涙ぐませました。
2010 It took over six months to (e　　　　　) them legally **from** the property.	その土地から合法的に彼らを立ち退かせるのに半年以上かかった。
2011 He (d　　　　　) his own work as something of little value.	彼は価値がほとんどないものだと自分の仕事を軽んじた。
2012 A gang of youths (d　　　　　) the statue **with** spray paint.	若者の一団がスプレー式塗料でその像を汚した。
2013 The walls of the castle were (e　　　　　) **with** bright banners.	城壁は明るい色の旗で飾られていた。
2014 When the classic novel was made into a film, its setting was (t　　　　　) **to** a modern one.	その名作小説が映画化されたとき，舞台が現代に置き換えられた。
2015 In American courts, suspects cannot be forced to (i　　　　　) themselves.	アメリカの法廷では，自分の不利になる供述をするよう容疑者に強制してはならない。
2016 The typhoon totally (e　　　　　) that small fishing community.	台風は完全にその小さな漁村を飲み込んだ。
2017 No matter how much pressure he felt, he never (w　　　　　) **in** his decision.	どんなに圧力を感じても，彼の決心は揺るがなかった。
2018 He had to (s　　　　　) a number of legal problems before he could set up the new company.	彼は新しい会社を設立する前に，いくつかの法律上の問題を乗り越えなくてはならなかった。
2019 The mother was sometimes (m　　　　　) by the behavior of her children in public.	その母親は人前での子供たちの行動によって時々恥をかかされた。
2020 In the past, (p　　　　　) animals from the royal forests was punishable by death.	昔は，王室林の動物を密猟することは死をもって罰せられた。

解答 2001 rejuvenating　2002 emigrated　2003 redressed　2004 drenched　2005 repel　2006 jeered　2007 sneered
2008 dispelled　2009 distended　2010 evict　2011 deprecated　2012 defaced　2013 emblazoned　2014 transposed
2015 incriminate　2016 engulfed　2017 wavered　2018 surmount　2019 mortified　2020 poaching

学習日　　　月　　　日

単語	1回目	2回目	3回目	意味
2041 **delusion** [dɪlúːʒən]	→			图 妄想，錯覚
2042 **dissertation** [dìsərtéɪʃən]	→			图 論文
2043 **innuendo** [ìnjuéndou]	→			图 ほのめかし，当てこすり
2044 **foliage** [fóuliɪdʒ]	→			图 (集合的に)木の葉
2045 **luminary** [lúːmənèri]	→			图 傑出した人物，名士
2046 **remuneration** [rɪmjùːnəréɪʃən]	→			图 報酬，給料
2047 **gradient** [gréɪdiənt]	→			图 傾斜，坂，勾配
2048 **disposition** [dìspəzíʃən]	→			图 気質，傾向
2049 **idiosyncrasy** [ìdiəsíŋkrəsi]	→			图 風変わりな癖，奇行，特質
2050 **ingenuity** [ìndʒənjúːəti]	→			图 独創性
2051 **veracity** [vərǽsəti]	→			图 真実性，正しさ
2052 **deity** [díːəti]	→			图 神
2053 **plagiarism** [pléɪdʒərìzm]	→			图 盗用，盗作
2054 **semblance** [sémbləns]	→			图 見かけ，うわべ
2055 **protrusion** [prətrúːʒən]	→			图 突起部，突出部
2056 **valiant** [vǽljənt]	→			形 勇敢な
2057 **reclusive** [rɪklúːsɪv]	→			形 隠遁している
2058 **flimsy** [flímzi]	→			形 見え透いた，壊れやすい
2059 **obsequious** [əbsíːkwiəs]	→			形 こびへつらうような
2060 **lackluster** [lǽklʌ̀stər]	→			形 精彩を欠いた，ぱっとしない

例　文	訳
2021 The little boy (g　　　　　) his lemonade and ran out to meet his friends.	その小さな男の子はレモネードをがぶがぶ飲んで、友達に会いに外へ走って行った。
2022 The boss persuaded him to cooperate by (d　　　　　) the prospect of promotion **before** him.	上司は彼の目の前で昇進の可能性をちらつかせて、協力するように説得した。
2023 The guerrillas used grenades to (i　　　　　) the army's tanks.	ゲリラは軍の戦車を無力化するために手りゅう弾を使った。
2024 In many cultures, black clothes (d　　　　　) a state of mourning.	多くの文化において、黒い衣服は喪に服していることを示す。
2025 The film I just saw (e　　　　　) memories of my childhood in the Midwest.	私がたった今見た映画は、中西部での子供時代の記憶を呼び起こした。
2026 Junior colleges around Japan must (g　　　　　) **with** lowered enrollments in the future.	日本中の短大は今後の入学者数の減少に取り組まねばならない。
2027 Everything the new secretary did (a　　　　　) her employer.	新しい秘書のやることなすことが雇用主の反感を買った。
2028 The journalist asked the detective what he had (d　　　　　) so far.	今のところ何を推測したか、と記者は刑事に尋ねた。
2029 The magician claimed he could (l　　　　　) two meters in the air.	その奇術師は、地上2メートルを空中浮揚することができると主張した。
2030 The murder case will be (a　　　　　) in the High Court next month.	その殺人事件は、来月最高裁で判決が下される。
2031 He decided not to (l　　　　　) because of the expense it would involve.	彼は訴訟にかかる費用を考えて、訴訟を起こさないことにした。
2032 Their spy managed to (i　　　　　) the rival company and discover their plans.	彼らのスパイは、どうにかライバル会社に潜入し彼らの計画を知ることができた。
2033 The finance minister explained the (r　　　　　) **behind** the tax reforms.	財務大臣は、税制改革の理論的根拠を説明した。
2034 They peered over the edge of the (g　　　　　) and looked at the stream far below.	彼らは渓谷のへり越しにのぞき込み、はるか下の小川を眺めた。
2035 Being a (p　　　　　) of virtue, she was held in high regard by all who knew her.	彼女は美徳の模範で、彼女を知るすべての人からとても尊敬されていた。
2036 The ambassador's speech was full of (p　　　　　) about the need for peace.	大使のスピーチは、平和の必要性についてありきたりの決まり文句が並んでいた。
2037 Her comments about the company contained a (t　　　　　) **of** resentment.	その会社についての彼女のコメントには怒りがにじんでいた。
2038 Critics denounced the production as a (t　　　　　) of Shakespeare's play.	評論家たちはその作品をシェークスピア劇のまがい物だと非難した。
2039 He suffered from an (i　　　　　) that made it difficult to breathe.	彼は呼吸困難になる病気を患っていた。
2040 The bomb victims needed extensive skin (g　　　　　) for their burns.	被爆者はやけど跡に広範囲な皮膚の移植を必要とした。

単語編

でる度
C

↓

2041
～
2060

解答 2021 guzzled　2022 dangling　2023 incapacitate　2024 denote　2025 evoked　2026 grapple　2027 antagonized
2028 deduced　2029 levitate　2030 adjudicated　2031 litigate　2032 infiltrate　2033 rationale　2034 gorge　2035 paragon
2036 platitudes　2037 tinge　2038 travesty　2039 infirmity　2040 grafts

学習日　　　月　　　日

単語	1回目	2回目	3回目	意味
2061 **lurid** [lúrəd]	→			形 (色などが)毒々しい,扇情的な
2062 **shrewd** [ʃruːd]	→			形 鋭い,機転が利く
2063 **inclement** [ɪnklémənt]	→			形 (天候が)荒れ模様の,厳しい
2064 **facetious** [fəsíːʃəs]	→			形 滑稽な,ひょうきんな
2065 **implicit** [ɪmplísɪt]	→			形 暗に示された,暗黙の,絶対の
2066 **garbled** [gáːrbld]	→			形 (メールなどが)文字化けした,誤って伝えられた
2067 **vicarious** [vɪkéəriəs]	→			形 自分のことのように感じられる,代わりの
2068 **tentative** [téntətɪv]	→			形 仮の
2069 **dormant** [dɔ́ːrmənt]	→			形 (火山などが)活動していない,休眠中の
2070 **emphatic** [ɪmfǽtɪk]	→			形 強調する〈that …ということを〉,語気が強い,強調的な
2071 **irresolute** [ɪrézəlùːt]	→			形 優柔不断な
2072 **irate** [àɪréɪt]	→			形 怒った
2073 **personable** [páːrsənəbl]	→			形 好感の持てる,魅力的な
2074 **efficacious** [èfɪkéɪʃəs]	→			形 効果のある
2075 **urbane** [əːrbéɪn]	→			形 あか抜けた
2076 **submissive** [səbmísɪv]	→			形 従順な
2077 **jubilant** [dʒúːbɪlənt]	→			形 大喜びの
2078 **devout** [dɪváʊt]	→			形 敬虔な,熱心な
2079 **optimum** [á(ː)ptɪməm]	→			形 最適の,最高の
2080 **ingenious** [ɪndʒíːniəs]	→			形 巧妙な,器用な

例　文	訳
2041 The man suffered from the (d) that he was from another planet.	その男性は，自分が別の惑星からやって来たという妄想に取り付かれていた。
2042 The scholar spent years writing his doctoral (d).	その学者は博士論文の執筆に何年も費やした。
2043 He resented the (i) that he owed his success to his father.	彼の成功は父親のおかげだというほのめかしに彼は怒った。
2044 He sat drinking tea and admiring the colors of the autumn (f).	彼は座ってお茶を飲みながら，秋の木の葉の色に感じ入っていた。
2045 At the society, various scientific (l) met and exchanged views.	その協会では，さまざまな科学界の権威が会合を持ち意見を交換した。
2046 The job was so difficult that no one would agree to do it without generous (r).	その仕事はとても大変だったので，高額な報酬なしには誰も引き受けようとしなかった。
2047 As the (g) became steeper, some of the cyclists gave up.	傾斜が急になるにつれ，ギブアップするサイクリストもいた。
2048 We could never tell his (d) from the expression on his face.	私たちは表情からは彼の気質がまったくわからなかった。
2049 We could all tolerate his (i) as long as he contributed to our work.	彼が私たちの仕事に寄与する限り，私たちは皆彼の風変わりな癖を許せた。
2050 Everyone praised the (i) of the new car's design.	皆が新車のデザインの独創性を褒めた。
2051 The lawyer threw doubt on the (v) of the witness's account.	弁護士は目撃者の発言の真実性に疑問を投げかけた。
2052 The building was a shrine to a (d) of the local people.	その建物は土地の人々の神を祭る神社だった。
2053 Many American universities are expelling students found guilty of (p).	多くのアメリカの大学は，剽窃行為をした学生を退学させている。
2054 The pandemic was over, and people's lives gradually regained a (s) of a normal life.	パンデミックが終わり，人々の生活は次第に平常の生活らしさを取り戻した。
2055 There was a large rocky (p) on the side of the hill.	山腹には大きな岩の突起があった。
2056 The firefighter made a (v) attempt to enter the house, but he was driven back by the heat.	消防士は勇敢にも家の中に入ろうとしたが，熱で追い返された。
2057 After the film star retired, she lived a (r) life on her own in the country.	その映画スターは引退した後，田舎に1人で隠遁して暮らした。
2058 The teacher refused to believe the boy's (f) excuse.	その教師は少年の見え透いた言い訳を信じようとしなかった。
2059 Wearing an (o) expression, the man apologized.	こびへつらうような表情を浮かべて男性は謝罪した。
2060 Following a (l) season, the soccer player announced that he was retiring.	精彩を欠いたシーズンの後，そのサッカー選手は引退を発表した。

単語編

でる度 **C**

↓

2061
～
2080

解答 2041 delusion　2042 dissertation　2043 innuendo　2044 foliage　2045 luminaries　2046 remuneration　2047 gradient
2048 disposition　2049 idiosyncrasies　2050 ingenuity　2051 veracity　2052 deity　2053 plagiarism　2054 semblance
2055 protrusion　2056 valiant　2057 reclusive　2058 flimsy　2059 obsequious　2060 lackluster

学習日　　　　月　　　日

単語	1回目	2回目	3回目	意　味
2081 **unruly** [ÀnrúːIi]	→	↓		形 手に負えない
2082 **malevolent** [məlévələnt]	→	↓		形 悪意のある
2083 **haughty** [hɔ́ːṭi]	→	↓		形 傲慢な
2084 **arcane** [ɑːrkéɪn]	→	↓		形 秘密の，難解な
2085 **fallible** [fǽləbl]	→	↓		形 誤りやすい，当てにならない
2086 **trite** [traɪt]	→	↓		形 陳腐な
2087 **devoid** [dɪvɔ́ɪd]	→	↓		形 欠いている〈of ～を〉
2088 **dreary** [dríəri]	→	↓		形 陰うつな，わびしい，もの寂しい，退屈な
2089 **lax** [læks]	→	↓		形 締まりのない，だらしない
2090 **disheveled** [dɪʃévəld]	→	↓		形 身なりのだらしない，（髪・服が）乱れた
2091 **rudimentary** [rùːdɪméntəri]	→	↓		形 基礎的な，原始的な
2092 **impulsive** [ɪmpʌ́lsɪv]	→	↓		形 直情的な，衝動的な
2093 **reticent** [réṭəsənt]	→	↓		形 無口な
2094 **lanky** [lǽŋki]	→	↓		形 背が高くて細い
2095 **succulent** [sʌ́kjʊlənt]	→	↓		形 多汁質の
2096 **paltry** [pɔ́ːltri]	→	↓		形 ごくわずかな，価値のない，卑劣な
2097 **bucolic** [bjuːká(ː)lɪk]	→	↓		形 牧歌的な，田舎の
2098 **lavish** [lǽvɪʃ]	→	↓		形 ぜいたくな，豊富な
2099 **exponential** [èkspənénʃəl]	→	↓		形 急激な，指数関数的な
2100 **irreparably** [ɪrépərəbli]	→	↓		副 修復できないほど

例 文	訳
2061 The face of the monster appeared (l) and evil in the candlelight.	ろうそくに照らされた怪物の顔は毒々しく邪悪に見えた。
2062 The psychology professor was known to be a (s) observer of human behavior.	その心理学教授は人間行動の鋭い観察者として知られていた。
2063 The tournament was canceled due to the (i) weather.	荒れ模様の天候のため，トーナメントは中止された。
2064 I did not realize at first that his comments were intended to be (f).	彼の発言が笑わせようとする意図だとは，私は初め気付かなかった。
2065 The country's actions were an (i) rejection of the request for compromise.	その国の行為は，歩み寄りの要請に対する拒絶を暗に示すものだった。
2066 When he opened the file, the letters were completely (g).	彼がファイルを開くと，完全に文字化けしていた。
2067 Although he was too short to play basketball, he enjoyed a (v) thrill watching his brother slam-dunk the ball.	彼はバスケをするには背が低過ぎたが，弟の強烈なダンクを見てわがことのようなスリルを味わった。
2068 We reached only a (t) agreement after months of negotiation.	何カ月も交渉した後，われわれは暫定的な合意にしか到達しなかった。
2069 The many (d) volcanoes around the world may suddenly become active.	世界中の多くの休火山が突然活動を始めるかもしれない。
2070 In his statement, he was (e) **that** he was innocent of the crime.	供述の中で彼はその犯罪にまったく関与していないことを強調した。
2071 The government's (i) response to the economic crisis only made things worse.	経済危機に対する政府の優柔不断な対応は事態を悪化させただけだった。
2072 When students slept in class, their teacher would suddenly become very (i).	学生たちが授業中に眠ると，先生は突然激しく怒り出すのだった。
2073 His assistant was a (p) and intelligent young man.	彼のアシスタントは好感の持てる知的な若い男性だった。
2074 The new drug proved an (e) remedy against the disease.	新薬はその病気に効果のある治療薬であることがわかった。
2075 His (u) manners and classy attire contributed to his business success.	彼のあか抜けた物腰と洗練された服装は彼がビジネスで成功するのに役立った。
2076 Confronted by the larger dog, the puppy adopted the (s) pose of rolling onto its back.	自分よりも大きな犬に相対して，子犬はあおむけに寝転がり服従のポーズを取った。
2077 We all had a (j) celebration at our high school reunion.	私たちは皆高校の同窓会で歓喜に満ちたお祝いをした。
2078 My mother is a liberal but completely (d) Roman Catholic.	母はリベラルだが完全に敬虔なローマ・カトリック教徒である。
2079 The (o) solution is for us to share the workload.	最善の解決策は，私たちが作業量を分担することだ。
2080 His inventions are (i) solutions to practical problems.	彼の発明品は現実的な問題に対する巧妙な解決法である。

単語編

でる度 **C**

↓

2081 ～ 2100

解答 2061 lurid　2062 shrewd　2063 inclement　2064 facetious　2065 implicit　2066 garbled　2067 vicarious　2068 tentative
2069 dormant　2070 emphatic　2071 irresolute　2072 irate　2073 personable　2074 officious　2075 urbane　2076 submissive
2077 jubilant　2078 devout　2079 optimum　2080 ingenious

例 文	訳
2081 As the mob became more (u), the police sent for help.	暴徒がさらに手に負えなくなったので，警察は増援を呼んだ。
2082 This fantasy novel is about a young wizard who fights against and defeats a (m) wizard.	このファンタジー小説は，よこしまな魔法使いと戦って倒す若い魔法使いの物語だ。
2083 The high society ladies were (h) and condescending toward the poor.	上流社会の女性たちは貧しい人々に対し横柄で，見下した態度を取っていた。
2084 The sect's most (a) teachings were never written down.	その宗派の最大の秘密の教義は決して文字に記されなかった。
2085 It was easy to forgive his error since everyone is (f).	人は誰でも誤りを犯すものだから，彼の誤りを許すことはたやすかった。
2086 The original novel was excellent, but the screenplay was a (t) imitation.	原作小説は素晴らしかったのに，映画のシナリオは陳腐な模倣であった。
2087 The novel was well written but (d) **of** any excitement.	その小説はよく書けてはいたが，刺激をまったく欠いていた。
2088 She was so happy that even the (d) weather could not depress her.	彼女はあまりにうれしかったので，陰うつな天気でも気がめいらなかった。
2089 The government inspectors criticized the (l) discipline in the school.	政府の視察官たちは，その学校の緩い規律を批判した。
2090 After two weeks in the wilderness, we all looked rough and (d).	2週間荒野で生活した後，私たちはみんな粗野でだらしなく見えた。
2091 My seven-year-old son is just learning the (r) principles of math.	私の7歳の息子は，ちょうど数学の基本的な原理を学んでいる。
2092 She was a very (i) person and often did things she regretted later.	彼女はとても直情的な人間で，後で悔やむようなことをよくやった。
2093 Though usually (r), he is sometimes quite talkative.	彼は普段は無口だが，時々とてもおしゃべりになる。
2094 Despite having been a small child, he was now a (l) teenager.	背の低い子供だったのに，彼は今ではひょろりとした10代の若者になった。
2095 He plucked a (s) peach and began to eat it.	彼は水気の多い桃をもぎ取り，食べ始めた。
2096 He felt insulted by the (p) sum he was paid for the translation.	彼は翻訳の代金として支払われたはした金に侮辱された気がした。
2097 My mother enjoys buying paintings of (b) scenes.	母は牧歌的な風景画を購入することを楽しんでいる。
2098 The foreign dignitaries were treated to a (l) banquet consisting of ten different courses.	各国高官は，10種類のコース料理から成るぜいたくな晩餐会でもてなされた。
2099 Following five years of (e) growth, the country had huge reserves of foreign currency.	5年間の急激な成長の後，その国は膨大な外貨を蓄えていた。
2100 The technician said the computer was (i) damaged.	コンピューターは修復できないほど損傷している，と技術者は言った。

解答 2081 **unruly** 2082 **malevolent** 2083 **haughty** 2084 **arcane** 2085 **fallible** 2086 **trite** 2087 **devoid** 2088 **dreary** 2089 **lax** 2090 **disheveled** 2091 **rudimentary** 2092 **impulsive** 2093 **reticent** 2094 **lanky** 2095 **succulent** 2096 **paltry** 2097 **bucolic** 2098 **lavish** 2099 **exponential** 2100 **irreparably**

熟語編

熟語 **300**

Q 単語集のほかに「英英辞典」や「シソーラス（類語辞典）」を使った単語学習法を教えてください。

A 多くの学習者は，わからない単語が出てきたときには英和辞典を利用していることと思います。英語学習を始めたときからの習慣で，それ自体は悪いことではありません。ただ英検1級を目指して勉強する過程で，英英辞典やシソーラスを活用することは大変有効です。突然英和辞典を英英辞典に持ち替えることは難しいと思いますが，以下のような機会に学習の一部に取り入れていくとよいでしょう。

まずは，『でる順パス単』の中で似た意味の単語が並んでいるときです。日本語訳も似ていて，その違いがよくわからないときに，英英辞典やシソーラスを引くことで理解を深めることができます。私自身の経験から，形容詞のニュアンスを知るときには特に効果的だと感じています。

もう1つは多読時です。英字新聞や小説を読むときには，知らない単語が出てきてもその都度辞書を引くことはないと思います。細部にこだわるよりも，ある程度スピードを上げて日本語に訳さずに読むことが理想的です。けれども文脈を理解する上で不可欠な単語や「この単語前に覚えたけど…」と思ったときには英英辞典で確認し，日本語を介さず読み進めてみましょう。

最後に，英英辞典やシソーラスを使用することの利点として，英検の読解やリスニングでよく見かける言い換え表現が増えることが挙げられます。さらには辞書を引きながらも英語表現のインプットができるわけですから，英作文などで利用可能な表現を増やすこともできます。効率的な学習法の1つとして，今後ぜひ取り入れてみましょう。

単語学習の不安を
先生に相談してみよう！

学習日　　　　　　　月　　　日

熟　語	)) 1回目	◆ 2回目	意　味
2101 abide by ～	→		(規則など)に従う
2102 act up	→		(興奮して)暴れる，(機械などが)異常に作動する
2103 add up to ～	→		結局(合わせて)～になる
2104 adhere to ～	→		～に従う，～を忠実に守る
2105 attribute *A* to *B*	→		AはBに起因すると考える
2106 back out	→		(約束・契約などを)破棄する
2107 bail out	→		(企業など)を救済する，～を保釈する
2108 bank on ～	→		～を当てにする
2109 bargain on ～	→		～(があるだろう)と思う
2110 barge through ～	→		～をかき分けて進む
2111 bawl out	→		～を厳しく叱りとばす
2112 beef up	→		～を強化する
2113 belt out	→		～を大声で歌う
2114 blot out	→		～を消し去る
2115 blurt out	→		～を出し抜けに言い出す
2116 boil down to ～	→		～に帰着する
2117 bottle up	→		(感情など)を抑える
2118 bottom out	→		底値を打つ
2119 bow out	→		辞任する
2120 bowl over	→		～を非常に驚かせる

熟語編

↓
2101
～
2120

学習日　　　月　　　日

熟　語	1回目	2回目	意　味
2121 box up	→		〜を箱詰めする
2122 breeze in	→		すっと入って来る
2123 brim over	→		みなぎる
2124 buckle down	→		(仕事などに)本気で取りかかる
2125 bunch up	→		ひと固まりに集まる, 〜をひと固まりに集める
2126 butt in	→		口を挟む
2127 butter up	→		〜にごまをする
2128 buy off	→		〜を買収する
2129 capitalize on 〜	→		〜に乗じる
2130 cart off	→		〜を運び去る
2131 carve up	→		〜を分割する
2132 cash in on 〜	→		〜に乗じる
2133 cast off	→		〜を捨て去る
2134 cater to 〜	→		〜の要求を満たす
2135 cave in	→		屈服する
2136 change over	→		交代する
2137 chew out	→		〜を叱りとばす
2138 chime in	→		話に加わる
2139 chip away at 〜	→		〜を徐々に減らす
2140 choke back	→		(涙・怒りなど)をこらえる

例　文	訳
2101 The boy was warned that if he did not (　　　　　) (　　　　　) the school's rules, he would be expelled.	校則に従わないならば退学になる，とその男の子は警告を受けた。
2102 At the banquet table, two drunken men were (　　　　　) (　　　　　).	宴会の席では2人の酔っ払った男性が暴れていた。
2103 His skill at the piano and her beautiful voice (　　　　　) (　　　　　) (　　　　　) a winning combination.	彼のピアノの技量と彼女の美声は，必勝のコンビになった。
2104 I must ask you to (　　　　　) (　　　　　) the terms of our agreement and not reveal any information to outsiders.	われわれの合意の条件に従っていただき，情報は一切外部に漏らさないようお願いしたい。
2105 The writer (　　　　　) his success (　　　　　) luck and good teachers.	その作家は自身の成功を運とよい先生たちのおかげだと考えた。
2106 The two banks were all set to merge when one of them suddenly (　　　　　) (　　　　　) of the agreement.	2つの銀行の合併の手はずがすっかり整ったそのとき，突然一方が合意を破棄した。
2107 The central bank was criticized for (　　　　　) (　　　　　) companies that had made risky loans.	リスクの高い融資を行った企業を救済したことで，中央銀行は批判された。
2108 The president always (　　　　　) (　　　　　) the hardworking nature of his employees.	社長は従業員たちのよく働く性格を常に当てにしている。
2109 The small political party warned the government not to (　　　　　) (　　　　　) their support of the new law.	その小政党は政府に，自分たちが新法を支持するとは思わないようにと警告した。
2110 Guests had to (　　　　　) (　　　　　) a crowd of journalists who were waiting for the pop star in front of the hotel.	客はホテルの前で人気歌手を待つ記者の群れをかき分けて進まなければならなかった。
2111 His teacher (　　　　　) him (　　　　　) for missing the math test.	先生は彼が数学のテストを受けなかったことで彼を厳しく叱りとばした。
2112 The company headhunted a number of specialists in order to (　　　　　) (　　　　　) its IT department.	その企業はIT部門を強化するため，専門家を数名ヘッドハンティングした。
2113 At the end of the ceremony, the students (　　　　　) (　　　　　) the school song.	式典の最後に生徒たちは校歌を大声で歌った。
2114 The woman did her best to (　　　　　) (　　　　　) all memory of the incident.	女性はその出来事のすべての記憶を消し去るために最善を尽くした。
2115 At first the witness remained silent, but after a while, he (　　　　　) (　　　　　) what had really happened.	目撃者は最初沈黙を守っていたが，しばらくして本当に起こったことを出し抜けに話し始めた。
2116 The dispute between the two countries (　　　　　) (　　　　　) (　　　　　) the question of which was the rightful owner of the island.	その2国間の紛争は，詰まるところその島の正当な所有者はどちらかという問題だった。
2117 The young man had a tendency to (　　　　　) (　　　　　) his feelings and then suddenly explode with anger.	その若い男性には，感情を押し殺したかと思うと突然怒りを爆発させる傾向があった。
2118 He was lucky to have sold his stock in the company before its value (　　　　　) (　　　　　).	その会社の株価が底値を打つ前に株を売ることができて彼は幸運だった。
2119 The retiring chairman said he intended to (　　　　　) (　　　　　) gracefully.	退任の近い会長は，潔く辞任するつもりだと言った。
2120 The girls at the school were (　　　　　) (　　　　　) by their handsome new French teacher.	その学校の女子たちは，新任のハンサムなフランス語教師に騒然となった。

熟語編

↓

2121
～
2140

解答 2101 abide by　2102 acting up　2103 added up to　2104 adhere to　2105 attributed, to　2106 backed out　2107 bailing out　2108 banks on 2109 bargain on　2110 barge through　2111 bawled, out　2112 beef up　2113 belted out　2114 blot out　2115 blurted out　2116 boiled down to 2117 bottle up　2118 bottomed out　2119 bow out　2120 bowled over

学習日　　　　月　　　日

熟 語	1回目	2回目	意 味
2141 choke off	→		(供給など)を止める
2142 choke up	→		(感情の高ぶりで)絶句する
2143 chug along ~	→		しゅっしゅっと音を立てて~を進む
2144 churn out	→		~を(機械的に)大量生産する
2145 clam up	→		黙り込む
2146 clog up	→		~を詰まらせる
2147 cloud up	→		曇る
2148 coast along	→		気楽に(行動)する
2149 come around	→		意見を変える
2150 come down on A	→		A を厳しく叱る
2151 come in at ~	→		~(の値段)で売られている
2152 come in for ~	→		(非難など)を受ける
2153 coop up	→		~を閉じ込める
2154 cop out	→		約束に背く,(責任などから)逃避する
2155 crack down on ~	→		~を厳しく取り締まる
2156 crack up	→		精神的に参る,笑いこける
2157 crank out	→		~を機械的に量産する
2158 creep into ~	→		(感情・間違いなどが)~に入り込む
2159 crop up	→		(問題などが)急に持ち上がる
2160 dawn on A	→		A に初めてわかる

例 文	訳
2121 Her parents (　　　　)(　　　　) her belongings and sent them to her.	両親は彼女の持ち物を箱詰めし，彼女に送った。
2122 The new employee (　　　　)(　　　　) two hours late and sat down without even apologizing.	その新しい社員は2時間遅刻して何食わぬ顔で入って来て，謝罪もなしに座った。
2123 The new parents were (　　　　)(　　　　) with joy at the birth of their baby.	初めて親になった2人は赤ん坊が生まれた喜びであふれんばかりだった。
2124 After having a cup of coffee, he (　　　　)(　　　　) to writing the report and finished it in an hour.	コーヒーを飲んだ後，彼はレポート書きに真剣に取り組み，1時間で書き終えた。
2125 The students stood (　　　　)(　　　　) in one corner of the room.	生徒たちは部屋の隅にひと固まりになって立った。
2126 As she explained the situation, her husband kept (　　　　)(　　　　) and correcting her remarks.	彼女が状況について説明していると，夫が口を挟んで，彼女の発言を訂正し続けた。
2127 I hate being (　　　　)(　　　　) by students who think that compliments will win them a good grade.	お世辞を言えばいい成績が取れると思っている学生にごまをすられるのが私は大嫌いだ。
2128 The crooked businessman tried to (　　　　)(　　　　) the local police, but he was arrested for bribery instead.	その悪徳業者は地元警察を買収しようとしたが，反対に贈賄で逮捕された。
2129 The band tried to (　　　　)(　　　　) their initial success, but were unable to write another hit song.	そのバンドは最初の成功に乗じようとしたが，もうヒット曲を書くことはできなかった。
2130 Some men arrived and began to (　　　　)(　　　　) the old office furniture that was no longer wanted by the company.	男性が何人かやって来て，会社ではもう不要になった古いオフィス家具を運び去り始めた。
2131 The victorious nations (　　　　)(　　　　) the territory into colonies.	戦勝諸国はその領土を分割して植民地にした。
2132 In an attempt to (　　　　)(　　　　)(　　　　) the China fad, the TV network dramatized a classic Chinese novel.	中国ブームに乗じようと，そのテレビネットワークは中国の古典小説をドラマ化した。
2133 After the pop star became famous, he quickly (　　　　)(　　　　) his previous girlfriend and began dating a glamorous model.	その人気歌手は有名になるとすぐに前の恋人を捨て，魅力的なモデルと付き合い始めた。
2134 The small hotel was proud of (　　　　)(　　　　) every need, however strange, of its wealthy clientele.	その小さなホテルは，どんな奇妙な要求だろうと，裕福な顧客たちのあらゆる要求に応えるのが誇りだった。
2135 After days of negotiations, the management finally (　　　　)(　　　　) to the union's demands.	何日もの交渉の後，経営者側はついに組合の要求に屈した。
2136 On their journey, the two drivers (　　　　)(　　　　) every few hours.	旅行中，2人の運転手は数時間ごとに交代した。
2137 After being (　　　　)(　　　　) by his professor for his sloppy work, the student was in a thoroughly bad mood.	研究がいい加減だと教授に叱り付けられた後，その学生は完全にご機嫌斜めだった。
2138 When the boy complained about the grade, the other students quickly (　　　　)(　　　　).	その成績に少年が不平を言うと，ほかの生徒たちもすぐに話に加わった。
2139 In the second week of the campaign, the challenger began to (　　　　)(　　　　)(　　　　) the president's lead in the polls.	選挙戦の2週目に，挑戦者は世論調査でリードする大統領との差を少しずつ縮め始めた。
2140 Although he was angry, he (　　　　)(　　　　) his complaints and remained silent.	彼は怒っていたが，文句を言うのをこらえて黙っていた。

熟語編

↓

2141
～
2160

解答 **2121** boxed up **2122** breezed in **2123** brimming over **2124** buckled down **2125** bunched up **2126** butting in **2127** buttered up **2128** buy off **2129** capitalize on **2130** cart off **2131** carved up **2132** cash in on **2133** cast off **2134** catering to **2135** caved in **2136** changed over **2137** chewed out **2138** chimed in **2139** chip away at **2140** choked back

熟 語	🔊 1回目	👁 2回目	意 味
2161 deck out	→		～を飾る
2162 defer to ～	→		(敬意を表して)～に従う, ～を尊重する
2163 detract from ～	→		(価値など)を損なう
2164 dip into ～	→		(貯金など)に手をつける
2165 dispense with ～	→		～なしで済ませる
2166 distract A from B	→		BからAの気を散らす
2167 dole out	→		～を配る
2168 dote on A	→		Aを溺愛する
2169 drag on	→		(会議などが)だらだら長 引く
2170 draw A into B	→		AをBに引き込む
2171 drone on	→		だらだら話す
2172 drown out	→		～を(かき)消す
2173 drum up	→		(支持・取引など)を懸命 に得ようとする
2174 duck out	→		(仕事・責任などを)逃れ る
2175 dwell on ～	→		～を力説する,～を長々と 話す
2176 ease off	→		(雨などが)小降りになる, 和らぐ,緩む
2177 ease up on ～	→		～をほどほどにする
2178 egg on	→		～をそそのかす
2179 eke out	→		(生計)を何とかして立て る,～の不足分を補う
2180 etch A into B	→		AをBに深く印象付ける

Unit 108の復習テスト　わからないときは前Unitで確認しましょう。

例 文	訳
2141 The army hoped that, by destroying the poppy crop, it could (　　　　)(　　　　　　　) the supply of opium to its troops.	ケシ畑を壊滅させることで部隊へのアヘンの供給を断つことができる，と軍は願った。
2142 As she told the story of the horrifying experience, the victim (　　　　)(　　　　　　　) and became unable to continue.	その恐ろしい経験の話をしていた被害者は言葉に詰まり，話し続けられなくなった。
2143 The old tugboat was (　　　　)(　　　　　　) the coastal route, but then it suddenly came to a halt.	古いタグボートは海岸沿いのルートをしゅっしゅっと進んでいたが，突然停止した。
2144 The writer found it easy to come up with plots for his detective stories, and so he (　　　　)(　　　　　　) two a year for many years.	その作家は推理小説のプロットを簡単に思い付いたので，何年もの間1年に2作を量産した。
2145 When the teacher questioned the boy, he (　　　　　) (　　　　) immediately.	先生に質問されると，少年はすぐさま黙り込んだ。
2146 Over time, mud and vegetation had (　　　　)(　　　　) the drains, and they were no longer functioning.	長年の間に泥と草が排水路を詰まらせており，排水路はもはや機能していなかった。
2147 As he ran the hot bath, the mirror (　　　　)(　　　　) and he was no longer able to see his reflection.	風呂にお湯を入れると鏡が曇り，彼はもはや自分の映った姿が見えなかった。
2148 His father warned him not to waste his life by (　　　　　) (　　　　) and avoiding any challenges.	父親は彼に，のらくら生きて困難から逃げ続けることで人生を無駄にするなと警告した。
2149 She knew that if she waited long enough, her husband would eventually (　　　　)(　　　　　) and agree with her plan.	十分長い間待てば夫は最終的に考えを変えて計画に同意してくれる，と彼女にはわかっていた。
2150 The manager (　　　　)(　　　　)(　　　　　) the staff for being late to the meeting.	マネージャーは，会議に遅れたことを理由にスタッフを厳しく叱った。
2151 As the velvet (　　　　)(　　　　)(　　　　) over 1,000 dollars a roll, the designer was reluctant to use it for curtains.	そのベルベットは一巻きチドル以上の価格で売られており，デザイナーはそれをカーテンに使いたくなかった。
2152 After the riot, the police (　　　　)(　　　　)(　　　　) a lot of criticism for their handling of the incident.	暴動の後，警察は事件の処理に関して多くの非難を受けた。
2153 The children were (　　　　)(　　　　　) indoors by the rain which fell all day.	子供たちは1日中降った雨で室内に閉じ込められた。
2154 The employee said that he would oppose the boss's plan, but at the last moment he (　　　　)(　　　　) and remained silent.	その社員は上司の計画に反対すると言ったのに，土壇場になって約束に背き，ずっと黙っていた。
2155 The principal warned that he was going to (　　　　)(　　　　) (　　　　) students copying their homework from each other.	生徒がお互いの宿題を写し合うことを厳しく取り締まるつもりだ，と校長は警告した。
2156 He (　　　　)(　　　　) under the pressure of his job and had to spend six months on leave to recover.	彼は仕事の重圧で精神的に参ってしまい，回復するために半年休みを取らなければならなかった。
2157 The thriller writer (　　　　)(　　　　) a novel a year for ten years.	そのスリラー作家は10年間，年に1冊の割合で小説を次々と量産した。
2158 A suspicion that he was being cheated (　　　　)(　　　　) his mind.	だまされているのではないかという疑念が彼の心に忍び込んだ。
2159 The launch of the new car was delayed after a number of small problems (　　　　)(　　　　) at the last moment.	土壇場になっていくつか小さな問題が持ち上がった後，新車の発売は延期された。
2160 After the third time the girl canceled their date, it began to (　　　　)(　　　　) him that she was not interested in him.	その女の子にデートを3回キャンセルされた後，自分には関心がないのだとやっと彼にわかり始めた。

熟語編

2161
〜
2180

解答 2141 choke off　2142 choked up　2143 chugging along　2144 churned out　2145 clammed up　2146 clogged up　2147 clouded up
2148 coasting along　2149 come around　2150 came down on　2151 came in at　2152 came in for　2153 cooped up　2154 copped out
2155 crack down on　2156 cracked up　2157 cranked out　2158 crept into　2159 cropped up　2160 dawn on

239

学習日　　　　月　　　日

熟　語	1回目	2回目	意　味
2181 factor in	→		～を考慮に入れる
2182 fall back on ～	→		(いざという時に)～に頼る
2183 fall flat	→		失敗に終わる
2184 fall in with A	→		A とたまたま付き合うようになる
2185 fall through	→		(計画などが)駄目になる
2186 fan out	→		四方八方に散らばる
2187 farm out	→		～を下請けに出す
2188 fawn over A	→		A にへつらう
2189 fend for oneself	→		自力で生きていく
2190 fend off	→		(質問)をかわす
2191 fire away	→		質問を始める, 話し始める
2192 fizzle out	→		途中で失敗に終わる
2193 flare up	→		かっとなる
2194 flesh out	→		～に肉付けする, ～を具体化する
2195 flick through	→		(本など)をぱらぱらめくる
2196 flip out	→		かっとなる, ひどく興奮する
2197 flood in	→		殺到する
2198 fly at ～	→		～に飛びかかる
2199 follow through	→		やり遂げる, やり抜く
2200 fork out	→		(大金)を支払う

例文	訳
2161 The building was (　　　　)(　　　　) with flags and banners to celebrate the anniversary of the country's victory.	国の戦勝記念日を祝うため，その建物は旗と横断幕で<u>飾られ</u>ていた。
2162 (　　　　)(　　　　) his boss, the department head agreed to sack the young man.	上司の考え<u>に従い</u>，部長はその若い男性を首にすることに同意した。
2163 His latest book was a failure but did not (　　　　) much (　　　　) his good reputation.	彼の最新刊は失敗作だったが，彼の名声<u>を</u>それほど<u>損なう</u>ことはなかった。
2164 The little boy (　　　　)(　　　　) his piggy bank to buy the latest toy.	その小さな男の子は，最新のおもちゃを買うために貯金箱のお金<u>に手をつけた</u>。
2165 The school decided to (　　　　)(　　　　) the services of the caretaker.	その学校は管理人の業務<u>なしで済ませる</u>ことに決めた。
2166 She told her husband not to (　　　　) their son (　　　　) his homework.	彼女は夫に，宿題<u>から</u>息子<u>の気を散らさ</u>ないでと言った。
2167 Their mother kept the cookies in a locked cupboard and only (　　　　)(　　　　) one a day to each of them.	彼らの母親はクッキーを鍵のかかった戸棚にしまっていて，1人に1日1枚ずつ<u>配る</u>だけだった。
2168 Both sets of grandparents (　　　　)(　　　　) the new baby.	両家の祖父母は生まれたばかりの赤ん坊<u>を溺愛した</u>。
2169 As the lecture (　　　　)(　　　　), the audience gradually became more and more restless.	講演がだらだら<u>長引く</u>と，聴衆はどんどん落ち着かなくなっていった。
2170 The small country did its best to avoid getting (　　　　)(　　　　) the conflict between its two large neighbors.	その小国は，隣接する2つの大国間の争いに<u>引き込まれる</u>のを避けるため最善を尽くした。
2171 He hated listening to his father (　　　　)(　　　　) about how much better things had been in the old days.	昔は何でもずっとよかったのに，といったことを父親がだらだら<u>話す</u>のを聞くのが彼は嫌だった。
2172 He turned up the volume of his TV to (　　　　)(　　　　) the sound of heavy traffic outside his home.	彼はテレビの音量を上げて，家の外の激しい交通量の音を<u>かき消した</u>。
2173 He went from door to door trying to (　　　　)(　　　　) support for his campaign against the new supermarket.	スーパーマーケット新設に反対する運動への支援<u>を得る</u>べく，彼は一軒一軒家を回った。
2174 It was said that the politician had used family connections to (　　　　)(　　　　) of military service during the war.	その政治家は家族のコネを使って戦時中に兵役<u>を逃れた</u>と言われていた。
2175 In his speech, the school principal (　　　　)(　　　　) the need for students to prepare properly for classes.	校長はスピーチの中で，生徒たちが授業の準備をきちんとすることの必要性<u>を力説した</u>。
2176 The campers were finally able to set up their tent after the rain began to (　　　　)(　　　　).	雨が<u>小降り</u>になり始めてから，キャンパーたちはようやくテントを張ることができた。
2177 Following his doctor's advice, he decided to (　　　　)(　　　　)(　　　　) high-calorie snacks.	かかりつけ医師のアドバイスに従って，彼は高カロリーのお菓子<u>を控える</u>ことに決めた。
2178 The boy's friends stood around, (　　　　) him (　　　　) to fight the bully.	少年の友人たちが周りを取り囲み，そのいじめっ子と戦えと少年<u>をけしかけた</u>。
2179 For a few years, he (　　　　)(　　　　) a living doing odd jobs.	2，3年間，彼はいろんなアルバイトをして生計<u>を立てた</u>。
2180 The scene of the crash was (　　　　)(　　　　) his memory, and even today he can easily recall every detail.	衝突事故の光景は彼の記憶に深く<u>刻み込</u>まれ，今でも彼は細部の一つ一つを容易に思い出すことができる。

解答 2161 decked out　2162 Deferring to　2163 detract, from　2164 dipped into　2165 dispense with　2166 distract, from　2167 doled out
2168 doted on　2169 dragged on　2170 drawn into　2171 drone on　2172 drowned out　2173 drum up　2174 duck out　2175 dwelt on　2176 ease off
2177 ease up on　2178 egging, on　2179 eked out　2180 etched into

熟語編　↓　2181 ～ 2200

学習日　　　月　　　日

熟　語	1回目	2回目	意　味
2201 fork over	→		(土など)を(農業用)フォークで掘り返す
2202 foul up	→		～でへまをやる
2203 freeze up	→		身動きできなくなる, 口が利けなくなる
2204 fritter away	→		～を無駄遣いする
2205 front for ～	→		～の隠れみのとなる
2206 frown on ～	→		～に難色を示す
2207 gain on ～	→		～に迫る, ～に近付く
2208 gang up on *A*	→		Aを集団で攻撃する
2209 get across	→		(考えなど)をわからせる
2210 glance over ～	→		～にざっと目を通す
2211 gloss over ～	→		～を取り繕う
2212 gnaw at ～	→		～を(絶えず)苦しめる
2213 go at *A*	→		Aを攻撃する, Aと言い争う
2214 go through with ～	→		～をやり通す
2215 goof off	→		怠ける
2216 grate on ～	→		～に不快感を与える
2217 harp on ～	→		(同じ話)をしつこく繰り返す
2218 head off	→		～を阻止する
2219 head up	→		(組織など)を統率する
2220 hem in	→		～を取り囲む

例 文	訳
2181 After (　　　) (　　　) all the expenses, they decided the plan would not make a profit.	すべての経費を考慮に入れた後，彼らはその計画は利益が出ないと判断した。
2182 The teacher assured her that she could always (　　　) (　　　) (　　　) him.	いつでも自分に頼っていいと言って先生は彼女を安心させた。
2183 The advertising campaign (　　　) (　　　) when its star was arrested.	起用したスターが逮捕されて，その広告キャンペーンは失敗に終わった。
2184 During his college years, he (　　　) (　　　) (　　　) a bad crowd and dropped out of school eventually.	彼は大学生の時に悪い仲間と付き合うようになり，ついには学校を辞めた。
2185 As long as the deal doesn't (　　　) (　　　) at the last moment, the contract will be signed next Friday.	商談が土壇場で頓挫しない限り，契約は次の金曜日に締結される。
2186 Volunteers (　　　) (　　　) over the countryside in their search for the missing girl.	行方不明になった少女を捜して，ボランティアたちが田園地帯の四方八方に散らばった。
2187 When he was busy, the translator (　　　) (　　　) work to his students.	忙しいとき，その翻訳家は教え子たちに仕事を下請けに出した。
2188 The hotel staff (　　　) (　　　) the visiting film star as if he were royalty.	ホテルのスタッフは，訪れた映画スターが王族であるかのようにへつらった。
2189 After her husband passed away, the widow had to (　　　) (　　　) (　　　).	夫が亡くなった後，その未亡人は自力で生きていかなければならなかった。
2190 The singer tried to (　　　) (　　　) questions about the rumor by talking about her new album.	その歌手は自身の新しいアルバムの話をして，うわさに関する質問をかわそうとした。
2191 The actor, anxious to promote his new movie, told the reporter to (　　　) (　　　) with his questions.	自分の新作映画を宣伝したいその俳優は，質問を始めるよう記者に言った。
2192 The protest eventually (　　　) (　　　) after it began to rain heavily.	大雨が降り出した後，抗議運動は最終的に尻すぼみに終わった。
2193 Sometimes her boss (　　　) (　　　) at her for no clear reason.	彼女の上司は，はっきりした理由もなく時折彼女にかっとなった。
2194 The teacher told her to (　　　) (　　　) her idea a bit and then bring it back for further consideration.	考えにもう少し肉付けしてから，さらなる検討に向けて再提出するように，と先生は彼女に言った。
2195 The detective (　　　) (　　　) his notebook until he found the page that he was looking for.	探しているページが見つかるまで，刑事はノートをぱらぱらめくった。
2196 When he found out he was going to be fired, he (　　　) (　　　) completely.	首になるとわかると，彼は完全に怒り狂った。
2197 Invitations for the singer to appear on stage (　　　) (　　　) from TV companies.	その歌手への出演依頼がテレビ局から殺到した。
2198 In the savanna, I saw a lion (　　　) (　　　) a group of animals.	私はサバンナで，動物の群れに飛びかかるライオンを見た。
2199 Unfortunately, he failed to (　　　) (　　　) on his original offer.	残念ながら，彼は最初の提案を最後までやり通すことができなかった。
2200 He resented (　　　) (　　　) money for his son's graduate studies.	彼は息子の大学院での研究に大金を支払うことを腹立たしく思った。

解答 2181 factoring in　2182 fall back on　2183 fell flat　2184 fell in with　2185 fall through　2186 fanned out　2187 farmed out　2188 fawned over　2189 fend for herself　2190 fend off　2191 fire away　2192 fizzled out　2193 flared up　2194 flesh out　2195 flicked through　2196 flipped out　2197 flooded in　2198 fly at　2199 follow through　2200 forking out

学習日　　　　　月　　　日

熟　語	🎧 1回目	👁 2回目	意　味
2221 hike up	→		～を大幅に[急に]引き上げる
2222 hinge on ～	→		～次第である
2223 hold A (to be) B	→		AをBと見なす
2224 hold down	→		(職など)を(がんばって)続ける
2225 hold out on A	→		Aに隠し事をしている
2226 hole up	→		隠れる
2227 horse around	→		ばか騒ぎをする
2228 hunker down	→		身を潜める
2229 ingratiate *oneself* with A	→		Aに取り入る
2230 interfere with ～	→		～を妨げる
2231 iron out	→		～を解決する
2232 jockey for ～	→		～を得ようと画策する
2233 keel over	→		転倒する
2234 key up	→		～の神経を高ぶらせる
2235 kick around	→		(計画など)をあれこれ検討する
2236 knuckle down	→		真剣に取り組む
2237 knuckle under	→		屈服する
2238 lag behind ～	→		～に後れを取る
2239 lash out	→		痛烈に非難する
2240 lead up to ～	→		(時間的に)～に至る，(事件などが)～につながっていく

例　文	訳
2201 She planted some seeds in a row and (　　　　　) (　　　　　) some soil to cover them up.	彼女は1列に種を植え，<u>フォークで土を掘り返して</u>かぶせた。
2202 Everyone on the team knew that if they (　　　　) (　　　　) this match, they would be out of the contest.	この試合で<u>へまをする</u>と競技会から敗退するとチームの全員がわかっていた。
2203 When he got up to speak, he suddenly (　　　　) (　　　　) and stood there silently.	発言しようと立ち上がったとき，彼は突然<u>体が凍り付き</u>，黙ったまま立ちすくんだ。
2204 The girl got a part-time job to save up money, but she (　　　　) (　　　　) her earnings on game apps.	少女はお金をためようとアルバイトを始めたが，ゲームアプリに稼ぎを<u>無駄遣いした</u>。
2205 It was widely known that the businessman (　　　　) (　　　　) one of the big drug cartels.	その実業家が大規模な麻薬カルテルの1つの<u>隠れみのになっている</u>ことは広く知られていた。
2206 Although the professors were allowed to advertise commercial products, the university (　　　) (　　　) them doing so.	教授たちは営利目的の製品の宣伝をすることを許されていたが，大学は彼らがそうすることに<u>難色を示した</u>。
2207 The new company rapidly began to (　　　) (　　　) its rivals in the field.	新会社はその分野での競合会社に急速に<u>迫り</u>始めた。
2208 The girl complained that her classmates were always (　　　) (　　　) (　　　) her.	クラスメートがいつも自分を寄ってたかって<u>いじめる</u>，と少女は苦情を言った。
2209 The politician used social media to (　　　) (　　　) his message to his supporters.	その政治家は支持者にメッセージを<u>理解させる</u>ためにソーシャルメディアを用いた。
2210 He asked one of his colleagues to (　　　) (　　　) his presentation and give feedback.	彼は同僚の1人に，プレゼンにざっと<u>目を通して</u>意見を聞かせてくれないかと頼んだ。
2211 You cannot just (　　　) (　　　) his poor performance.	君は彼の能力不足を<u>取り繕う</u>わけにはいかないよ。
2212 The murder he had committed (　　　) (　　　) his conscience, and eventually he confessed his crime to the police.	自分の犯した殺人が彼の良心を<u>苦しめ</u>，ついに彼は警察に罪を自白した。
2213 In the presidential debate, the two candidates (　　　) (　　　) each other ferociously.	大統領選挙討論会で2人の候補者は激しく互いを<u>攻撃した</u>。
2214 The gang plotted to rob the bank, but in the end they did not (　　　) (　　　) (　　　) their plan.	ギャングはその銀行を襲おうとたくらんだが，結局計画を<u>果たす</u>ことはなかった。
2215 His boss warned him that if she caught him (　　　) (　　　) again, she would fire him on the spot.	<u>怠けている</u>ところをまた見つけたら即座に首にする，と上司は彼に警告した。
2216 His colleagues' silly jokes about his new haircut eventually began to (　　　) (　　　) him.	新しい髪型についての同僚たちのくだらない冗談が，ついに彼の<u>気に障り</u>始めた。
2217 She hated the way her boss (　　　) (　　　) sticking to their budget all the time.	彼女は上司が始終予算を厳守しろと<u>くどくど言う</u>のが嫌だった。
2218 The company president said that he was confident they would be able to (　　　) (　　　) the threat from their new rivals.	新参の競合会社による脅威を<u>食い止め</u>られる自信はある，と社長は言った。
2219 A young detective was chosen to (　　　) (　　　) a new unit that would investigate the spate of art thefts.	多発する芸術品の盗難を捜査する新部隊を<u>統率するべく</u>，若い刑事が選ばれた。
2220 After (　　　) (　　　) the enemy, the army attacked them at dawn.	敵を<u>取り囲んだ</u>後，軍隊は夜明けに敵を攻撃した。

熟語編

↓

2221
～
2240

解答 2201 forked over　2202 fouled up　2203 froze up　2204 frittered away　2205 fronted for　2206 frowned on　2207 gain on
2208 ganging up on　2209 get across　2210 glance over　2211 gloss over　2212 gnawed at　2213 went at　2214 go through with　2215 goofing off
2216 grate on　2217 harped on　2218 head off　2219 head up　2220 hemming in

学習日　　　　月　　　　日

熟語	1回目	2回目	意味
2241 leaf through	→		～をばらばらめくって目を通す
2242 leap out at *A*	→		Aの目に飛び込む
2243 let down	→		～を失望させる
2244 let on	→		秘密を漏らす
2245 let up on ～	→		～に対して手を緩める, ～に対して気を抜く
2246 level off	→		(進行・成長などが)横ばいになる
2247 level with *A*	→		Aに対して率直に言う
2248 limber up	→		(準備体操などで)体をほぐす
2249 live down	→		(失敗など)を人に忘れさせる
2250 load up on ～	→		～をどっさり買い込む
2251 louse up	→		～を台無しにする
2252 make off with ～	→		～を持ち逃げする
2253 mark up	→		(原稿など)に手を入れる
2254 mete out	→		(罰など)を割り当てる
2255 mill about (～)	→		目的もなく(～を)動き回る
2256 mouth off	→		(意見・批判・不平などを)激しい口調で言う
2257 muddle through	→		何とか切り抜ける
2258 mull over	→		～を熟考する
2259 muscle into ～	→		～に強引に割り込む
2260 nail down	→		(日取りなど)を確定する

例　文	訳
2221 The government decided to raise revenue by (　　　　　) (　　　　　) the tax on cigarettes.	政府はタバコ税を大幅に引き上げることで歳入を増やすことにした。
2222 The team's chance of victory (　　　　) (　　　　　) the performance of its star players.	そのチームの勝利の可能性はスター選手たちのパフォーマンスにかかっていた。
2223 Though disgraced by many scandals, the ex-mayor is still (　　　　) (　　　　) (　　　　) a hero in her political circle.	多くのスキャンダルで信用を落としたものの，元市長は依然として政治家仲間の間では英雄と見なされている。
2224 The young man (　　　　) (　　　　　) a good job at a high salary.	その若者は高給料のいい仕事を手放さずに続けた。
2225 The detective got the impression the informant was (　　　　　) (　　　　) (　　　　) him.	刑事は，情報提供者が自分に隠し事をしているという印象を受けた。
2226 The escaped convicts (　　　　) (　　　　　) in a remote farmhouse.	脱獄囚たちは人里離れた農家に潜伏した。
2227 The teacher came in to find the students (　　　　　) (　　　　).	先生が入って来ると生徒たちがばか騒ぎをしていた。
2228 Most residents (　　　　) (　　　　　) in their homes until the storm passed.	ほとんどの住民は嵐が過ぎ去るまで家に身を潜めた。
2229 The new employee did her best to (　　　　) (　　　　　) (　　　　) her older colleagues.	その新入社員は，年上の同僚たちに取り入ろうと最善を尽くした。
2230 The noise from the traffic outside (　　　　) (　　　　　) his concentration, making it difficult for him to study.	外の交通の騒音に集中力を妨げられて，彼はなかなか勉強できなかった。
2231 The computer engineer spent the weekend (　　　　　) (　　　　) various bugs in the new program.	そのコンピューターエンジニアは，新しいプログラムのさまざまな不具合を解決するのに週末を費やした。
2232 A number of employees were (　　　　) (　　　　　) promotion to the position of head of sales.	数人の社員が，営業部長の座への昇進をつかもうと競い合っていた。
2233 The female athlete looked certain to win the marathon, when she suddenly (　　　　) (　　　　　) and lay at the side of the road.	その女性アスリートはマラソンでの勝利が確実に見えたその時，突然倒れて道路脇に横たわった。
2234 The tennis player felt very (　　　　) (　　　　　) by his approaching match with the reigning champion.	そのテニス選手は，現チャンピオンとの試合が近づいてとても神経が高ぶっていた。
2235 The senior executives spent a couple of hours (　　　　　) (　　　　) the idea of launching a new brand.	重役たちは，新ブランドを立ち上げる考えをあれこれ検討して数時間費やした。
2236 She told her daughter to (　　　　) (　　　　　) and write her science report.	彼女は娘に，本腰を入れて理科のレポートを書きなさいと言った。
2237 Their lazy son finally (　　　　) (　　　　　) to their threats and got a job.	ついに彼らのぐうたらな息子は彼らの脅しに屈し仕事に就いた。
2238 For most of the race, he was (　　　　) (　　　　　) the other runners but he made a supreme effort and came in first.	レースの大半で彼はほかの選手に後れを取っていたが，力を振り絞り1位でゴールした。
2239 The president (　　　　) (　　　　　) at critics, saying they were in the pay of a foreign government.	外国政府の回し者だと言って大統領は批判者たちを痛烈に非難した。
2240 Polls showed that the presidential candidate's agenda gained in popularity in the weeks (　　　　) (　　　　　) (　　　　) the election.	世論調査は，その大統領候補の政策課題が選挙に至るまでの数週間で人気を博したことを示した。

熟語編 ↓ 2241 ～ 2260

解答 **2221** hiking up **2222** hinged on **2223** held to be **2224** held down **2225** holding out on **2226** holed up **2227** horsing around **2228** hunkered down **2229** ingratiate herself with **2230** interfered with **2231** ironing out **2232** jockeying for **2233** keeled over **2234** keyed up **2235** kicking around **2236** knuckle down **2237** knuckled under **2238** lagging behind **2239** lashed out **2240** leading up to

学習日　　　　月　　　日

熟　語	1回目	2回目	意　味
2261 narrow down	→		～を絞り込む
2262 nod off	→		うとうとして眠り込む
2263 nose around ～	→		～を捜し回る
2264 opt for ～	→		～を選ぶ
2265 opt out of ～	→		～しないことにする
2266 own up to ～	→		～を白状する
2267 palm off	→		(偽物など)を売りつける
2268 pan out	→		成功する
2269 pass down	→		(後世に)～を伝える
2270 pass up	→		(機会など)を見送る
2271 patch up	→		～に応急処置をする
2272 pay off	→		(計画・事業などが)うまくいく，(借金など)を完済する
2273 peter out	→		次第に消滅する
2274 phase out	→		～を段階的に廃止する
2275 pick up on ～	→		～に気付く
2276 piece together	→		(事実・情報など)をつなぎ合わせる
2277 pile in	→		(乗り物に)どっと乗り込む
2278 pile up	→		(仕事・心配事などが)どんどんたまる
2279 pin down	→		～を突き止める
2280 pine for ～	→		～を切望する

例　文	訳
2241 While she waited, she (　　　　) (　　　　　) the magazines on the table.	彼女は待っている間，テーブルの上の雑誌をぱらぱらめくって目を通した。
2242 He looked through the mug shots, but none of the faces (　　　　) (　　　) (　　　　) him as the man he saw rob the bank.	彼は容疑者の写真に目を通したが，目撃した銀行強盗として彼の目に飛び込んできた顔は1つもなかった。
2243 Everybody felt (　　　　) (　　　　) when their team failed to win the final.	チームが決勝戦で負けたとき，皆が失望した。
2244 She was careful not to (　　　　) (　　　　) to her husband that she had received a telephone call from an old boyfriend.	彼女は昔の恋人から電話があったことを夫に漏らさないように気を付けた。
2245 She decided to (　　　　) (　　　　) (　　　　) her kids and their curfew after years of strict parenting.	彼女は何年にもわたる厳格な子育ての後，子供たちと彼らの門限に対して手を緩めることにした。
2246 Finally, the rise in the value of the dollar began to (　　　　) (　　　　).	ようやくドル高は横ばいになり始めた。
2247 I need to (　　　　) (　　　　) you. If your play does not improve, I will take you off the team.	率直に言わせてもらいます。プレーが上達しなければ，あなたをチームから外します。
2248 The players were just (　　　　) (　　　　) for the soccer match when it suddenly began to rain.	選手たちがサッカーの試合に備えて体をほぐしていたちょうどその時，突然雨が降り出した。
2249 He never (　　　　) (　　　　) his failure to secure the deal, and eventually he left the company for another one.	彼はその取引をまとめられなかったことを人々の記憶から消すことができず，結局，社を去って他社に移った。
2250 Before setting out on the next leg of their journey, the explorers (　　　　) (　　　　) (　　　　) supplies.	旅の次の行程に出発する前に，探検家たちは補給品をどっさり買い込んだ。
2251 The actress told the man that his bad acting was (　　　　) (　　　　) the whole play.	あなたの下手な演技が芝居全体を台無しにしている，とその女優はその男性に言った。
2252 During the bomb scare at the museum, a thief (　　　　) (　　　　) (　　　　) a valuable painting.	美術館への爆破予告の間に，泥棒が貴重な絵画を盗んで逃げた。
2253 The professor (　　　　) (　　　　) my essay and added suggestions on how I could improve my writing.	教授は私の論文に手を入れ，文章をどのように改善できるか提案を加えた。
2254 The teacher (　　　　) (　　　　) extra homework to the boys as a punishment for their misbehavior.	先生は不品行の罰として少年たちに追加の宿題を科した。
2255 People were (　　　　) (　　　　) the stadium parking lot waiting for the gates to open.	開場を待つ人たちがスタジアムの駐車場をうろうろ動き回っていた。
2256 The old man (　　　　) (　　　　) about the gradual increases in the cost of living in his neighborhood.	その老人は，住む近辺で生活費が徐々に上がっていることについて大声で文句を言った。
2257 Although their budget soon ran out, they somehow (　　　　) (　　　　) and completed the project.	予算はすぐに尽きたが，彼らはどうにかこうにか切り抜けてプロジェクトを完了した。
2258 She asked for a few weeks to (　　　　) (　　　　) the offer and to discuss it with her family.	その申し出についてよく考え家族と話し合うために，2，3週間もらえないかと彼女は頼んだ。
2259 He (　　　　) (　　　　) the crowd to pick up a popular but rare toy for his son.	彼は，人気があるが珍しいおもちゃを息子のために手に入れようと，人込みに強引に割り込んだ。
2260 He finally managed to (　　　　) (　　　　) a meeting with the very busy executive.	ようやく彼は何とかその多忙な重役との面会を取り付けた。

解答 2241 leafed through　2242 leaped out at　2243 let down　2244 let on　2245 let up on　2246 level off　2247 level with　2248 limbering up
2249 lived down　2250 loaded up on　2251 loosing up　2252 made off with　2253 marked up　2254 meted out　2255 milling about　2256 mouthed off
2257 muddled through　2258 mull over　2259 muscled into　2260 nail down

学習日　　　月　　　日

熟語	1回目	2回目	意味
2281 pitch in	→		協力する
2282 play off	→		プレーオフを行う
2283 plow through ~	→		(仕事)を骨折ってする, ~を読み進める
2284 plug away at ~	→		~に根気よく励む
2285 plug in	→		~のプラグを電源に差し 込む
2286 poke around	→		探し回る,引っかき回す
2287 polish up	→		(技能など)に磨きをかけ る
2288 pore over ~	→		~を熟読する,~を熟考す る
2289 prop up	→		(存続の危うい企業など) を支援する
2290 pull off	→		~をやってのける
2291 push for ~	→		~を要求する
2292 put across	→		~をよく理解させる
2293 put forth	→		(計画・案など)を提唱す る
2294 put in for ~	→		~に応募する
2295 put out	→		(ニュースなど)を発表す る
2296 put upon *A*	→		Aを利用する,Aに付け込 む
2297 puzzle over ~	→		~に頭を悩ませる
2298 rack up	→		(利益など)を蓄積する,(損 失など)を重ねる
2299 rail against ~	→		~を激しく非難する
2300 rattle off	→		~をすらすらと言う[書 く,行う]

例　文	訳
2261 The detective (　　　　) (　　　　) the suspects to two men.	刑事は容疑者を2人の男に絞り込んだ。
2262 It had been such a long day that he kept (　　　　) (　　　　) during the play.	その日はとても長い1日だったので，彼は観劇中にうとうとし続けていた。
2263 He hated it when his boss started (　　　　) (　　　　) his desk.	彼は上司が彼の机を捜し回り始めるのがとても嫌だった。
2264 When given the choice, most students (　　　　) (　　　　) taking an exam instead of writing an essay.	選択肢を与えられると，ほとんどの学生はレポートを書くことより試験を受ける方を選んだ。
2265 When I signed up for the gym, I decided to (　　　　) (　　　　) (　　　　) receiving monthly newsletters.	私はジムに入会するとき，毎月の会報を受け取らないことにした。
2266 After the teenager (　　　　) (　　　　) (　　　　) smoking in the backyard, his father gave him a lecture on the danger to his health.	その10代の若者が裏庭でタバコを吸ったことを白状すると，父親は彼に健康への危険性について説教した。
2267 The merchant made a living by (　　　　) (　　　　) fake antiques as genuine ones.	その商人は偽の骨董品を本物だと言って売りつけることで生計を立てていた。
2268 His dream of becoming a famous guitarist didn't (　　　　) (　　　　), so he went back to college to earn a degree.	有名ギタリストになる夢がかなわなかったので，彼は学位を取るため大学に戻った。
2269 The jewelry had been (　　　　) (　　　　) in his mother's family for generations.	その宝石は彼の母方の一族に代々受け継がれていたものだった。
2270 She (　　　　) (　　　　) the promotion, believing that the salary increase would not make up for the greater responsibilities.	責任が重くなるのだから昇給しても割に合わないと彼女は考え，昇進を見送った。
2271 The doctor swiftly (　　　　) (　　　　) the wound on his arm with a few stitches.	医者は彼の腕の傷を数針縫って素早く応急処置をした。
2272 He took a big risk buying the shares in the company, but it (　　　　) (　　　　) and he was able to use the profit to start his own business.	彼は大きなリスクを冒してその会社の株を買ったが，成果が出て，彼はその利益を使って自分の事業を始めることができた。
2273 After a while, the letters from their son (　　　　) (　　　　) and they never heard from him again.	しばらくすると，息子からの手紙は次第に来なくなり，再び息子から便りが届くことはなかった。
2274 The auto company gradually (　　　　) (　　　　) production of the old model although it was still selling well.	その旧型車の売り上げは依然として好調だったものの，自動車会社はその生産を少しずつ段階的に廃止した。
2275 In his lecture, he confused two painters, but luckily no one in the audience (　　　　) (　　　　) (　　　　) his mistake.	彼は講演で2人の画家を混同したが，幸い聴衆は誰も彼の間違いに気付かなかった。
2276 When he (　　　　) (　　　　) the evidence, he realized what had happened.	証拠をつなぎ合わせたとき，彼は何が起こったか悟った。
2277 When the school bus arrived, the waiting children (　　　　) (　　　　), shouting and screaming.	スクールバスが到着すると，待っていた子供たちはギャーギャー騒ぎながらどっと乗り込んだ。
2278 His tasks kept (　　　　) (　　　　), and he was forced to work overtime almost every day.	仕事がどんどんたまり続け，彼はほとんど毎日残業せざるを得なかった。
2279 He found it impossible to (　　　　) (　　　　) the cause of the problem.	彼はその問題の原因を突き止めるのは不可能だとわかった。
2280 She was (　　　　) (　　　　) a chance to play on the school team.	彼女は学校のチームでプレーできる機会を切望していた。

熟語編
↓
2281
〜
2300

解答 2261 narrowed down　2262 nodding off　2263 nosing around　2264 opted for　2265 opt out of　2266 owned up to　2267 palming off
2268 pan out　2269 passed down　2270 passed up　2271 patched up　2272 paid off　2273 petered out　2274 phased out　2275 picked up on
2276 pieced together　2277 piled in　2278 piling up　2279 pin down　2280 pining for

学習日 　　　月　　　日

熟 語	1回目	2回目	意 味
2301 reckon on *A doing*	→		Aが〜するものと予想する
2302 reel off	→		〜をすらすら話す
2303 revel in 〜	→		〜を大いに楽しむ
2304 ride out	→		(困難など)を無事に乗り切る
2305 rifle through	→		〜をくまなく探す
2306 rig up	→		〜を急ごしらえする
2307 rip into 〜	→		〜を激しく非難する
2308 roll out	→		(新製品)を発売する
2309 root for *A*	→		Aを応援する
2310 root out	→		〜を根絶する, 〜を一掃する
2311 rope *A* into *B*	→		AをうまくBに引っ張り込む
2312 rub off on *A*	→		(性質・才能などが)Aに乗り移る, Aに影響を与える
2313 scoot over	→		席を詰める
2314 scrape by	→		何とか暮らしていく
2315 scratch out	→		〜を(線で)消す, 〜を抹消する
2316 scrimp on 〜	→		〜を倹約する
2317 settle on 〜	→		〜を決める
2318 settle up	→		(勘定などの)支払いをする
2319 shell out 〜	→		(大金)を(しぶしぶ)支払う
2320 shoot for 〜	→		〜を目指す

例　文	訳
2281 Everyone (　　　　　) (　　　　　) with cleaning up after the party, and the work was finished in no time.	パーティーの後片付けには全員が<u>協力し</u>, 作業はあっという間に終わった。
2282 As there was no score, the teams had to (　　　　　) (　　　　　) the following week.	試合は無得点だったので, 両チームは翌週<u>プレーオフを行わ</u>なければならなかった。
2283 All the students thought it would be impossible to (　　　　　) (　　　　　) the big assignment in a week.	生徒全員が, その大量の宿題を1週間で<u>やり進める</u>のは不可能だと思った。
2284 The student (　　　　　) (　　　　　) (　　　　　) learning Chinese until he could hold a conversation on his own.	その生徒は独力で会話を続けられるまで中国語の学習に<u>根気よく励んだ</u>。
2285 He thought the computer was broken, but actually he had just forgotten to (　　　　　) it (　　　　　).	彼はパソコンが壊れたと思ったが, 実は<u>プラグを差し</u>忘れていただけだった。
2286 The professor loves (　　　　　) (　　　　　) in second-hand bookshops, looking for works by his favorite authors.	教授は古書店を<u>のぞき回って</u>お気に入りの作家の作品を探すのが大好きだ。
2287 He decided to (　　　　　) (　　　　　) his French before his visit to Paris.	彼はパリを訪れる前にフランス語に<u>磨きをかけ</u>ようと決心した。
2288 He (　　　　　) (　　　　　) the letter, reading it again and again until he had nearly memorized it.	彼はその手紙を<u>熟読し</u>, ほとんど暗記するまで何度も何度も読み返した。
2289 The chairman spent his whole fortune trying to (　　　　　) (　　　　　) the failing company.	つぶれそうな会社を<u>支援し</u>ようと, 社長は全財産を費やした。
2290 After weeks of practice, he was able to (　　　　　) (　　　　　) the magic trick and fool everyone.	何週間も練習した後, 彼はその手品を<u>やってのけ</u>, みんなをだますことができた。
2291 The union (　　　　　) (　　　　　) a reduction in working hours, but the company refused to accept their demands.	組合は労働時間の削減を<u>求めた</u>が, 会社は要求の受け入れを拒んだ。
2292 The leader of the ecological group said they needed to work harder at (　　　　　) (　　　　　) their ideas to the public.	環境保護団体の指導者は, 自分たちの考えを大衆に<u>うまく伝える</u>ことにもっと努力する必要があると語った。
2293 The professor (　　　　　) (　　　　　) a new hypothesis that could dramatically alter our understanding of physics.	その教授は, 物理学の理解を劇的に変える可能性のある新しい仮説を<u>提唱した</u>。
2294 He (　　　　　) (　　　　　) (　　　　　) one of the university's scholarships but was rejected because of his poor grades.	彼は大学の奨学金の1つに<u>応募した</u>が, 成績が悪くて却下された。
2295 The journalist started her own website to (　　　　　) (　　　　　) news that is overlooked by the mainstream media.	そのジャーナリストは, 主流メディアによって見落とされているニュースを<u>発表する</u>ために自身のウェブサイトを始めた。
2296 The secretary felt (　　　　　) (　　　　　) by her boss because he asked her to do so many errands for him.	彼女は上司にしょっちゅう使い走りを頼まれるので, 上司に<u>いいように利用され</u>ていると感じた。
2297 He sat (　　　　　) (　　　　　) the math problem for at least an hour.	彼は少なくとも1時間, その数学の問題に<u>頭を悩ませて</u>座っていた。
2298 After (　　　　　) (　　　　　) his first million dollars, he decided to retire.	ためたお金が100万ドルになったところで, 彼は引退することにした。
2299 The union leader (　　　　　) (　　　　　) the government's economic policies.	労働組合の指導者は政府の経済政策を<u>激しく非難した</u>。
2300 Although her son got poor grades at school, he could (　　　　　) (　　　　　) the names of all the players in the football league.	彼女の息子は学校の成績は悪かったが, フットボールリーグの選手全員の名前を<u>すらすら言う</u>ことができた。

熟語編

↓

2301
〜
2320

解答 **2281** pitched in　**2282** play off　**2283** plow through　**2284** plugged away at　**2285** plug, in　**2286** poking around　**2287** polish up
2288 pored over　**2289** prop up　**2290** pull off　**2291** pushed for　**2292** putting across　**2293** put forth　**2294** put in for　**2295** put out
2296 put upon　**2297** puzzling over　**2298** racking up　**2299** railed against　**2300** rattle off

学習日　　　　月　　　日

熟　語	1回目	2回目	意　味
2321 shrug off	→		～を無視する，～を一笑に付す
2322 shy away from ～	→		～を避ける，～を敬遠する
2323 side with A	→		A に味方する
2324 sift through ～	→		～を入念に調べる
2325 simmer down	→		気持ちが静まる
2326 sit in for ～	→		～の代理を務める
2327 skim off	→		(金)を着服する
2328 slip through ～	→		～を気付かれずに通過する
2329 smooth down	→		(髪など)をなでつける
2330 smooth over	→		(問題など)を和らげる，～の解決を容易にする
2331 snap off	→		～をぽきっと折る
2332 snap out of ～	→		(惨めな状態など)から立ち直る
2333 snap up	→		～を先を争って買う
2334 snuff out	→		(希望など)を消滅させる
2335 soak up	→		(雰囲気など)をたっぷり楽しむ，～を吸い取る
2336 sort out	→		～を整理する，～を解決する
2337 sound out	→		(人の意見・気持ち)を打診する，～に当たってみる
2338 spin out	→		(話)を長引かせる
2339 spring up	→		急に現れる，急に起こる
2340 spruce up	→		～の身なりを整える

例 文	訳
2301 The general admitted that he had never ( ) ( ) the enemy ( ) a counterattack so quickly.	敵がそんなにすぐに反撃を<u>開始するとは</u><u>予想して</u>いなかったと将軍は認めた。
2302 When he asked the girl to name a few famous scientists, she ( ) ( ) the names of twenty or so.	彼がその女の子に有名な科学者の名前を数人言うように頼んだ際、彼女は20ほどの名前を<u>すらすら挙げた</u>。
2303 Following the scandal, the model ( ) ( ) all the attention she received from the media.	スキャンダルの後、そのモデルはメディアから浴びたあらゆる注目を<u>大いに楽しんだ</u>。
2304 The prime minister managed to ( ) ( ) the wave of hostility unleashed by the tax increases.	首相は増税で火がついた敵意の高まりを何とか<u>無事に乗り切る</u>ことができた。
2305 He caught his colleague ( ) ( ) the drawers of his desk.	彼は同僚が彼の机の引き出しを<u>くまなく調べている</u>ところを見つけた。
2306 After the wind blew away the sail of the boat, the crew ( ) ( ) a new one using a blanket.	風がボートの帆を吹き飛ばした後、乗組員は毛布を使って新しい帆を<u>間に合わせで作った</u>。
2307 The reviewer ( ) ( ) the film, criticizing every aspect of it from the filming to the actors.	その評論家はその映画を<u>酷評し</u>、撮影から俳優まで映画のあらゆる面を批判した。
2308 The company announced that it would ( ) ( ) a new line of automobiles in the spring.	その会社は春に新しいラインアップの自動車を<u>発売する</u>と発表した。
2309 The presidential candidate was from the town, so naturally everyone there was ( ) ( ) him.	その大統領候補者はその町の出身だったので、当然町の全員が彼を<u>応援して</u>いた。
2310 The new president promised to ( ) ( ) all the corruption in the federal government within her first year in office.	新大統領は、就任1年以内に連邦政府のすべての汚職を<u>根絶する</u>ことを約束した。
2311 Although he wanted to go to a movie, he got ( ) ( ) helping clean the house.	彼は映画を見に行きたかったのに、家の掃除の手伝いに<u>引っ張り込まれた</u>。
2312 The teacher wished some of the boy's serious attitude would ( ) ( ) ( ) his classmates.	その少年のまじめな態度がいくらかクラスメートに<u>感化する</u>といいのだがと先生は思った。
2313 She asked him to ( ) ( ) so that she could share the sofa with him.	一緒にソファーに座れるように<u>少し詰めて</u>、と彼女は彼に頼んだ。
2314 The elderly couple just managed to ( ) ( ) on their small pension.	その老夫婦は、わずかな年金でかろうじて<u>何とか暮らしていく</u>ことができた。
2315 She ( ) ( ) the college from her list of schools to apply to, upon realizing it had no volleyball team.	バレーボール部がないことに気付き、彼女は出願する学校のリストからその大学を<u>削除した</u>。
2316 His rent was so high that he had to ( ) ( ) his food and drink to pay it.	家賃がとても高かったので、彼は家賃を払うために飲食費を<u>切り詰め</u>なければならなかった。
2317 After much discussion, they finally ( ) ( ) a date for the wedding.	さんざん話し合った後、彼らはやっと挙式の日取りを<u>決めた</u>。
2318 While her boyfriend ( ) ( ) with the hotel, she packed up their luggage.	恋人がホテルの<u>支払いを済ませる</u>間に、彼女は自分たちの荷物をまとめた。
2319 The teenager ( ) ( ) all of his savings on a baseball card signed by his favorite player.	そのティーンエイジャーは、お気に入りの選手がサインした野球カードに彼の貯金を<u>すべて費やした</u>。
2320 That year, the school swimming team decided to ( ) ( ) the national championships.	その年、その学校の水泳部は全国優勝を<u>目指そ</u>うと決めた。

解答 **2301** reckoned on, launching **2302** reeled off **2303** reveled in **2304** ride out **2305** rifling through **2306** rigged up **2307** ripped into
2308 roll out **2309** rooting for **2310** root out **2311** roped into **2312** rub off on **2313** scoot over **2314** scrape by **2315** scratched out
2316 skimp on **2317** settled on **2318** settled up **2319** shelled out **2320** shoot for

学習日　　　　　月　　　日

熟語	1回目	2回目	意味
2341 spur on		→	~を奮い立たせる
2342 square off		→	対戦する
2343 square up		→	支払いを済ませる
2344 squeak by		→	辛うじて切り抜ける
2345 stack up		→	匹敵する，比べられる
2346 stake out		→	~の張り込みをする
2347 stand in for *A*		→	*A*の代役を務める
2348 stave off		→	~を防ぐ，~を避ける
2349 stick around		→	近くで待つ，辺りをぶらぶらする
2350 stir up		→	(感情など)をかき立てる，(騒ぎなど)を引き起こす
2351 stock up on ~		→	~を(大量に)蓄える
2352 stop off		→	途中で寄る
2353 storm out		→	(怒って)激しい勢いで出て行く
2354 stow away		→	密航する
2355 strike on ~		→	(考えなど)を思い付く
2356 strike up		→	(関係)を取り結ぶ，(会話など)を始める，演奏を始める
2357 stub out		→	(タバコなど)をもみ消す
2358 stumble upon ~		→	~を偶然見つける，~に思いがけず出くわす
2359 swear by ~		→	~に全幅の信頼を寄せる
2360 swear in		→	~を宣誓させて就任させる

例 文	訳
2321 Whatever failures he suffered, he always (　　　　) them (　　　　) and began again.	どんな失敗を経験しても，彼はいつもそれを気にせず再び始めた。
2322 The newborn cat (　　　) (　　　) (　　　) all the people smiling at it.	その生まれたばかりの猫は，笑顔を向けているみんなから遠ざかった。
2323 When his mother (　　　) (　　　) his brother against him, he felt a strong sense of betrayal.	母親が自分に反対して兄の肩を持ったとき，彼は裏切られたと強く感じた。
2324 He (　　　) (　　　) a pile of old photographs trying to find one of his father.	彼は父親の写真を見つけようと，古い写真の山を入念に調べた。
2325 After he (　　　) (　　　), he regretted losing his temper and resigned from his post.	彼は落ち着いてから，かっとなったことを後悔し辞職した。
2326 The vice president said that he was (　　　) (　　　) (　　　) the president, who had been called away on urgent business.	副大統領は，緊急の用で呼び出された大統領の代理を務めると言った。
2327 It was discovered that the bank manager had been (　　　) (　　　) money from his customers' accounts for years.	銀行の支店長が長年にわたって顧客たちの口座からお金を着服していたことが発覚した。
2328 The thief (　　　) (　　　) the building's security system and found the safe that was inside.	泥棒はビルのセキュリティーシステムをすり抜け，中にある金庫を見つけた。
2329 She tried to (　　　) (　　　) her hair for the class picture, but it still stuck up in several places.	クラス写真を撮るので彼女は髪をなでつけようとしたが，まだ何カ所か跳ねていた。
2330 He tried to (　　　) (　　　) the mistake, but it was quickly noticed.	彼はミスを丸く収めようとしたが，すぐに見つかってしまった。
2331 The boys (　　　) (　　　) the long icicles and used them as swords.	少年たちは長いつららをぽきっと折り，刀として使った。
2332 Although she felt gloomy, she did her best to (　　　) (　　　) (　　　) it and get on with her work.	彼女はさえない気分だったが，気を取り直して仕事を続けようと最善を尽くした。
2333 Demand for housing was so strong that any new properties that came on the market were (　　　) (　　　) immediately.	住宅の需要が非常に高かったので，売りに出た新しい物件はどんなものでもすぐに先を争って買われた。
2334 The government did its best to (　　　) (　　　) the rumors about the leader's health before they spread.	政府は，指導者の健康状態に関するうわさが広がる前にそのうわさを消そうと全力を尽くした。
2335 For a few days, he just (　　　) (　　　) the local atmosphere of the town.	数日間，彼はただ町のローカルな雰囲気をたっぷり楽しんだ。
2336 Her first job was to (　　　) (　　　) all the papers left by her predecessor.	彼女の最初の仕事は，前任者が残したすべての書類を整理することだった。
2337 (　　　) him (　　　) on whether he is interested in coming.	来る気があるかどうか，彼に打診してくれ。
2338 Although the professor did not have much to say, he managed to (　　　) (　　　) his speech for about two hours.	教授には大して話すことはなかったのだが，何とか2時間ほどスピーチを長引かせた。
2339 In no time at all, new factories began to (　　　) (　　　) in the town.	あっという間に，町に新しい工場が次々に建ち始めた。
2340 He tried to (　　　) himself (　　　) for the party but without much success.	彼はパーティーに行くために身なりを整えようとしたが，あまりうまくいかなかった。

解答 2321 shrugged, off　2322 shied away from　2323 sided with　2324 sifted through　2325 simmered down　2326 sitting in for 2327 skimming off　2328 slipped through　2329 smooth down　2330 smooth over　2331 snapped off　2332 snap out of　2333 snapped up 2334 snuff out　2335 soaked up　2336 sort out　2337 Sound, out　2338 spin out　2339 spring up　2340 spruce, up

学習日　　　月　　　日

熟 語	1回目	2回目	意 味
2361 tail off	→		徐々に減少する
2362 take in	→		～をだます, ～を理解する
2363 take it out on *A*	→		*A*に当たり散らす
2364 take off	→		軌道に乗る, (売り上げが)急に伸びる
2365 take on	→		(性質など)を帯びる, (仕事など)を引き受ける
2366 tamper with ～	→		～に(害を与えるような)手を加える
2367 tap into ～	→		～を利用する, ～を活用する
2368 taper off	→		次第に減少する
2369 tear down	→		(建物など)を取り壊す, (考え・議論など)を打ち砕く
2370 tear into ～	→		～を激しく非難する
2371 throw in the towel	→		敗北を認める
2372 throw out	→		(提案など)を拒否する, (熱・煙など)を出す, (体の一部)をさっと(前に)出す
2373 thumb through ～	→		～のページをばらばらめくる
2374 tide *A* over	→		(金銭的援助で)*A*に困難を乗り切らせる
2375 tip off	→		～に密告する
2376 tower over ～	→		～をはるかに超える
2377 trickle down	→		(金・富などが)(富裕層から貧困層に)徐々に行き渡る
2378 trip up	→		～を間違えさせる
2379 trump up	→		～を捏造する
2380 vouch for ～	→		～を保証する

例　文	訳
2341 He did not enjoy studying law, but he was (　　　　　) (　　　　　) by the thought of the money he could make in the future.	法律の勉強は楽しくなかったが，将来稼げるお金のことを考えると，彼は<u>奮い立った</u>。
2342 The two players were set to (　　　　　) (　　　　　) in the second round of the tennis tournament.	2人の選手は，テニス選手権大会の2回戦で<u>対戦する</u>予定になっていた。
2343 After (　　　　　) (　　　　　) with the cashier, the couple left the restaurant.	レジで<u>支払いを済ませて</u>，そのカップルはレストランを出た。
2344 When she began working in the city, she found that she could only (　　　　　) (　　　　　) on her salary.	その市で暮らし始めてみると，彼女は給料で<u>辛うじて生活する</u>のがやっとだった。
2345 The professor told her that parts of her essay were interesting, but they did not (　　　　　) (　　　　　) to a coherent argument.	教授は彼女に，彼女の論文には興味深い部分もあるが，一貫した立論に<u>匹敵する</u>ようなものではないと言った。
2346 The police (　　　　　) (　　　　　) the jewelry store and were able to catch the thieves red-handed.	警察はその宝石店に<u>張り込み</u>，泥棒たちを現行犯で捕らえることができた。
2347 The old man fell ill so his son had to (　　　　　) (　　　　　) (　　　　　) him at the ceremony.	その老人は病気になったので，息子が式典で彼の<u>代役を務め</u>なければならなかった。
2348 While he waited for dinner to be served, he (　　　　　) (　　　　　) his hunger by eating peanuts.	ディナーが出てくるのを待つ間，彼はピーナツを食べて空腹を<u>しのいだ</u>。
2349 He told me to (　　　　　) (　　　　　) after the game so we could play catch.	キャッチボールをするので試合が終わっても<u>近くで待っていて</u>，と彼は僕に言った。
2350 The union leader was accused of trying to (　　　　　) (　　　　　) discontent among the workers.	労働組合の指導者は，労働者たちの不満を<u>かき立て</u>ようとしたとして非難された。
2351 The couple drove to a big supermarket in order to (　　　　　) (　　　　　) (　　　　　) food before the holidays began.	休暇が始まる前に食料品を<u>買いだめし</u>ようと，その夫婦は車で大きなスーパーマーケットに行った。
2352 He asked her to (　　　　　) (　　　　　) at a liquor store and buy some wine to drink with dinner.	酒屋に<u>寄って</u>，夕食のときに飲むワインを買って来てくれないかと彼は彼女に頼んだ。
2353 Suddenly, the boss lost his temper and (　　　　　) (　　　　　) of the meeting.	突然上司は怒り出し，会議の席から<u>猛然と退場した</u>。
2354 The escaped criminal tried to leave the country by (　　　　　) (　　　　　) on a ship, but he was soon discovered.	逃亡犯は船で<u>密航して</u>国を出ようとしたが，すぐに発見された。
2355 One day, while he was watching a movie, he (　　　　　) (　　　　　) an idea for a new way to prove his theory.	ある日彼は映画を見ている間に，自分の理論を証明する新方法のアイデアを<u>思い付いた</u>。
2356 The two new employees (　　　　　) (　　　　　) a friendship that was to last the rest of their lives.	2人の新入社員は，生涯続くことになる友情を<u>結んだ</u>。
2357 When he saw his wife coming, he quickly (　　　　　) (　　　　　) his cigarette.	彼は妻が来るのを見ると，すぐにタバコを<u>もみ消した</u>。
2358 Late one night, the scientist (　　　　　) (　　　　　) a solution to the problem.	ある晩遅く，その科学者はその問題の解決方法を<u>偶然発見した</u>。
2359 His father had always (　　　　　) (　　　　　) the traditional remedy of eating chicken soup to cure a cold.	彼の父親は，チキンスープを飲むという伝統的な風邪の治療法にずっと<u>全幅の信頼を置いて</u>いた。
2360 The new recruits to the army were (　　　　　) (　　　　　) in a special ceremony.	新兵たちは特別な式典で<u>就任の宣誓を行った</u>。

解答 2341 spurred on　2342 square off　2343 squaring up　2344 squeak by　2345 stack up　2346 staked out　2347 stand in for　2348 staved off
2349 stick around　2350 stir up　2351 stock up on　2352 stop off　2353 stormed out　2354 stowing away　2355 struck on　2356 struck up
2357 stubbed out　2358 stumbled upon　2359 sworn by　2360 sworn in

学習日　　　　　月　　　日

熟　語	🎧 1回目	👁 2回目	意　味
2381 wallow in ～	→		(感情)におぼれる
2382 ward off	→		(危険・攻撃など)をかわす，～を避ける
2383 wash over *A*	→		(感情などが)Aを激しく襲う
2384 waste away	→		(人・体力が)衰弱する
2385 wear down	→		～の力を徐々に弱める
2386 wear through	→		擦り切れて穴が開く
2387 weed out	→		～を排除する
2388 weigh in	→		意見を強く述べる，(意見を述べて)議論に強くかかわる
2389 whip up	→		(感情)をかき立てる，～を手早くこしらえる
2390 whisk away	→		～をさっと持ち去る
2391 whisk off	→		～をさっと連れて行く
2392 wind down	→		徐々に終わる
2393 wipe out	→		～を撲滅する，～をひどく疲れさせる
2394 wolf down	→		～をがつがつ食べる
2395 worm *one's* way out of ～	→		～をまんまと免れる
2396 wrap up	→		～を終える
2397 wriggle out of ～	→		～を何とかして逃れる
2398 write off	→		～を重要でないと判断する，～を(失敗者などと)見なす
2399 zero in on ～	→		～に照準を合わせる
2400 zip by	→		びゅっと通り過ぎる

例　文	訳
2361 By late afternoon, visitors to the museum had begun to (　　　　) (　　　　　　　), and soon there was nobody left.	午後遅くには美術館の来館者は徐々に減り始めており，間もなく誰も残っていなかった。
2362 She had been completely (　　　　) (　　　　　) by her friend's lie, so she was shocked to discover his claim was not true.	彼女は友達のうそにすっかりだまされていたので，彼の主張が真実でないとわかってショックを受けた。
2363 My mother (　　　　) (　　　　) (　　　　) (　　　　) me when she feels frustrated.	母はむしゃくしゃすると私に当たり散らす。
2364 At first, the new product looked as though it might not (　　　　) (　　　　), but then in March, sales began to soar.	その新製品は最初は軌道に乗らないように思われたが，3月になって売り上げが急に伸び始めた。
2365 The leaves are (　　　　) (　　　　) their brilliant hues.	木々の葉が素晴らしい色合いを帯びてきている。
2366 Somebody had (　　　　) (　　　　) the fire alarm, preventing it from going off.	誰かが火災報知機に手を加え，鳴らないようにしていた。
2367 The clothing store decided to launch a new youth brand in order to (　　　　) (　　　　) the expanding teenage market.	その衣料品店は，拡大するティーン市場を取り込むべく，若者向けの新ブランドを立ち上げることにした。
2368 At first, sales grew steadily, but then they began to (　　　　) (　　　　) as the economy weakened.	初めのうち売り上げは着実に伸びたが，不景気になると先細りになり始めた。
2369 She was strongly opposed to the plan to (　　　　) (　　　　) the old city hall and build a new one.	古い市役所を取り壊して新築する計画に彼女は猛反対していた。
2370 Suddenly he began to (　　　　) (　　　　) his girlfriend, accusing her of ruining his life.	突然彼は恋人をなじり始め，自分の人生を台無しにしたと彼女を責めた。
2371 The boy (　　　　) (　　　　) (　　　　) (　　　　) during the table tennis match after his opponent gained a substantial lead.	卓球の試合中に対戦相手がかなりのリードを獲得した後，その男の子は敗北を認めた。
2372 The appeals court judges reexamined the evidence of the lawsuit and (　　　　) (　　　　) the lower court's verdict.	控訴裁判所の裁判官は，訴訟の証拠を再検討し，下級裁判所の評決を却下した。
2373 While he waited for his dental appointment, he (　　　　) (　　　　) some of the magazines in the waiting room.	歯医者の予約を待つ間，彼は待合室にあった雑誌を何冊かぱらぱらめくった。
2374 The girl asked her parents for a loan to (　　　　) her (　　　　) until her new job started.	その女の子は両親に，新しい仕事が始まるまでしのげるよう借金を頼んだ。
2375 One of the terrorists (　　　　) (　　　　) the local police about the bomb.	テロリストの1人が爆弾のことを地元の警察に密告した。
2376 The scientist's achievements (　　　　) (　　　　) those of his contemporaries.	その科学者の業績は彼と同時代の人たちの業績をはるかに超えていた。
2377 The theory was that the richer wealthy people became, the more money would (　　　　) (　　　　) to the poor.	その理論は，富裕層が豊かになればなるほど，より多くのお金が貧困層に徐々に行き渡るというものだった。
2378 The questions on the test were designed to (　　　　) (　　　　) careless students.	そのテストの問題は，不注意な生徒を引っかけようとするものだった。
2379 He said the police had (　　　　) (　　　　) the charges in order to punish him.	自分を罰するために警察が罪を捏造した，と彼は言った。
2380 Is there anyone who can (　　　　) (　　　　) the truth of what you say?	あなたの言っていることが正しいと保証できる人は誰かいますか。

解答 2361 tail off　2362 taken in　2363 takes it out on　2364 take off　2365 taking on　2366 tampered with　2367 tap into　2368 taper off　2369 tear down　2370 tear into　2371 threw in the towel　2372 threw out　2373 thumbed through　2374 tide, over　2375 tipped off　2376 towered over　2377 trickle down　2378 trip up　2379 trumped up　2380 vouch for

例　文	訳
2381 He told his son to stop (　　　　) (　　　　　　) self-pity and to go out and find a new job.	自己憐憫に浸るのはやめて，外に出て新しい仕事を探せと彼は息子に言った。
2382 It is said that garlic has the power to (　　　　) (　　　　) attacks by vampires.	ニンニクには吸血鬼の攻撃をかわす力があると言われている。
2383 As he read the old letter, a feeling of nostalgia (　　　　　) (　　　　) him.	その古い手紙を読んでいると，郷愁感が彼を激しく襲った。
2384 He started a new exercise program because he wanted to prevent his muscles from (　　　　) (　　　　　).	彼は筋肉が衰えるのを防ぎたいと思ったので，新しい運動プログラムを始めた。
2385 The boxer (　　　　) (　　　　　) his opponent by skillfully dodging and blocking his attacks.	そのボクサーは対戦相手の攻撃を巧みにかわしてブロックすることで相手の力を徐々に弱めた。
2386 The beggar's trousers were so old that they had (　　　　) (　　　　) at the knees.	物乞いのズボンはとても古く，膝が擦り切れて穴が開いていた。
2387 The background check was designed to (　　　　) (　　　　) troublemakers from the organization.	その身元調査は，組織から厄介者を排除することが目的だった。
2388 In the middle of the argument, her brother (　　　　) (　　　　) to support her.	口論の最中に，彼女の兄が彼女を支持する意見をはっきり述べた。
2389 The politician was accused of (　　　　) (　　　　) anger against the immigrant community.	その政治家は移民のコミュニティーに対する怒りをかき立てているとして糾弾された。
2390 Right after he showed them the painting, he (　　　　) it (　　　　) for safekeeping.	彼はその絵を彼らに見せるとすぐに，保管のためにそれをさっさと片付けた。
2391 She was delighted when her father appeared and (　　　　) her (　　　　) to an expensive restaurant.	父親が現れて高級レストランにさっと連れて行ってくれたので彼女はうれしかった。
2392 The party started to (　　　　) (　　　　) around 7:30, far earlier than the planners had expected.	そのパーティーは，立案者たちが予想していたよりもはるかに早く，7時30分ごろに終わり始めた。
2393 Thanks to the vaccine, the disease has now been almost completely (　　　　) (　　　　) in Africa.	ワクチンのおかげで，今その病気はアフリカではほとんど完全に撲滅されている。
2394 She told her son not to (　　　　) (　　　　) his food so quickly.	彼女は息子に，そんなに急いで食べ物をがつがつ食べないようにと言った。
2395 He wanted to (　　　　) (　　　　) (　　　　) (　　　　) visiting his wife's parents, but he could not think of a good excuse.	彼は妻の両親の家に行くのをうまい具合に逃れたかったが，いい言い訳が思い付かなかった。
2396 Let's (　　　　) (　　　　) our homework and hit the sack.	宿題を終わらせて寝よう。
2397 He had always managed to (　　　　) (　　　　) (　　　　) criminal charges before.	それまで彼はいつも何とか刑事告発をうまく逃れてきた。
2398 He knew that his family had (　　　　) him (　　　　) as a failure many years before.	家族が何年も前に失敗者として自分に見切りをつけたことを彼は知っていた。
2399 Scientists (　　　　) (　　　　) (　　　　) the cause of the epidemic.	科学者たちはその伝染病の原因に狙いを定めた。
2400 She tried to invite him to her birthday party, but he (　　　　) (　　　　) before she could say anything.	彼女は彼を誕生会に招待しようとしたが，彼女が何も言えないうちに彼はびゅっと通り過ぎた。

解答 2381 wallowing in　2382 ward off　2383 washed over　2384 wasting away　2385 wore down　2386 worn through　2387 weed out　2388 weighed in
2389 whipping up　2390 whisked, away　2391 whisked, off　2392 wind down　2393 wiped out　2394 wolf down　2395 worm his way out of　2396 wrap up
2397 wriggle out of　2398 written, off　2399 zeroed in on　2400 zipped by

A B

□ abide by ～	2101
□ act up	2102
□ add up to ～	2103
□ adhere to ～	2104
□ attribute A to B	2105
□ back out	2106
□ bail out	2107
□ bank on ～	2108
□ bargain on ～	2109
□ barge through ～	2110
□ bawl out	2111
□ beef up	2112
□ belt out	2113
□ blot out	2114
□ blurt out	2115
□ boil down to ～	2116
□ bottle up	2117
□ bottom out	2118
□ bow out	2119
□ bowl over	2120
□ box up	2121
□ breeze in	2122
□ brim over	2123
□ buckle down	2124
□ bunch up	2125
□ butt in	2126
□ butter up	2127
□ buy off	2128

C

□ capitalize on ～	2129
□ cart off	2130
□ carve up	2131
□ cash in on ～	2132
□ cast off	2133
□ cater to ～	2134
□ cave in	2135
□ change over	2136
□ chew out	2137
□ chime in	2138
□ chip away at ～	2139
□ choke back	2140
□ choke off	2141
□ choke up	2142
□ chug along ～	2143
□ churn out	2144
□ clam up	2145
□ clog up	2146
□ cloud up	2147
□ coast along	2148
□ come around	2149
□ come down on A	2150
□ come in at ～	2151
□ come in for ～	2152
□ coop up	2153
□ cop out	2154
□ crack down on ～	2155
□ crack up	2156
□ crank out	2157
□ creep into ～	2158
□ crop up	2159

D E

□ dawn on A	2160
□ deck out	2161
□ defer to ～	2162
□ detract from ～	2163
□ dip into ～	2164
□ dispense with ～	2165
□ distract A from B	2166
□ dole out	2167
□ dote on A	2168

□ drag on	2169
□ draw A into B	2170
□ drone on	2171
□ drown out	2172
□ drum up	2173
□ duck out	2174
□ dwell on ～	2175
□ ease off	2176
□ ease up on ～	2177
□ egg on	2178
□ eke out	2179
□ etch A into B	2180

F

□ factor in	2181
□ fall back on ～	2182
□ fall flat	2183
□ fall in with A	2184
□ fall through	2185
□ fan out	2186
□ farm out	2187
□ fawn over A	2188
□ fend for oneself	2189
□ fend off	2190
□ fire away	2191
□ fizzle out	2192
□ flare up	2193
□ flesh out	2194
□ flick through	2195
□ flip out	2196
□ flood in	2197
□ fly at ～	2198
□ follow through	2199
□ fork out	2200
□ fork over	2201
□ foul up	2202
□ freeze up	2203
□ fritter away	2204
□ front for ～	2205
□ frown on ～	2206

G

□ gain on ～	2207
□ gang up on A	2208
□ get across	2209
□ glance over ～	2210
□ gloss over ～	2211
□ gnaw at ～	2212
□ go at A	2213
□ go through with ～	2214
□ goof off	2215
□ grate on ～	2216

H

□ harp on ～	2217
□ head off	2218
□ head up	2219
□ hem in	2220
□ hike up	2221
□ hinge on ～	2222
□ hold A (to be) B	2223
□ hold down	2224
□ hold out on A	2225
□ hole up	2226
□ horse around	2227
□ hunker down	2228

I J K

□ ingratiate oneself with A	2229
□ interfere with ～	2230
□ iron out	2231
□ jockey for ～	2232
□ keel over	2233

□ key up	2234
□ kick around	2235
□ knuckle down	2236
□ knuckle under	2237

L

□ lag behind ～	2238
□ lash out	2239
□ lead up to ～	2240
□ leaf through	2241
□ leap out at A	2242
□ let down	2243
□ let on	2244
□ let up on ～	2245
□ level off	2246
□ level with A	2247
□ limber up	2248
□ live down	2249
□ load up on ～	2250
□ louse up	2251

M N O

□ make off with ～	2252
□ mark up	2253
□ mete out	2254
□ mill about (～)	2255
□ mouth off	2256
□ muddle through	2257
□ mull over	2258
□ muscle into ～	2259
□ nail down	2260
□ narrow down	2261
□ nod off	2262
□ nose around ～	2263
□ opt for ～	2264
□ opt out of ～	2265
□ own up to ～	2266

P

□ palm off	2267
□ pan out	2268
□ pass down	2269
□ pass up	2270
□ patch up	2271
□ pay off	2272
□ peter out	2273
□ phase out	2274
□ pick up on ～	2275
□ piece together	2276
□ pile in	2277
□ pile up	2278
□ pin down	2279
□ pine for ～	2280
□ pitch in	2281
□ play off	2282
□ plow through ～	2283
□ plug away at ～	2284
□ plug in	2285
□ poke around	2286
□ polish up	2287
□ pore over ～	2288
□ prop up	2289
□ pull off	2290
□ push for ～	2291
□ put across	2292
□ put forth	2293
□ put in for ～	2294
□ put out	2295
□ put upon A	2296
□ puzzle over ～	2297

R

□ rack up	2298
□ rail against ～	2299

☐ rattle off	2300
☐ reckon on *A doing*	2301
☐ reel off	2302
☐ revel in ~	2303
☐ ride out	2304
☐ rifle through	2305
☐ rig up	2306
☐ rip into ~	2307
☐ roll out	2308
☐ root for *A*	2309
☐ root out	2310
☐ rope *A* into *B*	2311
☐ rub off on *A*	2312

S

☐ scoot over	2313
☐ scrape by	2314
☐ scratch out	2315
☐ scrimp on ~	2316
☐ settle on ~	2317
☐ settle up	2318
☐ shell out ~	2319
☐ shoot for ~	2320
☐ shrug off	2321
☐ shy away from ~	2322
☐ side with *A*	2323
☐ sift through ~	2324
☐ simmer down	2325
☐ sit in for ~	2326
☐ skim off	2327
☐ slip through ~	2328
☐ smooth down	2329
☐ smooth over	2330
☐ snap off	2331
☐ snap out of ~	2332
☐ snap up	2333

☐ snuff out	2334
☐ soak up	2335
☐ sort out	2336
☐ sound out	2337
☐ spin out	2338
☐ spring up	2339
☐ spruce up	2340
☐ spur on	2341
☐ square off	2342
☐ square up	2343
☐ squeak by	2344
☐ stack up	2345
☐ stake out	2346
☐ stand in for *A*	2347
☐ stave off	2348
☐ stick around	2349
☐ stir up	2350
☐ stock up on ~	2351
☐ stop off	2352
☐ storm out	2353
☐ stow away	2354
☐ strike on ~	2355
☐ strike up	2356
☐ stub out	2357
☐ stumble upon ~	2358
☐ swear by ~	2359
☐ swear in	2360

T

☐ tail off	2361
☐ take in	2362
☐ take it out on *A*	2363
☐ take off	2364
☐ take on	2365
☐ tamper with ~	2366
☐ tap into ~	2367

☐ taper off	2368
☐ tear down	2369
☐ tear into ~	2370
☐ throw in the towel	2371
☐ throw out	2372
☐ thumb through ~	2373
☐ tide *A* over	2374
☐ tip off	2375
☐ tower over ~	2376
☐ trickle down	2377
☐ trip up	2378
☐ trump up	2379

V W Z

☐ vouch for ~	2380
☐ wallow in ~	2381
☐ ward off	2382
☐ wash over *A*	2383
☐ waste away	2384
☐ wear down	2385
☐ wear through	2386
☐ weed out	2387
☐ weigh in	2388
☐ whip up	2389
☐ whisk away	2390
☐ whisk off	2391
☐ wind down	2392
☐ wipe out	2393
☐ wolf down	2394
☐ worm *one's* way out of ~	2395
☐ wrap up	2396
☐ wriggle out of ~	2397
☐ write off	2398
☐ zero in on ~	2399
☐ zip by	2400